Frank D. Peschanel
Phänomen Konflikt
Die Kunst erfolgreicher Lösungsstrategien

Frank D. Peschanel

Phänomen Konflikt

Die Kunst erfolgreicher Lösungsstrategien

Junfermann Verlag · Paderborn
1993

© Junfermannsche Verlagsbuchhandlung, Paderborn 1993
Cover-Gestaltung: Inga Koch

Alle Rechte, insbesondere das der Übersetzung in fremde Sprachen, vorbehalten.
Nachdruck oder Vervielfältigung des Buches oder von Teilen daraus nur mit ausdrücklicher Genehmigung des Verlages.

Satz: adrupa Paderborn

CIP-Titelaufnahme der Deutschen Bibliothek
Peschanel, Frank D.:
Phänomen Konflikt: Die Kunst erfolgreicher Lösungsstrategien/ Frank D. Peschanel.
– Paderborn: Junfermann, 1993
   ISBN 3-87387-123-8

ISBN 3-87387-123-8

Inhaltsübersicht

Das detaillierte Inhaltsverzeichnis 7

Die Worte zuvor 17
  Die Vielfalt des Konflikts – der Konflikt mit der Vielfalt
  Fragen & Ursachen – mitten aus der Praxis

Teil 1: Das individuelle Konfliktverhalten 37
  Erinnerung & Zeitspur
  Gefühle & Physiologie
  Konflikt & Hirnforschung
  Sachkonflikt & Beziehungskonflikt

Teil 2: Konfliktverhalten in und zwischen Gruppen 113
  Rang & Namen
  Die & Wir

Teil 3: Verflixt komplexe Konflikte 147
  Modell & Co

Teil 4: Rationales für Konflikt und Abläufe 187
  Wann ist ein Konflikt ein Konflikt

Teil 5: Der Konflikt in Führung und Kooperation 213
Raum & Zeit

Teil 6 und Teil 7: Sowohl – als auch. Und mittendrin. 239
Dualität & Konflikt
Dualität & Glauben

Teil 8: Konfliktführung in bekannter Form 263
Arten & Verstecke

Teil 9: Das ist neu beim Konflikt 273
Gewinn & Kommunikation
Das Programm des Maharishi Mahesh Yogi
Die Traumtechnik
Die persönliche Konfliktstrategie
Die 5-Schritt-Methode

Teil 10: Jetzt geht's los 323
Und der Aufwand lohnt sich doch!

Die Worte danach 346

Inhaltsverzeichnis

Vorwort 17

Einführung 21

1. Die Vielfalt des Themas „Konflikt" – und zum
   Umgang mit dieser Vielfalt 21
   1.1 Der Irrweg der „Kochrezepte" 21
   1.2 Das Konzept der Konfliktmodelle 22
   1.3 Die Bedeutung von Lernen und
       persönlicher Entwicklung 23
2. Zur Methode 24
   2.1 Die Rolle der Fachgebiete übergreifenden ‚Views' . 25
   2.2 Konfliktbehandlungs-Strategie kommt
       nach Konfliktanalyse 26
   2.3 Die Bedeutung der eingefügten Übungen 27
3. Welche Arten von Fragen zu Konflikten sind
   heute für die Praxis wichtig? 28
4. Konfliktgruppen, Konfliktursachen – Gruppen 32
   4.1 Konflikt-Typen 32
   4.2 Konfliktursachen 33
   4.3 Konfliktursachen: die Kritik an menschlichen
       Schwächen und die Suche nach dem guten Menschen 34

Teil 1: Individuelles Konfliktverhalten 37

5. Unsere Erinnerungen an Konflikt-Ereignisse 38
5.1 Erinnerung an ein harmonisches und
    glückliches Ereignis 38
    5.2 Unsere Erinnerungen an ein schwer
        belastendes Konfliktereignis 40
        5.2.1 Die Gefühle bei der Erinnerung 42

7

5.3	Intensive Gefühle bei Konflikten	44
5.4	Konflikt-Erinnerungen bleiben lange wach	48
5.5	Ketten von Konflikt-Erinnerungen / Reaktive Abneigung gegen Konflikt-Partner	49
5.6	Das Modell von Zeitspur und Engrammen	52
5.6.1	Das Grundkonzept	52
5.6.2	Wenn Konflikt-Engramme das Gesamtverhalten behindern	53

6. Was nutzt mehr gefühlsmäßige Wahrnehmung bei Konflikten? – „Gefühl als Information" ... 54
7. Das Basis-Modell: Emotionale Personen versus nicht-emotionale ... 57
8. Physiologische Reaktionen im Konflikt-Fall ... 59
   - 8.1 Reaktives Verhalten ... 59
   - 8.2 Wenn reaktives Verhalten dominiert ... 62
   - 8.3 Bewußtes Verhalten ... 65
   - 8.4 Die Rolle des Beobachters im bewußten Konflikt-Verhalten – das vierte Basis-Modell ... 67
   - 8.5 Das Modell der Konflikte zwischen einem reaktiven und einem bewußten Konflikt-Partner ... 69
     - 8.5.1 R-R-Konflikt ... 71
     - 8.5.2 Der R-B-Konflikt ... 72
     - 8.5.3 Der B-B-Konflikt ... 73
     - 8.5.4 Choleriker im Konflikt ... 73
   - 8.6 Die Fähigkeit zu Konfliktstrategien – eine Frage des Bewußtseins ... 76
9. Zusammenhänge zwischen Konfliktverhalten und einigen grundlegenden Ergebnissen der Hirnforschung ... 79
   - 9.1 Ergebnisse der Hirnforschung ... 79

INHALTSVERZEICHNIS

9.2 Drei Hirne, drei Konfliktverhalten 82
    9.2.1 Das Stammhirn 82
    9.2.2 Das Zwischenhirn oder limbische System . 83
    9.2.3 Das Großhirn 83
    9.2.4 Hirnbereiche und dazugehörige Konflikt-Typen 84
    9.2.5 Der Balance-Akt des Triune Brain im Konflikt 86
9.3 Das Struktogramm-Modell 87
10. Konflikt-Streß reduziert die Qualität der Konflikt-Behandlung 89
11. Das Modell von Beziehungsebene und Sachebene 92
    11.1 Die zwei Grundströmungen der Konflikttheorie . . 93
    11.2 Defizite in der Wahrnehmung und Behandlung von Beziehungskonflikten 95
    11.3 Die Unterscheidung in Sach- und Beziehungs-Konflikt-Typen 96
    11.4 Zu welchem Typ gehören Sie? 98
12. Erweiterte Werkzeuge kommunikationspsychologischen Vorgehens – die Herausforderung an den Konfliktmoderator 99
    12.1 Das Kommunikationsmodell „Nachrichtenquadrat" 100
    12.2 Konfliktinteraktion – das Teufelskreis-Modell . . . 103
        12.2.1 Dynamische Konflikt-Integration 103
        12.2.2 Zirkulare Konflikte 106
        12.2.3 Warum sind zirkulare Konflikte so dauerhaft und so häufig? 107
        12.2.4 Zirkulare Konflikte sind schwarze Löcher . 107
    12.3 Das Werte- und Entwicklungsquadrat 108
    12.4 Akzeptanzprobleme für differenzierte (Konflikt-) Kommunikation 112

Teil 2: Gruppen-Konflikte 113
13. Rang und Rang-Konflikte 113
14. Brave New World – das Modell der Alphas, Betas,
    Gammas und Omegas 118
    14.1 „Automatisches" Verhalten in Gruppen 118
    14.2 Evolution und Staatenbildung 121
    14.3 Struktur und Bildung von Gruppen 122
        14.3.1 Führerschaft und Rang 123
        14.3.2 Ich, wir und die anderen 126
        14.3.3 Das Modell der Immun-Abstoßung/
                betriebliche Konfliktfronten 128
        14.3.4 Konflikte durch Wir-Verweigerung und
                Wir-Verlust 131
        14.3.5 Eigennutz versus Gruppennutzen 131
    14.4 Mehrstufige Hierarchien – das Modell der
         Alpha-Beta-Gamma-Hierarchie 132
    14.5 Der Alpha-Omega-Konflikt 135
    14.6 Der Beta-Omega-Konflikt 138
    14.7 Frauen in Hierarchie-Konflikten 138
    14.8 Das Besondere an Hierarchie-Konflikten 139
15. Konflikte zwischen Gruppen 140
    15.1 Gruppengefühl, Homogenität, Identität 141
        15.1.1 Rationale, auf Nutzen zielende
                Gruppenbindung 141
        15.1.2 Irrationale Gruppenbildung 141
    15.2 Das Problem der Andersartigkeit 144

Teil 3: Komplexere Konflikt-Modelle 147
16. Das Modell der Projektion 147
17. Das Modell der endogenen oder intrapersonellen Konflikte . 150

18. Motivations-Konflikte im Maslow-Modell 152
19. Das Modell der Aggressions-Skala –
    Aggressoren und Konfliktvermeider 154
20. Konflikte im Modell der Transaktionsanalyse (TA) 158
    20.1 Das Grundkonzept der TA 158
    20.2 Transaktionsanalyse zur Betrachtung der
          Wechselwirkung zwischen zwei Personen 161
    20.3 TA-Typen und ihr Konfliktverhalten 164
21. Denkstil-Konflikte 167
    21.1 Denkstilanalyse nach dem Verfahren HDI
          von Ned Herrmann 167
    21.2 Beispiele konfliktrelevanter Profile 173
          21.2.1 A-Quadranten-Denken 174
          21.2.2 B-Quadranten-Denken 175
          21.2.3 C-Quadranten-Denken 176
          21.2.4 D-Quadranten-Denken 177
    21.3 Typische Denkstilkonflikte 179
          21.3.1 Der B-D-Konflikt 180
          21.3.2 Der A-C-Konflikt 182
          21.3.3 Der A-D-Konflikt 183
          21.3.4 Der B-C-Konflikt 184
    21.4 Das HDI als Mittel zur Erkennung von Konflikt-
          Potentialen auf Grund heterogener mentaler
          Präferenz und zur Vorhersage „natürlicher"
          homogener und konfliktarmer Gruppen 184

Teil 4: Rationale Modelle für Konflikte und Konfliktabläufe . 187
22. Wann ist ein Konflkt ein Konflikt –
    und was ist ein Konflikt? 187
    22.1 Konflikte als Spiele 189

PHÄNOMEN KONFLIKT

22.2 Nullsummenspiele 191
22.3 Die für rationale Ansätze notwendigen
      Voraussetzungen 192
22.4 Um subjektive Komponenten erweiterte
      rationale Konfliktmodelle 193
22.5 Die Grenzen rationaler Konfliktbetrachtung 194
22.6 Wann und inwieweit sind spieltheoretische/
      rationale Konfliktmodelle sinnvoll? 194
22.7 Also: was ist ein Konflikt? 195
23. Die Konflikt-Intensitätsskala 195
24. Aspekte von Sachkonflikten 197
25. Das Kahnsche Modell des Eskalations-Managements . . . 202
26. Detaillierte Konfliktablauf-Modelle 204
27. Die Modelle zyklischer und linearer Konflikte 207

Teil 5: Führungs- und Kooperationskonflikte 213
28. Der Begriff des Aktionsraums 213
    28.1 Aktionsraum als Konfliktherd 214
    28.2 Aktionsraum und Führungskonflikte bei
          traditionellem Führungsverhalten 218
    28.3 Der Umgang mit Aktionsräumen zwecks
          Minimierung von Konfliktrisiken 219
    28.4 Problematischer Umgang mit Aktionsräumen . . . 220
    28.5 Die Analyse des zeitlichen Verlaufs des
          Aktionsraumes als Technik der Konfliktanalyse . . 221
    28.6 Eine Übung 221
    28.7 Selbstbewußtsein, Aktionsraum, Territorium,
          Konflikte 222
29. Selbstorganisation versus Führung durch Anweisung –
    der Kampf um die Unternehmenskultur 223

30. Führungskonflikte im Modell der Situativen Führung . . . 227
    30.1 Das Konzept des Situativen Führens 228
    30.2 Typische Konflikte innerhalb des Situativen
        Führungsmodells 232
        30.2.1 Führungskonflikt „gezeigter Stil Sx contra
              gewünschter Stil Sy" 233
        30.2.2 Konflikte bei gezeigtem Führungsstil Sx
              und Bereitschaft der Geführten auf der
              Höhe Ry 235
    30.3 Zur Lösung: der „situativ mehrsprachige" Führer
        als Konflikt-Minimierer 236
    30.4 Widerstände gegen die Änderung von Kommuni-
        kationskultur und Führungskultur – in Führungs-
        instrumenten zu berücksichtigen 237

Teil 6: Dualität – zentrales Konzept in allen Konflikten . . . 239
31. Dualität und Konflikt 239
    31.1 Überall sind duale Paare 239
    31.2 Für spezielle Umgebungen typische duale Paare . . 242
    31.3 Duale Paare suchen – ein Mittel der
        Konfliktanalyse 243
32. Konflikte und Marktwirtschaft – eine Anwendung
    des Dualitätsmodells 247

Teil 7: Dualität, Wertsysteme, Glauben und Weltordnung . . 251
33. Konflikte – gut oder böse? 252
34. Dualität und zwei Grundsysteme der Weltordnung 253
    34.1 Yin-Yang und der mittlere Weg 253
    34.2 Yin-Yang und die Polarisierung von gut und böse . 255
    34.3 Die Konfliktsicht des Jesus von Nazareth 255

34.4 Die beiden Grundkonzepte 257
    34.4.1 Das vedische Konzept 257
    34.4.2 Das Konzept des guten Gottes 258
34.5 Resultierende Einflüsse auf das Konfliktverhalten . 258
35. Die Rolle der Untugenden 259

Teil 8: Formen der Konfliktführung 263
36. Die vielfältigen Arten der Konfliktführung 263
    36.1 Naive Konfliktführung 264
    36.2 Professionelle Konfliktführung mit strategischen
           Qualitäten 265
    36.3 Offene Konfliktführung und ihre Rituale 265
    36.4 Versteckte Konfliktführung 267
    36.5 Siegen um jeden Preis 267
    36.6 Die drei strategischen Grundvarianten 268
    36.7 Der Bezug zwischen den drei Strategien und den
           beiden Grundkonzepten der dualen Weltordnung . 270
37. Verdeckte Konfliktführung 271

Teil 9: Neue Ansätze zum Umgang mit Konflikten 273
38. Gewinnen statt Siegen 273
    38.1 Der Wandel der Konfliktkonzepte 273
    38.2 Die Metapher des „roten Telefons" 274
    38.3 Die Bedrohlichkeit der klassischen
           Nullsummenspiele 276
    38.4 Die vergessenen Konfliktkosten 277
    38.5 Konfliktkommunikation 278
    38.6 Das Ablaufmodell von „Gewinnen statt Siegen" . . 281
    38.7 „Gewinnen statt Siegen" hat nichts mit
           Pazifismus zu tun 282

38.8 Die Bedeutung der Kreativität 283
38.9 Die Beiträge der Spieltheorie zu dem Konzept
„Gewinnen statt Siegen" – wichtige Regeln
für die Praxis 285
39. Kommunikation und Konflikt-Behandlung nach
schon erfolgten Verletzungen 287
40. Konfliktgespräche führen können – das Vorgehen
von Marshal Rosenberg 289
41. Konflikt-Moderation 293
42. Konfliktbearbeitung mit NLP (Neurolinguistisches
Programmieren) – Beitrag von Hans-Peter Luz 296
    42.1 Ziele des NLP-Einsatzes 296
    42.2 Was ist NLP? 296
    42.3 Prinzipien von NLP und Konfliktbewältigung . . . 300
    42.4 Die NLP-Sicht des intra-personellen Konflikts . . . 304
    42.5 Konflikt zwischen zwei Personen
        (inter-personeller Konflikt) 305
    42.6 Konflikt innerhalb einer Gruppe
        (intra-Gruppen-Konflikt) 307
    42.7 Konflikt zwischen Teams (inter-Gruppen-Konflikt) 308
    42.8 Vier NLP-„Techniken", die nicht nur zur
        Konfliktlösung taugen 309
        42.8.1 Weg vom Konflikt – hin zur Lösung:
            die Wohlgeformte Zielvereinbarung 309
        42.8.2 Die „Ich-Du-Meta-Position" 310
        42.8.3 Der Zustimmungsrahmen 311
        42.8.4 Der Umdeutungsprozeß in 6 Schritten . . 312
    42.9 NLP als pragmatische Hilfe 313
    42.10 Anmerkung des Autors zum NLP-Einsatz 313

43. Ziel Weltfrieden – das Programm des Maharishi Mahesh Yogi 314
    43.1 Herkunft und Einsatzbereich der Methode 314
    43.2 Das theoretische Konzept des Weltfriedensplans . . 315
    43.3 Berichte über Erfolge 316
    43.4 Die Bedeutung der Studienergebnisse
         für die Konflikttheorie 316
44. Eine „Traumtechnik" zur Konfliktbehandlung 317

Teil 10: Zur Umsetzung von Konfliktwissen in persönliches Konfliktverhalten 3213

45. Die Entwicklung persönlicher Konfliktstrategien 324
46. Die Entwicklung persönlicher Qualitäten zur besseren
     Konfliktbewältigung 332
    46.1 Unspezifische Entwicklungsmaßnahmen 332
    46.2 Spezifische Maßnahmen 333
    46.3 Das Erlernen spezifischer Techniken 334
    46.4 Nutzen von Konflikt-Moderation 334
47. Die 5-Schritt-Methode der aktiven Konfliktbehandlung . 335
    47.1 Konflikterleben und Konfliktkontext –
         Warnung vor der zu schnellen Analyse 337
    47.2 Schritt 1: Korrekte Konfliktanalyse 338
    47.3 Schritt 2: Entwickeln von Vorgehenskonzepten . . 340
    47.4 Schritt 3: Strategie-Auswahl und Fall Safe-Planung 342
    47.5 Schritt 4: Vorgehensplanung 344
    47.6 Schritt 5: Die Vorgehensdurchführung 344
    47.7 All der Aufwand – lohnt sich das? 345
48. Schlußbemerkung 346

Anhang 1 – die Basismodelle 347
Anhang 2 – Bezugsnachweis 348
Literatur 349

Vorwort

Wir sind von Konflikten umgeben. Nicht nur in der Außenwelt, auch in uns Menschen laufen Konflikte ab. Offene, verdeckte, auflösbare, unerkannte, nicht behandelbare, verleugnete, mit aller Kraft ausgefochtene – im Beruf, zu Hause, im Wachbewußtsein und sogar in unseren Träumen.

Was sich in den letzten Jahrzehnten unter dem Eindruck von globaler Konfrontation, Holocaust-Drohungen, Kriegstechnologie und daraus resultierender Friedenssehnsucht entwickelt hat, ist ein in immer breitere Schichten der westlichen Öffentlichkeit vordringender Wunsch:

- weniger unter Konflikten zu leiden,
- Konflikte besser zu verstehen,
- Konflikte besser angehen zu können,
- eigene Beiträge zu einer konfliktärmeren Welt zu leisten,
- mehr Frieden zu finden.

Insofern ist „Konflikt" zu einem Thema geworden, das in breite Bevölkerungsschichten eingedrungen ist. Zeugen dafür sind u. a. die ungezählten Gruppenseminare für Ehepartner; Selbsterfahrungsgruppen, die die eigenen Aggressions- und Angstpotentiale ausloten; Friedens- und Anti-Rassismus-Demonstrationen. In den Betrieben sind es u. a. moderierte Workshops bei aktuellen Konfliktsituationen, spezielle von progressiveren innerbetrieblichen Personalentwicklungsabteilungen genutzte Mechanismen der Konfliktbehandlung, und natürlich auch zunehmend häufiger gebuchte Konfliktseminare für den geschäftlichen und den privaten Bereich.

Neue Konzepte für den Umgang mit Konflikten werden inzwischen mit einem gewissen Eifer weitergetragen. Dazu gehört auch das Konzept: *„Gewinnen statt Siegen"*, in dem die Abkehr von den sogenannten Nullsummenspielen propagiert wird, von denen Watzlawick sagte: „Nullsummenspiele sind das törichtste und tödlichste, was wir uns leisten können." Diese neuen Konflikt-Konzepte stoßen auf den ideologischen Widerstand der traditionellen „Realisten" – eine aktuelle Konfliktfront um Konflikte...

Wie sollen wir nun mit all diesen vielfältigen Konflikten und den von verschiedenen Seiten angebotenen, zum Teil widersprüchlichen Handlungsanweisungen umgehen? Können wir überhaupt über all diese vielen Konfliktformen einen Überblick bekommen und womöglich zumindest teilweise selbst Wege finden, mit diesen Konflikten halbwegs befriedigend umzugehen? Oder manchmal: aus Konflikten gar eine Chance zu machen?

Ich bin selbst in vielfältigen Konflikterlebnissen und in zahlreichen Rollen den Weg des Lernens gegangen: als Führungskraft, Geschäftsführer, als Manager in Krisenprojekten, als Trainer und Berater, als Privatmann und als aufmerksamer Beobachter meiner Umwelt. Etwa 1985 begann ich mein eigenes Interesse und meine eigenen Lernerfahrungen in ein mehrtägiges Konfliktseminar umzusetzen, das ich seit damals über viele Jahre gehalten habe. Es ist Zeit, mich an dieser Stelle bei meinen Seminarteilnehmern zu bedanken, die mit zum Teil unerschrockener Offenheit ihre persönlichen und beruflichen Konfliktprobleme einbrachten und mir damit abverlangten, nicht nur Theorie und allgemeine Übungen zu liefern, sondern auch auf aktuelle Situationen einzugehen. Ohne dieses Verlangen der Teilnehmer nach aktuell nützlichen Lösungsbeiträgen hätte das Seminarskript, aus dem schließlich dieses Buch entstanden ist, nie seine Breite und Methodik erhalten. Also: Danke an meine Seminarteilnehmer!

Dieses Buch über das „Phänomen Konflikt" stammt nicht aus einer psychologischen oder soziologischen Schule. Es verwendet auch keine psychologische oder soziologische Fachsprache. Meine Seminarteilnehmer, meist Fachleute und Führungskräfte aus der Wirtschaft, also Betriebswirte, Ingenieure, Informatiker, Verwaltungsfachleute, viele aus dem Hi-Tech-Bereich, hätten eine solche Sprache und die zugehörigen Begriffsbildungen kaum akzeptiert. So entwickelte ich eine eigene Darstellungsform, die auf den Denkformen und Begriffen des Nichtpsychologen und Nichtsoziologen aufgebaut und trotzdem psychologisch und soziologisch korrekt ist. Entsprechend wendet sich dieses Buch primär an Menschen, die im Privatleben und im Beruf Konflikte besser verstehen und mit Konflikten besser umgehen wollen – ohne deswegen gleich tief in die divergierenden Sprach- und Begriffswelten der Psychologen und Soziologen einzutauchen.

Ich möchte also dazu beitragen, daß Menschen in ihren privaten und beruflichen Rollen einen möglichst leichten Zugang zum Verständnis aktueller Konflikte finden. Und daß sie Methoden kennenlernen, wie sie sich – auf der Basis der systematischen Einsicht – aktive Handlungsstrategien erschließen können.

Aktiver und langfristig erfolgreicher Umgang mit Konflikten – also mehr Freiheitsgrade und höhere Wirksamkeit des Verhaltens in aktuellen Zwangs- und Konfliktsituationen – bedeuten eine Reifung der Persönlichkeit in Richtung auf Bewußtheit, emotionale Balance, Weisheit und vielleicht auch Liebe. Dieses Buch soll dazu Beiträge auf zwei Ebenen liefern. Einmal: intellektuelle Einsicht, Analysefähigkeit sowie rationale Strategiebildung fördern. Zum zweiten: (falls gewünscht) den persönlichen Entwicklungsprozeß anstoßen, der neue Einstellungen und Verhaltensweisen (auch) im Umgang mit Konflikten mit sich bringt.

Zuletzt noch meinen Dank an meine Freunde, Kontrahenten und „Feinde" in den vielen Auseinandersetzungen meines Lebens. Ohne die Wut, den Ärger, die Aggression und Introversion, ohne die meist späten und manches Mal zu späten Einsichten in meine eigenen minder qualifizierten Konflikt-Verhaltensweisen, die dabei in mir ausgelöst wurden, wäre es nie zu diesem Buch gekommen.

Dann: meinen Dank insbesondere an meine Lehrer Paul Twitchell, Harold Klemp und Shaun de Warren, die mir auf unterschiedliche Weisen zu manchen meiner neuen Einblicke und Einsichten geholfen haben, so daß Konflikt heute für mich zu einem Phänomen geworden ist, das vergleichsweise einsichtig, durchschaubar und bewußt behandelbar ist. Ohne daß ich behaupten könnte, ausgelernt zu haben.

Ein abschließender Dank an Michaela Rüsing, die mit liebevoller Grundeinstellung neben ihrer Mithilfe auch manchen Konflikt im Umfeld des Entstehens dieses Buches ausgeglichen hat.

Kössen, im Mai 1993

Einführung

1. Die Vielfalt des Themas „Konflikt" – und zum Umgang mit dieser Vielfalt

Wohin wir schauen sind Konflikte. In uns, wenn wir z. B. nicht wissen, ob wir eine neue Stelle annehmen sollen oder nicht und dann hin- und herschwanken zwischen den Alternativen von Sicherheit und Mißvergnügen am alten Arbeitsplatz einerseits und unserem Wunschbild einer erfreulicheren Tätigkeit andererseits. Und außerhalb von uns: Konflikte im privaten Bereich, Konflikte am Arbeitsplatz. Bei Führungskräften insbesondere Konflikte innerhalb und zwischen Organisationen, bei denen man zum Mitspieler und Mitleider wird. Und schließlich um uns herum all die Konflikte, von denen uns das Fernsehen live und die Tageszeitungen mit etwas Verspätung berichten. Libanon, ehemaliges Jugoslawien, der Solinger Mord an Ausländern, eine Wahlniederlage, eine Schlammschlacht vor dem Scheidungsrichter, an der eine Filmschönheit und ein Millionär beteiligt sind. Und die Nachricht, daß eine Elefantin im Zoo ohne Vorwarnung eine Kollegin getötet hat.

1.1 Der Irrweg der „Kochrezepte"

Die offenkundige Breite der unter der Überschrift „Konflikt" angesprochenen Themen hat System. „Konflikt" ist ein sehr vielfältiges Thema mit einer nicht übersehbaren und noch nie gezählten Anzahl von Facetten. Selbst wenn man systematisch zu Werke geht, so wie ich es versuche, gibt es eine beachtlich große und trotzdem noch sehr unvollständige Anzahl von Modellvorstellungen, die bei der Betrachtung von Konflikten Hilfe geben. Und alle diese Modellvorstellungen sind in ihrer Art weitgehend selbständig, d. h. nicht auf einem gemeinsamen „Übermodell" abzubilden. Mit anderen Worten: Es gibt keine einheitliche Theorie der Konflikte, aus der man sozusagen im Einzelfall ableiten kann, was gerade zu tun sei. Noch anders ausgedrückt: Aufgrund dieser Struktur des Themas Konflikt gibt es keine „Kochbuch-Rezepte", nach denen man alle auftretenden Fälle bearbeiten kann. Die Suche nach solchen Kochbuch-Rezepten wird zwar immer wieder gestartet, aber sie muß erfolglos bleiben.

1.2 Das Konzept der Konfliktmodelle

Statt Kochrezepte anzubieten, thematisiert dieses Buch entlang eines roten Fadens eine Reihe von Modellen, die helfen, die vielseitigen Aspekte von „Konflikt" besser zu verstehen. Aber noch einmal: Keines dieser Modelle wird im Regelfall in der Lage sein, allein und für sich einen Konflikt komplett zu erklären. Und wenn das einmal möglich ist, dann ist das gerade der Ausnahmefall, der sozusagen als Reinkultur-Idealfall durch das Modell dargestellt oder erläutert wird. Nach meinen Erfahrungen sind aber etwa 80 % der von meinen Seminarteilnehmern eingebrachten Konflikte mit der richtigen Auswahl von jeweils nur zwei bis vier der insgesamt 40 hier dargestellten Konfliktmodelle recht gut behandelbar. Diese Basismodelle sind in Anhang 1 zusammengestellt.

Diese 40 Modelle stellen also sozusagen Faktenwissen über Blickpunkte zum Thema Konflikt dar. In einem *ersten Schritt* der Bemühung um besseren Umgang mit Konflikten ist dieses Wissen erlernbar und lehrbar. Aber gelernt ist noch nicht angewendet...

Ich habe mich in diesem Buch auf 40 Konfliktmodelle beschränkt. Manche Modelle sind zu komplex für den Rahmen dieses Buches. Andere lassen sich in Schriftform schwer vermitteln, sie brauchen zur Übertragung eine Trainings-Situation. Ich hoffe, mit der getroffenen Auswahl die richtige Balance zwischen notwendiger Detaillierung und schädlicher Komplexität zu treffen.

1.3 Die Bedeutung von Lernen und persönlicher Entwicklung

Als *zweiter Schritt*: Für den aktiven Umgang mit Konflikten ist die Frage entscheidend, wie weit eine Person nicht nur hilfreiche Modelle kennenlernen will, sondern auch im täglichen Leben eine Zeitlang daran übt, diese Modelle im realen Geschehen wiederzuentdecken. Ich erwarte zwar, daß die Leser manchen Aha-Effekt des Verständnisses haben werden. Aber nur durch die Arbeit der persönlichen Übertragung der gelernten Modelle in die Alltagswelt entsteht der Lerneffekt, der notwendig ist, um im Laufe von Wochen oder Monaten das in diesem Buch vermittelte Wissen in aktuellen Situationen wiederzuerkennen und zu nutzen. So ist die Einsicht in die Situation aufzubauen, die vor der Nutzung des Wissens kommen muß. Hierzu bedarf es nach den Aha-Effekten eines persönlichen Entschlusses zu gezieltem Lernen.

Der *dritte Schritt* ist das bewußte Arbeiten an aktuellen Konflikten unter Nutzung der zunächst kognitiv erworbenen neuen Analyse- und Verständnisfähigkeit. Für dieses Umsetzen wird anfangs viel Zeit für systematisches Arbeiten benötigt – die „schnellen" Konflikt-Aktionen sind meist um Klassen schlechter als die intensiv erarbeiteten. Auf diese

Aspekte von persönlichem Lernen und Wachsen auf dem Weg zum „besseren Konfliktbehandler" geht Teil 10 am Ende dieses Buches ausführlich ein.

Je nach Zeitbilanz (2- oder 3-Tages-Seminar) enthalten meine Seminare einige Stunden oder einen ganzen Tag, der nur der Arbeit an Fallstudien und aktuellen Konflikt-Situationen gewidmet ist. Die von den Teilnehmern mitgebrachten Konflikt-Situationen werden dann jeweils mit Hilfe der vorher eingeführten Modelle analysiert. Dies ist die Hilfe, die das Seminar über die Möglichkeiten des Buches hinaus beim Übertragen des theoretischen Lernstoffs in die Praxis bietet und die nicht durch einen Buchtext zu ersetzen ist. Deswegen wird es für den Leser wichtig sein, sich in eigener Aktivität gezielt und bewußt in den vorgenannten Schritten zwei und drei zu engagieren, also gezielt zu lernen und daran zu üben, die hier angebotenen Bausteine zu nutzen.

Die Fülle der Situationen, die wir im folgenden noch näher betrachten werden, erlaubt also einfach keine Kochbuch-Regeln. Der Weg zu besserem Umgang mit Konflikten geht weitgehend über das Entwickeln von Analysefähigkeit und die bewußte Entwicklung von gezielten Verhaltensweisen, die auf die jeweilige Situation möglichst maßgeschneidert eingehen. Die „aus dem Bauch" kommenden spontanen Ansätze zur Konfliktlösung, die uns gefühlsmäßig am nächsten liegen, sind meist gerade NICHT die Lösung, die „besser" für alle Beteiligten ist.

2. Zur Methode

Die Human- und Sozialwissenschaften haben sich seit ihrem Entstehen auch mit Konflikten befaßt. Jede der zahlreichen Schulen unter dem Dach von Psychologie/Sozialpsychologie/Soziologie/Politologie/Wirtschaftswissenschaften/Biologie und Theologie hat ihre Vorstellungswelten und Konzepte zum Phänomen „Konflikt" entwickelt. So kann man, je nachdem welcher Schule sich ein Autor/Referent zugehörig fühlt, fast elementfremde Blickpunkte, Terminologien, Modelle, ethische Konzepte etc. finden. Manche Modelle sind biologisch-mechanistisch, andere behavioristisch, wieder andere ideologisch, idealistisch oder religiös geprägt.

2.1 Die Rolle der Fachgebiete übergreifenden ‚Views'

Dieses Buch zählt sich, vom Standpunkt der Wissenschaft und ihrer Schulen, zu keiner dieser Gruppierungen. Für mich enthalten alle vorgenannten Bereiche wertvolle „Views", also Blickpunkte, auf das Thema Konflikt. Aber je nach ausgewählten Forschungsinstrumenten und ihren Objekten (Hormonausschüttungen über Aggressionsverhalten bis Bündnispolitik) liefert jeder dieser Bereiche seinen differenzierten Ausschnitt aus dem vielfältigen Phänomengefüge rund um das Thema „Konflikt".

Ich ging beim Konzipieren des Seminars und damit auch dieses Buches davon aus, daß jeder der angesprochenen Bereiche werthaltige, aber einseitige Beiträge liefert. Fachwissenschaftler sind im Regelfall an einseitigen und tiefgehenden Untersuchungen interessiert. Mich interessierte die Frage: Wie kann ich in zwei bis drei Tagen die wichtigsten Basismodelle und ihre Zusammenhänge – ungeachtet ihrer Herkunft – so lehren, daß „Anwender" (also Benutzer der Erkenntnisse) für ihre persönlichen und beruflichen Situationen daraus möglichst umfassenden Nutzen ziehen können.

Entsprechend habe ich wichtige Konfliktkomponenten/Konfliktbausteine aus den verschiedensten Bereichen ausgewählt und sie auf möglichst leicht verständliche Basismodelle reduziert. Konfliktanalyse bedeutet nach meinem Ansatz: in einem zu bearbeitenden Konflikt zunächst einige Grundmuster (also: Basismodelle) zu erkennen. Erfahrungen sagen, daß bei der überwiegenden Mehrzahl der vorgetragenen Konflikte jeweils zwei bis vier Basismodelle (aus der Gesamtzahl von hier vorgestellten 40) zu einem „Aha"-Effekt des Verstehens führen und damit die Plattform für eine bewußte Konfliktbehandlung schaffen.

2.2 Konfliktbehandlungs-Strategie kommt nach Konfliktanalyse

Sind Konflikte „erkannt" bzw. „verstanden", besteht auch die Basis für gezielte Konfliktbehandlung. Hierzu ist es notwendig, trotz des in vielen Fällen bestehenden Konfliktdrucks, eine „Lösungsstrategie" zu entwerfen und zu realisieren. Hierbei gibt es persönliche Ziele, religiöse und ideologische, bewußte und unbewußte Wertsysteme, die für viele Menschen den Handlungsspielraum einschränken bzw. bestimmen. Bei den meisten Menschen besteht wenig Erfahrung, wie man bei Konflikten überhaupt eine Konfliktlösungsstrategie aufbaut. Zu diesem Themenkreis bietet dieses Buch Modelle und Anleitung. Ich gehe hier sowohl auf „psychologische" Vorgehensweisen ein wie auch auf andere moderne und uralte Methoden, also z. B. auf Möglichkeiten von Mentaltrainings sowie auf meditative und spirituelle Techniken. Denn die Vielfalt der Ansatzpunkte zur Konfliktgestaltung ist größer als das Angebot der Schulpsychologie. Hierzu weise ich auch auf den Beitrag des Mentaltrainers Hans-Peter Luz hin, der über den Einsatz von NLP zur Konfliktgestaltung berichtet (Kapitel 42).

Wenn Sie mehr über „Psychologisches Konfliktmanagement" erfahren wollen, empfehle ich z. B. die Literatur (1)*, die den Leser in diese

---

* In Klammern gesetzte Ziffern innerhalb des Textes verweisen stets auf die entsprechende Literatur, die insgesamt im Anhang aufgelistet ist.

Sichtweise tiefer hinführen kann. Allerdings wird dort auch sofort die Fachsprache deutlich, für die mehr fachliche Vorbildung notwendig ist als sie der durchschnittliche Anwender mitbringt.

Für weitere zum Thema Konflikt beitragende Fachgebiete weise ich noch auf die Literatur (2 bis 21) hin. Wer sich in verschiedene Richtungen und ihre Sichtweisen tiefer einlesen will, findet dort eine erste Auswahl. Zusätzlich wird im Text auf zahlreiche weitere Literatur verwiesen.

Soweit die methodische Einordnung im wissenschaftlichen Sinn.

2.3 Die Bedeutung der eingefügten Übungen

Noch etwas zur Arbeitsmethodik für den Leser in diesem Text. Ich habe, insbesondere am Anfang, einige *Übungen* in den Text aufgenommen. Bitte, führen Sie diese Übungen möglichst akribisch durch – es ist zu Ihrem Nutzen!

Die Übungen sind dazu da Sie zu sensibilisieren – so daß Sie nicht nur „im Kopf" Wissen erwerben, sondern dieses Wissen mit Ihren persönlichen Erfahrungen und Gefühlen verknüpfen. Dies wird Ihren Lerneffekt wesentlich erhöhen.

Wenn man nur einseitig – z. B. als „Sozio-Techniker" – an die rationalen Aspekte von Konflikten herangeht und seine Gefühle ausspart, wird man niemals verstehen, was in einem Konflikt wirklich in den Menschen geschieht und welche Energien dabei in Bewegung gesetzt werden. Je mehr Sie sich selber Ihrer Konfliktgefühle bewußt werden, umso besser sind Ihre Chancen für eine verbesserte Konfliktbehandlung.

3. Welche Arten von Fragen zu Konflikten sind heute für die Praxis wichtig?

Je nach Herkunft des Konflikt-Fachmanns (vom Psychologen bis zum Theoretiker des Kalten Krieges) liegen die Schwerpunkte in verschiedenen Themenbereichen. Um einen Überblick über die Bedürfnisse der „Anwender" zu bekommen, habe ich immer wieder Seminargruppen nach ihren Interessenlagen und Wünschen befragt.

Die folgende auszugsweise Aufstellung zeigt, welche Arten von Fragen heute zum Thema Konflikt typisch gestellt werden. Sie zeigen in der folgenden Aufzählung die Breite der Interessenlage. Sie erlauben dem Leser aber auch, die Themengruppen zu identifizieren, die ihn selber betreffen. Vor allem macht diese Aufstellung aber von der Methodik her deutlich, daß allgemeine Ratschläge kaum auf die Fülle unterschiedlicher Situationen passen.

Ich schlage vor, daß Sie als Leser die folgende Aufstellung langsam durchlesen und möglichst Punkt für Punkt vor Ihrem geistigen Auge zu den genannten Aspekten die dazugehörigen Situationen bildlich aufsteigen lassen. Wenn Sie sich Zeit nehmen und durch diese erste **Übung** hindurchgehen, sollten Sie auf das Phänomen Konflikt in seiner Breite und mit seinen vielfältigen Betroffenheiten vorbereitet sein. Blättern Sie also nicht über die folgende Liste hinweg – benutzen Sie sie eher wie eine Comic-Serie zum Thema Konflikt, die Sie langsam vor Ihrem geistigen Auge durchblättern.

> **Übung 1**
> Nun zum Thema Konflikt die (unvollständige) Wunsch- und Themenliste für Ihre erste Übung. Lassen Sie Punkt für Punkt vor Ihrem geistigen Auge die dazugehörigen Konflikte bzw. Situationen und Wünsche möglichst bildlich entstehen!

1. Das Erkennen der tieferen Ursachen von Konflikten – im Gegensatz zu der oberflächlichen Sicht der Konflikterscheinungen also „die Dinge hinter den Dingen".
2. Stellvertretendes Austragen von Konflikten an Dritten – was tun?
3. Die Kraft der „Aggression" von „Zerstörung" in eine „positive" Richtung umdrehen.
4. Multikulturelle Konflikte.
5. Agreement in einer Gruppe oder zwischen Personen zu den Ergebnissen von Konflikten.
6. Die eigene Wut in den Griff bekommen.
7. Hinweise für eine berufliche Situation, in der man als Entwickler mit Anwendern zu tun hat, wobei es Fragen und Probleme gab, so daß man sich an den Kopf greift: „Ich bewahre dann nicht die Ruhe und alles wird noch heißer... Wenn die Emotion sich legt, habe ich Schuldgefühle. Warum habe ich es eskalieren lassen? Und das Problem ist nicht gelöst, sondern weiter aufgeheizt... GESUCHT: Wege, mit meinem Naturell bezüglich Cholerik und Konflikt-Situationen umzugehen – aber dabei die emotionale Offenheit weiter zu behalten..."
8. Kenntnisse über Yin und Yang als klassische Opponenten.
9. Wie kann ich Esoterik für Konflikt-Bewältigung optimal einsetzen?
10. Erkennen von „verdeckten" Konflikten und das Finden der „richtigen" Antwort.
11. Programme und Meta-Programme menschlichen Verhaltens im Zusammenhang mit Konflikten.
12. Mit erkannten Konflikten gezielt umgehen.
13. Den HDI-Denkstil von anderen Leuten erkennen, um mögliche oder bestehende Konflikte besser zu erfassen und zu behandeln.

14. Erkennen und Akzeptieren endogener Konflikte (also von Konflikten, die aus der eigenen Person kommen).
15. Wertesysteme von Gesprächspartnern erkennen und sich darauf einstellen, um mit potentiellen Konflikten besser umzugehen.
16. Die Beziehungsebene nutzen zum besseren Arbeiten auf der Sachebene.
17. Definition: Was ist ein Konflikt? UND: „Wann wird etwas ein Konflikt?"
18. Inwieweit reizt die eigene Art der Kommunikation zu Konflikten?
19. Was kann NLP (Neurolinguistisches Programmieren) in Konflikt-Fällen tun und was ist überhaupt NLP?
20. Konflikte zwischen Marketing/Vertrieb und Technik: Die Technik braucht Zeit, aber Unreales wird trotzdem angekündigt...
21. In einer Servicebeziehung zu einem Kunden wird ein Produkt zu spät oder in schlechter Qualität geliefert. Der Kunde eskaliert in dem entstehenden Konflikt in der Firmen-Hierarchie. Was tun? Ich stehe zwischen den Fronten.
22. Bei uns sagt jeder „Du". Vieles wird dadurch lockerer, vieles kommt deutlicher bzw. lautstärker heraus. Die Bremse des „Sie" findet nicht statt, so daß Emotionsüberfluß und Konflikt-Aufheizung entsteht.
23. Konflikte an allen Schnittstellen unserer Produkt-Entwicklung.
24. Konflikte zwischen allen beteiligten Menschen.
25. Unsere hausinternen Kunden müssen manchmal gezwungen werden.
26. Wie kann ich als Hersteller die Endanwender befriedigen und gleichzeitig die wirtschaftlichen Gesichtspunkte auf unserer Seite beachten?

27. Wann soll eine Person aus einer Projektgruppe hinausgesetzt werden? Und wenn, dann: wie?
28. Zum Thema Menschenführung: In Projekten sind Personen mit verschiedenen Charakteren – wie kann man für konflikt-freieres Zusammenleben sorgen?
29. Kundenverhältnisse: Wie gehe ich mit dem Auftraggeber um? Setze ich meine Ziele durch, wie menschlich bin ich intern und extern?
30. Konflikte liegen bei uns auf der Beziehungsebene, nicht auf der Sachebene – was tun?
31. Team-Management – trotz der vielen Reibungsflächen – aber wie?
32. Mich interessieren nicht Tricks der Konflikt-Behandlung, sondern transparente Methoden!
33. Konflikt-Management in den oberen EDV-Ebenen: Starke Emotionen sind dort für DV-Leute ungewohnt... Deswegen wird alles unterdrückt und verschwiegen.
34. Frauen in Führungspositionen.
35. Zusammenarbeit mit Ausländern bzw. ausländischen Unternehmen.
36. Thema Transaktions-Analyse als Arbeitsmittel in Konflikten.
37. Outsourcing.
38. Generationsprobleme in Sozietäten.
39. Unternehmer-Nachfolge- und Erbfolgeprobleme in Familienunternehmen.

Haben Sie sich an selbst erlebte bzw. bekannte Situationen erinnert gefühlt?

Ich werde Ihnen, wie Sie jetzt noch besser verstehen können, keine allgemeine Theorie oder ein Bündel guter Ratschläge liefern, aus dem Sie dann angeblich alle Antworten ableiten können, sondern „nur" ein Handwerkszeug für ein „Do ist Yourself".

4. Konfliktgruppen, Konfliktursachen – Gruppen

Eine Art, wie man versuchen kann, Konflikte einfacher zu bearbeiten, ist die Einteilung in Gruppen. Also: Irgendwie ähnliche Konflikte zusammenzutragen und dann die Gesichtspunkte suchen, die allen Konflikten gemeinsam zu sein scheinen. Dies ist sicher der Weg, den die meisten Konflikt-Experten gehen: Verhandlungsexperten in der Außenpolitik, Eheberater, Schlichter bei Streiks, innerbetriebliche Konflikt-Moderatoren, etc. Experten für spezielle Konflikte mit einem subtilen Sachwissen und langjähriger spezifischer Erfahrung in einem Teilgebiet können jedoch nicht das Modell des normalen Bürgers oder der normalen Führungskraft sein, die mit Dutzenden verschiedener Konflikttypen befaßt werden können. Ich werde also im Rahmen meiner Methodik nicht Konflikte unterteilt nach solchen Konfliktgruppen behandeln.

Trotzdem werde ich Ihnen im folgenden noch Einteilungen von Konflikten und Konfliktursachen vorstellen, wie sie in meinen Seminaren erarbeitet wurden. Machen Sie aus den beiden folgenden Unterkapiteln wieder je eine Übung. Gehen Sie wieder langsam durch die Aufstellungen und stellen Sie sich möglichst bildhaft und filmartig vor, wie die Konflikte aus den einzelnen Gruppen im Einzelfall aussehen können.

4.1 Konflikt-Typen

Die folgende Abbildung zeigt eine Aufstellung von Konflikten, die nach subjektiver Ähnlichkeit in Gruppen sortiert wurden. Starten Sie nun mit **Übung 2** und studieren Sie langsam und imaginativ die Abb. 4.1-1.

EINFÜHRUNG

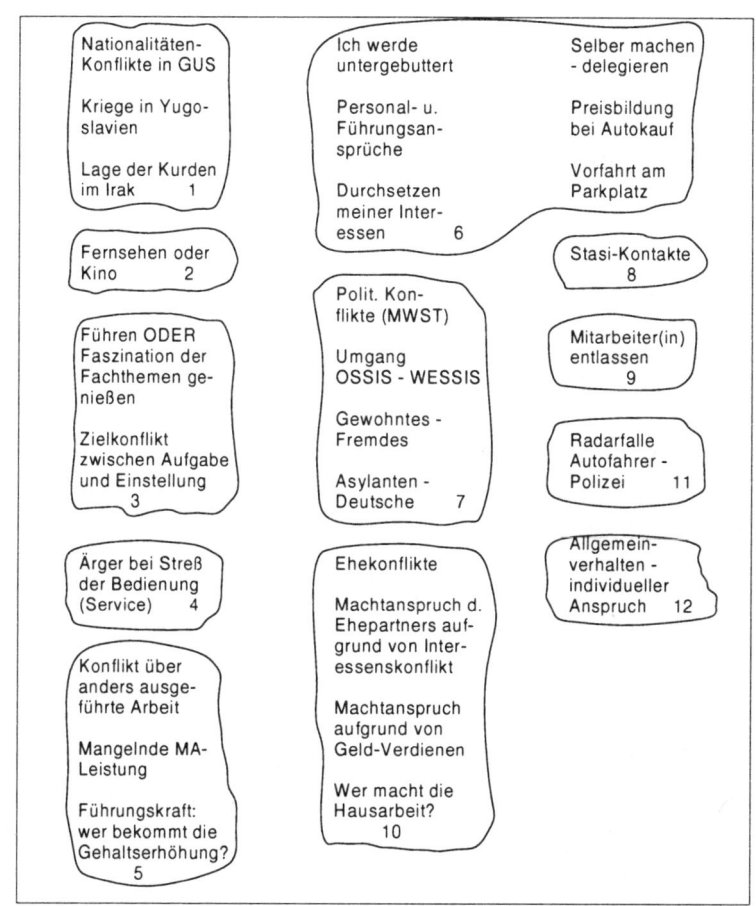

Abb. 4.1-1: Gruppierung in Konflikt-Typen (aus Seminararbeit) – Übung 2

4.2 Konfliktursachen

Abb. 4.2-1 zeigt aus einer Seminararbeit die Konfliktursachen, die zu einer größeren Anzahl von eingebrachten Konfliktbeispielen ermittelt und gruppiert wurden. Wir sehen aus dieser Zusammenstellung, daß nicht nur die Konfliktarten vielfältig sind, sondern auch die dazu ermittelten bzw. vermuteten Konfliktursachen. Machen Sie sich in Übung 3 die Mühe, in Abb. 4.2-1 sich langsam durch die Konfliktursachen zu lesen. Nehmen Sie möglichst jede genannte Ursache und stellen Sie sich dazu eine erlebte oder erfundene Geschichte als Beispiel vor.

4.3 Konfliktursachen: die Kritik an menschlichen Schwächen und die Suche nach dem guten Menschen

Zählen Sie in Abb. 4.2-1 nach, wieviele Male menschliche Schwächen als Ursache genannt werden... Was wir – ohne ideologische Werturteile – aus dieser Sicht der Seminarteilnehmer entnehmen können, ist die offenbare Ansicht, daß menschliche Schwächen für etwa die Hälfte der Konfliktfälle als beteiligte Ursache verantwortlich gemacht werden.

Aus dieser Sicht leiten sich verschiedene Ansätze ab, die den „guten Menschen" als Voraussetzung einer besseren Welt herbeiwünschen:

- religiöse Gebote incl. Beichte und Buße, die solche Charakterschwächen unter Strafe stellen,
- Ideale des vollkommenen Menschen, am Beispiel der Heiligen und Erleuchteten, die ihre „niedere Natur" überwunden haben. Kantsche Vorstellungen von „das Gesetz in mir und die Sterne über mir"; Schillers „ästhetische Erziehung des Menschen",
- das jetzt wieder im Rahmen von New Age und neuer Spiritualität propagierte Streben nach „mehr Bewußtheit", die es ermöglicht, „das Gute für das Ganze" zu erkennen und danach zu streben,
- psychologische Konzepte vom „Über-Ich" und der „reifen Persönlichkeit",
- Konzepte der Liebe (mit recht unterschiedlichen Inhalten).

Dieser Wunsch nach einer besseren Welt mit besseren Menschen, der heute immer häufiger vorgetragen wird, enthält sicher wichtige

EINFÜHRUNG

Ansätze zur Konfliktbehandlung. Hierzu mehr in Teil 6. Aber ehe wir uns mit dem besseren Menschen befassen, möchte ich mich dem realen Menschen und seinem „natürlichen Konfliktverhalten" zuwenden.

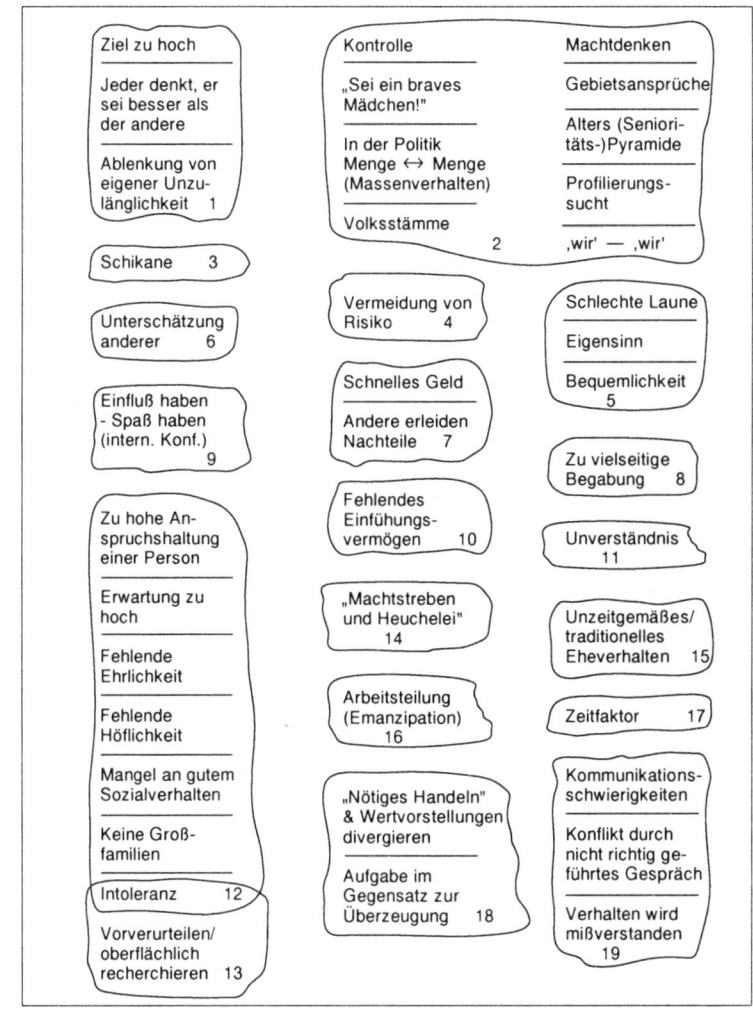

Abb. 4.2-1: Gruppierung von Konfliktursachen (aus Seminararbeit) – Übung 3

Teil 1
Individuelles Konfliktverhalten

Teil 1 befaßt sich mit den Aspekten von Konfliktverhalten, die im Individuum verankert sind und insbesondere auf sogenannten reaktiven und physiologisch begründeten Verhaltensweisen beruhen. Dieser Teil des menschlichen Konfliktverhaltens ist archaisch. Als eine Gattungseigenschaft trägt jeder Mensch diese Konfliktmuster in sich – nur in der Art, wie diese Konfliktmuster ausgelebt werden, gibt es riesig große individuelle Unterschiede.

Moderne Menschen leben gern in der Illusion, sie seien stets bewußt und womöglich noch rational und intellektuell. Die archaischen Muster in uns führen aber zu typischen „automatischen" bzw. unbewußt ausgelösten Verhaltensweisen, die in ihrer Mechanik zum Teil sehr genau bekannt und erforscht sind. Ob wir als moderne Menschen diese Botschaft gern hören, ist dabei ziemlich unwichtig.

„Höhere menschliche Qualität" zeigt sich nicht dadurch, daß wir die in uns liegenden uralten Mechanismen leugnen, sondern darin, daß wir lernen sie zu erkennen, bei uns selber und bei anderen. Um dann den möglichen Schritt der menschlichen Entwicklung zu vollziehen, indem wir lernen, unsere mechanischen Verhaltensmuster insofern zu überwinden, als wir Freiheiten gewinnen, im Fall eines Konfliktes unser Verhalten außerhalb der archaisch-natürlichen Mechanik zu steuern. Wenn wir diesen Schritt nicht tun, werden wir nie bis zu erfolgreichen

Lösungsstrategien vorstoßen, sondern immer in der Unfreiheit unseres archaisch-natürlichen Grundverhaltens gefangen sein.

Daher gebe ich im folgenden eine Einführung in die Basismodelle zum Verständnis des archaischen Verhaltens in uns.

5. Unsere Erinnerungen an Konflikt-Ereignisse

Beginnen wir nun mit einem Kapitel, das Sie in direkte persönliche Erfahrungen führen soll. Konflikte werden erlebt – nicht nur intellektuell diskutiert wie im vorigen Abschnitt. Es geht darum, daß Sie möglichst genau erleben, um was es in diesem Kapitel geht.

Konflikterlebnisse wirken in uns nach. Konflikte sind in den Menschen, die sie erlebten, fast niemals nach dem Ende des aktuellen Konflikt-Vorfalls entladen bzw. gelöscht. Um zu verstehen, welche Gefühle auf welche Weise mit Konflikten verbunden sind, ist es gut sich zurückzuerinnern. In diesem Kapitel sind Sie – der Leser – wiederum eingeladen mitzumachen, mitzuerleben und bewußt Ihre eigenen Konflikt-Erlebnisse zu erinnern. Was Sie damit erreichen können: Kopf und Gefühl als zwei verschiedene Dimensionen der Betroffenheit durch Konflikte genauer wahrzunehmen.

Wir beginnen mit einem harmonischen, glücklichen Erlebnis.

5.1 Erinnerung an ein harmonisches und glückliches Ereignis

Ich bitte Sie, sich nun für einige Minuten eine ruhige Situation zu schaffen. Sie werden einen Bleistift brauchen, um die auf der folgenden Seite stehende „Übung 4" zu bearbeiten.

Blättern Sie nun weiter zu **Übung 4**.

Übung 4

Erinnern Sie sich an ein harmonisches, sehr glückliches Ereignis, das Sie selbst erlebt haben. Dieses Ereignis kann neu sein oder z. B. aus Ihrer Kindheit stammen.

Lassen Sie sich Zeit. Wenn mehrere sehr glückliche/harmonische Erlebnisse in der Erinnerung auftauchen, wählen Sie eines davon für diese Übung aus.

Bitte schreiben Sie dieses Ereignis hier auf. Falls nötig, benutzen Sie ein zweites Blatt.

_____
_____
_____
_____
_____
_____
_____
_____
_____
_____
_____
_____
_____

(Bitte nach Bearbeitung zu Abschnitt 5.2 gehen.)

Wenn Sie mit Übung 4 fertig sind, gehen Sie bitte nach einer kleinen Pause zurück an diese Stelle und lesen Sie dann im Abschnitt 5.2 weiter.

5.2 Unsere Erinnerungen an ein schwer belastendes Konfliktereignis

Nun, nach der Erinnerung an ein harmonisches und glückliches Ereignis, ist es Zeit, sich an einen Konflikt zu erinnern, den Sie als sehr schmerzhaft und/oder erniedrigend, als Wut oder Hilflosigkeit erzeugend in Erinnerung behalten haben. Am besten: Sie erinnern sich an das schlimmste Konflikt-Ereignis, das Sie als Beteiligter oder direkter Zeuge je erlebt haben. Auf Seite 41 finden Sie dafür Ihr Blatt zur **Übung 5**. Vorher lesen Sie aber bitte noch etwas weiter.

In Übung 5, der Erinnerung an ein absolut negatives Konflikterlebnis, führe ich in meinen Seminaren die Teilnehmer durch begleitendes Sprechen tiefer in die Erinnerungen. Ich kann dies hier durch das Medium des Buches nicht tun. Daher bitte ich Sie, daß Sie sich unter eigener Regie genau erinnern, wie der Ort ausgesehen hat, an dem Sie dieses Erlebnis hatten? Ob es im Freien war oder in einem Raum? Wie hell war das Licht? Was für eine Art von Boden hatten Sie unter sich? Wie waren andere Personen gekleidet und wie waren Sie selber gekleidet? Wie klang die Stimme der anderen Person? Wie klang Ihre Stimme? Lassen Sie ganz systematisch durch gezielte Erinnerung die alte Situation wieder entstehen. Es ist in Übung 5 absolut wichtig, daß das gesamte Ereignis möglichst bildhaft vor Ihnen auftaucht. Sie könnten, wie auch andere Teilnehmer in Seminaren, Widerstand fühlen, sich noch einmal in diese unangenehme alte Situation hineinzubegeben. Versuchen Sie es trotzdem, es lohnt sich!

INDIVIDUELLES KONFLIKTVERHALTEN

Etliche Teilnehmer in den Seminaren, vor allem Frauen, erlebten das Konflikt-Ereignis sozusagen noch einmal – andere Teilnehmer hatten nur eine sehr mühsame und schwache Erinnerung, die in keiner Weise als lebendig bezeichnet wurde. Das Wissen um diese starken persönlichen Unterschiede bei der Erinnerung an Konflikt-Ereignisse ist sehr wichtig. Wir neigen zu sehr dazu anzunehmen, daß andere Personen etwa genau so denken, erinnern und empfinden wie wir auch. Das ist nicht so.

Gehen Sie nun also zu Übung 5.

Übung 5A

Erinnern Sie sich an einen Konflikt, der für Sie sehr schmerzhaft, erniedrigend, Wut oder Hilflosigkeit erzeugend war. Am besten: an das schlimmste Konfliktereignis, das Sie als Beteiligter oder Zeuge je erlebt haben. Schreiben Sie dieses Erlebnis bitte detailliert auf. Nehmen Sie sich die Zeit und die Ruhe, diese Erinnerung möglichst genau noch einmal zu durchleben – auch wenn es schwerfällt.

_____

_____

_____

_____

_____

_____

_____

_____

PHÄNOMEN KONFLIKT

_____

_____

_____

_____

_____

(Nach Beendigung der Arbeit an dieser Übung gehen Sie bitte zu Abschnitt 5.2.1.)

5.2.1 Die Gefühle bei der Erinnerung

In allen Seminargruppen werden immer wieder unter anderem folgende Gefühle genannt:

- Wut
- Zorn
- Befreiung
- Angst
- Hilflosigkeit
- Ausgenutzt sein
- Ausgeliefert sein
- Ohnmacht
- Enttäuschung
- Traurigkeit
- Mitgefühl
- Verzeihung

Meine Gefühle in meiner Geschichte:
-
-
-
-
-
-
-
-
-
-
-
-

(für den Leser nach Übung 5A zum Ausfüllen)

Gehen Sie als Leser nun durch die vorstehende Liste der Gefühle und kreuzen Sie an, welche Gefühle bei Ihnen beim Erinnern an Ihre Konfliktgeschichte auftraten. Falls Sie Gefühle hatten, die nicht in der Liste stehen, schreiben Sie diese in den nebenstehenden Kasten.

In etlichen Fällen trat in den Seminaren bei den Teilnehmern nicht nur ein einziges Gefühl auf, sondern eine Kombination von Gefühlen, z. B.:

Angst	– Zorn
Angst	– Befreiung
Traurigkeit	– Hilflosigkeit
Hilflosigkeit	– Ausgenutzt sein
Traurigkeit	– Wut.

Dies sind die Worte, die später für die erinnerten Gefühle gefunden werden. Erinnerte Gefühle sind – wenn wir sie aussprechen oder aufschreiben – Worte. Diese Worte beschreiben Gefühle, so wie das Etikett auf einer Weinflasche den Wein beschreibt. Die Worte, die Gefühle beschreiben, sind aber keine Gefühle. Ebensowenig wie Etiketten auf der Weinflasche Wein sind oder den Weingeschmack direkt als Erlebnis vermitteln.

Es ist wichtig, daß wir – wenn wir die Intensität der Gefühle verstehen wollen, die oft in Konflikten geweckt werden – uns möglichst selbst an unsere eigenen (unerfreulichen) Gefühle in Konflikten erinnern. Ich hatte immer wieder Seminarteilnehmer, denen es nicht gelang, sich auch nur an eine einzige schwere Auseinandersetzung zu erinnern, die sie erlitten oder miterlebt hatten. Andere hatten Tränen in den Augen oder fühlten erneut die Wut oder Hilflosigkeit in sich, weil die alten Gefühle wieder lebendig geworden waren.

5.3 Intensive Gefühle bei Konflikten

Viele Leser – nicht alle – haben sich mit Übung 5A in Erinnerung rufen können, wie Konflikte intensive Gefühle entstehen lassen. Und auch wie dauerhaft die hinterlassenen Gefühle sein können. Gehen Sie in Gedanken zu Übung 5A zurück, zu der Zeit, als Sie sich an Ihre Geschichte erinnerten. Traten Gefühle auf? Wenn ja: wo traten die Gefühle auf? Welche Qualität hatten sie? Es ist ganz natürlich, daß Menschen ihre Gefühle „im Körper" wahrnehmen. Ihre Aufgabe ist es nun, sich genauer über Ihre Gefühle klar zu werden; vor allem darüber, wo sie im Körper auftraten. Hierzu ist **Übung 5B** auf der folgenden Seite eingefügt. Bitte gehen Sie jetzt, ehe Sie weiterlesen, zu Übung 5B. Danach lesen Sie bitte hier weiter.

In Seminaren werden sich die meisten Teilnehmer zum ersten Mal darüber klar, daß ihre Gefühle (vor allem wenn sie intensiv sind) im Körper auftauchen und durchaus genau wahrgenommen und beschrieben werden können. Viele Menschen, vor allem solche mit stark rationaler oder technokratischer Einstellung, haben seit Jahren oder Jahrzehnten diesen Gefühlen keine Beachtung geschenkt.

Aber solche intensiven Gefühlserlebnisse können, insbesondere wenn sie häufig auftreten oder dauerhaft fortwirken, zu psychosomatischen Erkrankungen führen. Wegen der weitreichenden Folgen der im Körper auftretenden gefühlsmäßigen Erinnerungen an Konflikte wird diesem Thema hier breiterer Raum gegeben. Die gesundheitlichen Folgen von latenten und „heißen" Konflikt-Gefühlen sind dabei nur ein Aspekt von vielen. Konfliktgefühle sind, wie alle Gefühle, mit dem Hormonsystem verbunden und wirken so indirekt auf unsere Denkprozesse ein und steuern dabei oft unbewußt und noch nach Jahrzehnten unser Verhalten. Das Ausmaß der Beeinflussung durch den Hormonpegel steigt dabei mit der Intensität der früher bzw. aktuell ausgelösten Gefühle.

INDIVIDUELLES KONFLIKTVERHALTEN

Übung 5B

Konflikt

Bitte tragen Sie auf dem Bild ein, wo Sie bei der Übung 4 in Ihrem Körper welche Gefühle wahrgenommen haben. Malen Sie diese mit Strichen/Flächen/Symbolen ein und notieren Sie dazu die Art des körperlichen Gefühls.*

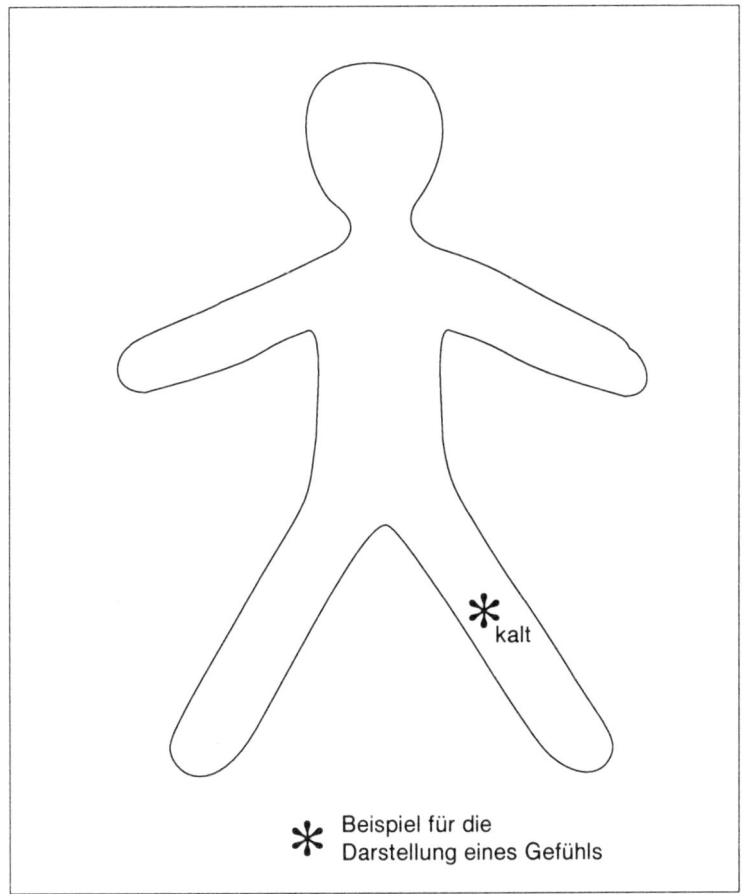

Abb. 5.3-0: Darstellung von Körpergefühlen bei Konflikterlebnissen

PHÄNOMEN KONFLIKT

Im folgenden habe ich aus zwei Seminargruppen zusammengestellt, welche Gefühle und Texte in die Figuren zu Übung 5B eingetragen wurden. Diese Darstellungen finden Sie in den Abb. 5.3-1 und 5.3-2.

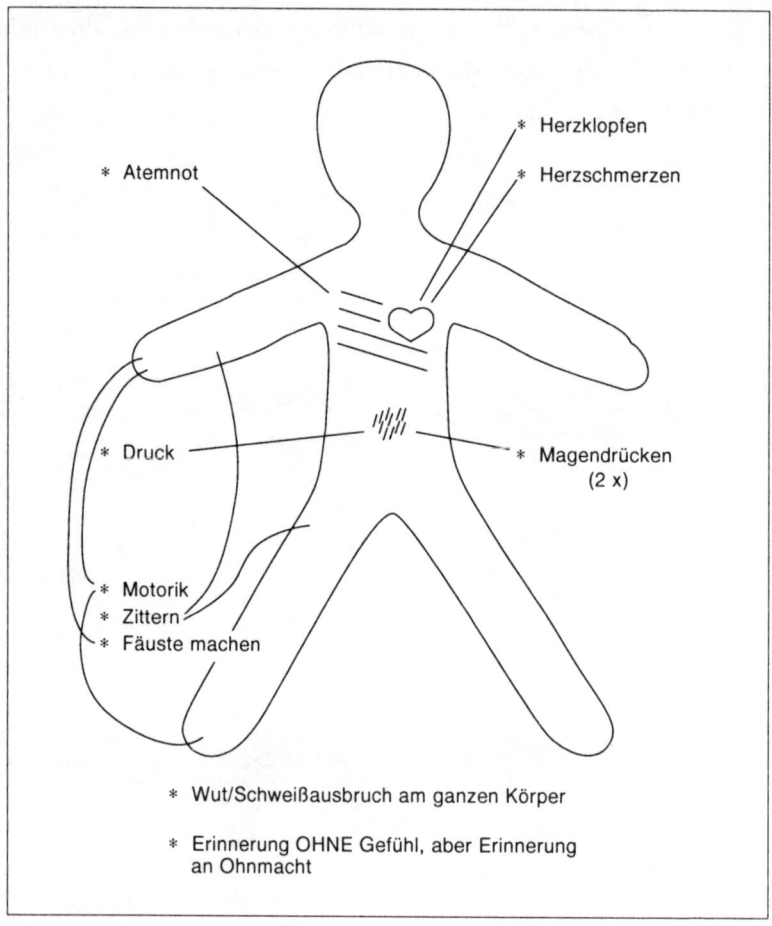

Abb. 5.3-1: Wo im Körper welche Gefühle auftreten – Beispiel aus einer Seminargruppe

INDIVIDUELLES KONFLIKTVERHALTEN

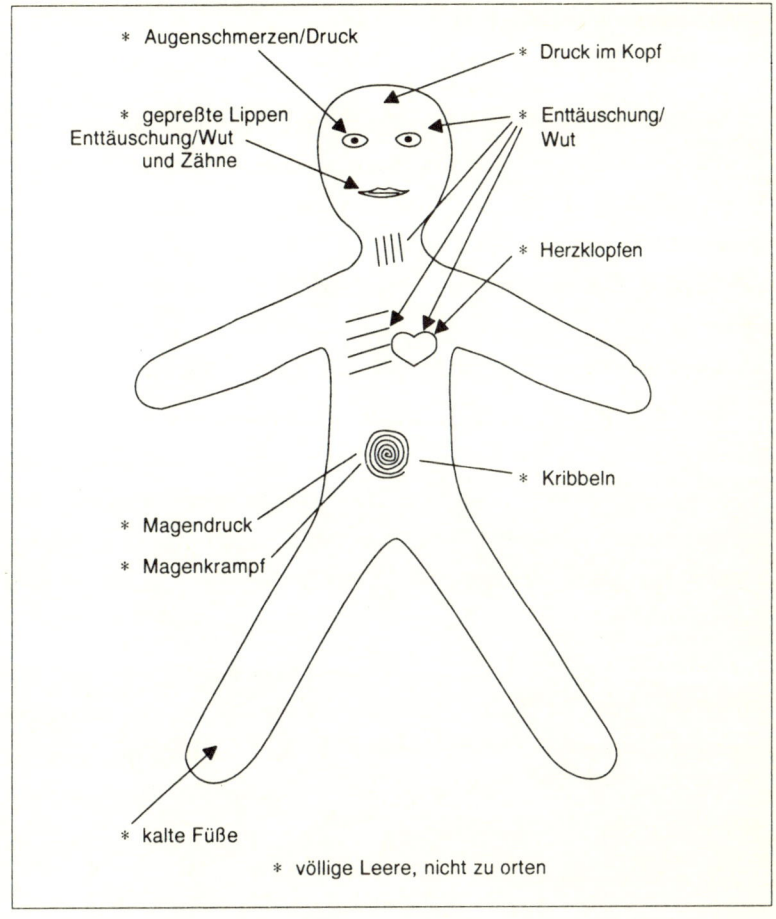

Abb. 5.3-2: Wo im Körper welche Gefühle auftreten – Beispiel aus einer Seminargruppe

Wenn man eine hinreichende Anzahl dieser Abbildungen gesehen hat, wird deutlich, daß einige Bereiche des menschlichen Körpers ganz besonders von diesen Konfliktgefühlen betroffen werden:

- Herz
- Kreislauf

- Magen
- Atem- und Sprachsystem.

Dies sind die klassischen Bereiche der sogenannten Managerkrankheiten, die immer mehr zu allgemeinen Gesellschaftskrankheiten geworden sind. In diesem Buch ist Ihre Gesundheit nur ein Aspekt von vielen – aber achten Sie darauf, wo und wie sich bei Ihnen die Konfliktgefühle im Körper niederschlagen. Vielleicht finden Sie dann schon aus purem Egoismus eine andere Einstellung zu Konflikten. Zu diesem Thema finden Sie mehr z. B. in Literatur (13,15,21).

Was ich hier über den Faktor „Streß" als Begleiter von Konfliktgeschehen geschrieben habe, ist vielfältig untersucht und beschrieben worden. Streß ist ein wesentlicher Begleitfaktor von Konflikten, auch wenn die schon angesprochene Gruppe der rational und technokratisch Denkenden diesen Faktor, zusammen mit den Gefühlen, gern wegwischt oder abtut.

Niemand wird ein halbwegs ausgewogenes Verständnis über das Phänomen Konflikt gewinnen, der nicht diese körper- und gefühlsbezogenen Faktoren einbezieht. Autoren, die Konflikte im wesentlichen als Frage strategischen Verhaltens etc. betrachten, sind dabei nach meiner Ansicht unzulässig einseitig.

5.4 Konflikt-Erinnerungen bleiben lange wach

In den Gruppenarbeiten gemäß Übung 5 zeigte sich immer wieder, daß manche Erinnerungen an einen schweren Konflikt 10, 20 und mehr Jahre zurückliegen können – und daß nach so vielen Jahren die Gefühle von damals immer noch mit voller Intensität hochkommen. Jedes dieser unaufgelösten Gefühle/Ereignisse/Erinnerungen ist für uns eine dauerhafte psychische und körperliche Belastung, auch wenn wir uns dessen nicht bewußt sind. Dies ist als starker Hinweis gemeint, daß wir uns von diesen Belastungen befreien sollten – ein Thema, auf das ich am Ende des Buches in Teil 10 eingehe.

5.5 Ketten von Konflikt-Erinnerungen / Reaktive Abneigung gegen Konflikt-Partner

Öfters wird bei Erinnerungen an Konflikte festgestellt, daß sich der Konflikt aus einer Serie von Konflikt-Ereignissen zusammensetzt, die insgesamt beladen sind. Solche Konflikt-Ketten können sich über Wochen, aber auch über Monate, Jahre und Jahrzehnte hinziehen.

Entstehen solche mit negativen Gefühlen beladenen Konflikt-Ketten, so bildet sich nach einer verhältnismäßig kurzen Zeit (manchmal schon bei dem ersten Ereignis) eine sogenannte „reaktive Abneigung" gegen den/die beteiligten feindlichen Konflikt-Partner. Dies äußert sich, wie immer wieder in Fallbeispielen zu hören ist darin, daß man schon „rot sieht" oder daß „es sich einem sofort auf den Magen schlägt", wenn eine bestimmte Person überhaupt nur auftaucht oder auch nur deren Stimme zu hören ist. Diese Art von Sensibilisierung ist ein äußerst wichtiges Phänomen, weil sie automatisch ein Klima für die nächste Begegnung schafft. Dieses Klima ist negativ und führt so die nächsten Konflikt-Ereignisse und damit die Vertiefung der negativen Konflikt-Erinnerungen geradezu herbei.

Ist dieser Fall der reaktiven Abneigung eingetreten, so ist Konflikt-Bearbeitung sehr mühsam geworden, wenn sie überhaupt noch möglich ist. In solchen Fällen ist im Regelfall nur noch externe Hilfe oder Intervention möglich, da beteiligte Konflikt-Parteien es fast nie schaffen, sich aus solchen reaktiv belasteten Situationen aus eigener Kraft herauszuarbeiten.

PHÄNOMEN KONFLIKT

In vielen Fällen, vor allem aus dem persönlichen Bereich, ist – wie schon in Kapitel 5.4 erwähnt – Therapie der fast einzige Ausweg, um die ins Unterbewußte übergegangenen Erinnerungen mit den dazugehörigen negativen Gefühlen und Reaktionen zu erreichen und aufzuarbeiten.

In Unternehmen oder in der Politik ist es geradezu fahrlässig, Personen zu Gesprächen zu entsenden, die auf Grund eines früheren schweren Konflikts eine reaktive Ablehnung gegen einen anderen Gesprächsteilnehmer entwickelt haben. Modernes Geschäftsverhalten tut so, als „könne man Vergangenes wegstecken" und ganz rational in die Aufgaben der nächsten Begegnung gehen. Dies ist im größten Teil aller solchen Fälle eine Illusion. Anblick und Stimmenklang des ehemaligen Konfliktgegners werden ausreichen, die früheren Gefühle zu restimulieren und das anstehende Gespräch zu belasten.

Überlegen Sie sich, ob es aus früheren Zeiten bei Ihnen Personen gibt, die beim bloßen Gedanken schon zu Widerwillen führen, der in Ihnen aufsteigt? Oder ob es bei Ihnen Personen gibt, bei deren Anblick in Ihnen schon Ärger oder Angst aufsteigt, oder ähnliches? Dies sind die Fälle und Zusammenhänge, von denen ich gesprochen habe.

Wollen Sie eine Liste dieser Personen in Ihrem Leben aufstellen? Dies ist eine hervorragende Gelegenheit, mehr Klarheit über Ihre persönlichen Beziehungen und die aus der Vergangenheit noch weiterwirkenden Belastungen zu schaffen. Dies ist Ihre **Übung 6**.

Übung 6

Stellen Sie im folgenden die Liste der früheren und aktuellen Konfliktgegner auf, bei deren Auftreten Sie negativ-reaktives Verhalten zeigen. Notieren Sie, wie lange das dazugehörige Ereignis zurückliegt.

Person	Zeit zurück
1.	
2.	
3.	
4.	
5.	
6.	
7.	
8.	
9.	
10.	
11.	
12.	
13.	
14.	
15.	
16.	
17.	

5.6 Das Modell von Zeitspur und Engrammen

Dies ist das **erste Basismodell** für die Darstellung von und den Umgang mit Konflikten.

5.6.1 Das Grundkonzept

In den letzten Abschnitten hatte ich von den Mechanismen der menschlichen Erinnerung und der Restimulation früher erlebter Ereignisse Gebrauch gemacht. Zu diesem Themenkreis liegt seit Jahrtausenden Wissen vor, das seit etwa 100 Jahren im westlichen Kulturkreis zunehmend wieder genutzt wird. Die im folgenden vorgestellten Konzepte, die ich für außerordentlich wichtig erachte – für Konflikte und viele andere Anwendungsbereiche –, werden heute je nach Schule, z. B. in der Urschrei-Therapie (46) und in der Transaktionsanalyse (41), als selbstverständlich benutzt oder, z. B. in der Auseinandersetzung mit der Scientology, die diese Konzepte ebenfalls benutzt (43), diskriminiert.

W. Penfield (44) entdeckte 1950, daß es möglich war, durch Sonden im Gehirn mittels elektrischer Impulse Erinnerungen an zum Teil lange zurückliegende Ereignisse auszulösen. Bei der elektrischen Reizung mußte sich der Proband zwangsweise an das frühere Ereignis erinnern; in manchen Fällen mit voller Wiedergabe der Bildfolge, der Akustik, von Geschmack und Geruch sowie allen Gefühlen. Damit hatte Penfield durch physiologische Experimente im neuronal-elektrischen System ein schon vor 2500 Jahren in der vedischen Zeit (76) bekanntes Phänomen, die „Zeitspur", mit sogenannten harten Methoden wiederentdeckt.

Die Zeitspur stellt man sich am besten als Videoband mit Bildspur vor, das zusätzlich neben der Tonspur noch auf weiteren Spuren eine totale Aufzeichnung der olfaktorischen Eindrücke (Geschmack und Gerüche), der taktilen Sinneswahrnehmungen und aller Gefühle enthält.

INDIVIDUELLES KONFLIKTVERHALTEN

Auf dieser Zeitspur ist alles aufgezeichnet, für jede Sekunde unseres Lebens. Dies erscheint uns unwahrscheinlich, da wir im Wachbewußten eine viel schwächere Erinnerungsfähigkeit kennen. Aber etliche therapeutische Techniken sind längst bekannt, um exakten Zugriff zu dieser Zeitspur zu gewinnen. Neben vielen anderen nenne ich den früher bekannten Heidelberger Medizinpsychologen und Hypnosespezialisten Mayer (45), der in Beispielen exakt beschreibt, wie er Zugriff zur Zeitspur gewinnt. Ein anderer in der Psychologiegeschichte bedeutender Autor, Janov (46), der Erfinder der Urschreitherapie, gibt ganz andere Techniken an.Und wieder andere Techniken – wie z. B. das *Time Line-Konzept* – kennt NLP, die Neurolinguistische Programmierung (47).

Jede der genannten Techniken kennt wiederholbare Wege, um auf der Zeitspur liegende „Engramme" (also: z. B. durch schweres Konflikt-Erleben belastete Stellen) „zu entladen" bzw. die schädlichen Auswirkungen der Vergangenheit auf heutiges Verhalten aufzulösen. Jedem Menschen steht heute die Möglichkeit offen, einen „innovativen Spezialisten" aus einer der derzeit bestehenden Schulen aufzusuchen und die gerade auch im Konfliktverhalten so schädlichen Engramme loszuwerden.

5.6.2 Wenn Konflikt-Engramme das Gesamtverhalten behindern

Wir können zwei Arten von Engrammen und dazugehörigem reaktiven Verhalten unterscheiden:
1. Engramme, die sehr spezifisch auf eine bestimmte Person bezogen sind; die also ganz spezifische Gefühle gegenüber einer (in Gedanken oder körperlich) wieder auftauchenden Person auslösen,
2. Engramme, die bei unspezifisch ähnlichen Personen/Situationen ausgelöst werden.

Zum Verständnis des zweiten Typus ein Beispiel. Betrachten wir einen 40jährigen Mann, der im Alter von 6-9 Jahren in der Volksschule immer wieder von einem Lehrer in der Klasse öffentlich gedemütigt und ohne Grund gestraft wurde. Dies bedeutet eine lange Kette von Engrammen, die immer die Situation „Klassenraum, Bankreihen, mit Macht ausgestattete Person vorn" enthalten. Mit hoher Wahrscheinlichkeit ist anzunehmen, daß der 40jährige Mann sich unwohl fühlt (wahrscheinlich auch zusätzlich noch klein, unsicher, ausgeliefert), sobald er einen solchen Raum betritt, z. B. in einem Volkshochschulkurs. Eine solche unspezifische Engrammkette früherer negativer Konflikterlebnisse kann das gesamte Leben beeinflussen, indem z. B. weiteres Lernen in Klassenraum-Situationen vermieden wird.

Für die Spätfolgen und Nachwirkungen von Konflikten besteht in unserer Gesellschaft wenig Interesse – obwohl, wie schon gesagt, inzwischen genügend Wissen und Methodik vorhanden ist, um die Auswirkungen der Engramme aufzulösen.

Gerade Konflikte sind wohl die Hauptquelle von Engrammen, die verdeckten Konflikte ebenso wie die offenen.

6. Was nutzt mehr gefühlsmäßige Wahrnehmung bei Konflikten? – „Gefühl als Information"

In den Gruppenarbeiten (Abb. 5.3-1 und Abb. 5.3-2) hatte sich gezeigt, daß manche Teilnehmer bei der Erinnerung an erlebte Konflikte starke gefühlsmäßige Wahrnehmungen im Körper haben, andere dagegen nicht oder fast nicht. Beide Gruppen finden ihr Verhalten völlig normal oder natürlich (was es auch ist).

Aus der Gruppe der „Emotionslosen" kommt oft mehr oder weniger deutlich die Frage, wieso man sich denn mit solchen negativen und unangenehmen etc. Gefühlen beschäftigen solle?

Die Antwort: Gefühle im Körper sind genauso Signale für möglicherweise wichtige Geschehen wie von außen kommende Worte/Töne oder Bilder, die wir mit Ohren oder Augen wahrnehmen. Wir wissen, daß es nachteilig ist, wenn man Teile einer Rede nicht wahrnimmt, bzw. sich dann nicht mehr an das Gesagte erinnern kann, weil man durch die eigenen Gefühle abgelenkt war. Information wurde in solchen Fällen zwar von außen angeboten, aber im Innern nicht angenommen, weil die Aufmerksamkeit auf eine Emotion gerichtet war.

Treten z. B. Gefühle der Wut in einem auf, so zeigt das, daß man an der aktuellen Situation Anstoß nimmt und sich bewußt oder unbewußt auf einen möglicherweise aggressiven Akt vorbereitet. Es sind dann also zumindest zwei Informationen in unserem gerade aufsteigenden Wutgefühl enthalten: (1) das Geschehen in der aktuellen Situation wird von einem selber als sehr wichtig empfunden, unabhänig davon, ob das rational auch so gesehen würde oder nicht. (2) Im Zustand der Wut ist man leicht dabei, den Überblick über die Situation und die Kontrolle über das eigene Verhalten zu verlieren. In diesem Zustand kann man kaum mehr verschiedene Dinge abwägen und geht daher das Risiko ein, sich auf Verhaltensweisen einzulassen, die sich später als sehr nachteilig herausstellen können.

Kann also eine Person z. B. aufsteigende Wut als solche erkennen – und zwar während die Wut beginnt aufzusteigen –, so besteht die Chance, selbst zu intervenieren und z. B. daran zu arbeiten, daß diese Wut sich nicht in einer unkontrollierten aggressiven Aktion entlädt.

Als Beispiel: Ein Choleriker, der im Seminar sagte, daß es bezogen auf Konflikte sein wichtigstes Lernthema sei, endlich bessere Kontrolle über sein Temperament zu gewinnen. Immer wieder würde er in Situationen „durchbrennen" und einen Konflikt weiter aufheizen statt mit ihm umzugehen. Und später täte ihm das emotional Angerichtete leid. In diesem Beispiel werden zwei Dinge deutlich: eine stark auftretende Emotion, hier Wut, und dann der typische Mangel an der Fähigkeit, mit dieser aufschießenden Emotion umzugehen.

Menschen, die zur Gruppe der „Emotionslosen" gehören, haben im allgemeinen Mechanismen entwickelt, die die aufschießenden Gefühle unterdrücken, so daß diese nicht mehr wahrgenommen werden. Dies hat scheinbar den Vorteil, daß man nun meint, sachlich mit den anstehenden Situationen umgehen zu können, weil man nicht den Überblick verliert bzw. ihn eben nicht zu Gunsten des aufschießenden Gefühls einbüßt. Was dabei übersehen wird: daß das nicht wahrgenommene Gefühl einem über viele Dinge hätte Auskunft geben können, z. B. darüber, wie wichtig einem die Angelegenheit ist und wahrscheinlich auch darüber, was einem insbesondere an einer Angelegenheit mißfällt, belastet oder wehtut. Man könnte hier – würde man auf das Gefühl achten können – in das Zentrum der eigenen Betroffenheit gelangen. Das Wissen darüber, was einen wirklich betroffen macht, könnte man anschließend in seinem Verhalten zielorientiert umsetzen. „Emotionslose" können also einen potentiell verfügbaren wichtigen Informationsbeitrag über ein latentes oder offenes Konfliktgeschehen nicht nutzen.

Es hat keinen Zweck, für die „Emotionslosen" hier die entsprechenden unterstützenden Übungen aus dem Seminar zu beschreiben. Aber es gibt zahlreiche Trainingsangebote auf der Basis verschiedener Techniken, z. B. auch bei manchen Volkshochschulen, wo Sie sich „sensibilisieren" können, also Ihre emotionale Wahrnehmung wieder öffnen können. Sie können dadurch Ihre Möglichkeiten in der Wahrnehmung von und im Umgang mit Konflikten stark erweitern. Weitere Hinweise hierzu in Teil 10.

Soweit der Aspekt der Signalwirkung von Gefühlen im Körper.

7. Das Basis-Modell: Emotionale Personen versus nichtemotionale

Noch ein zusätzlicher Hinweis: Personen, die sich irgendwann einmal emotionslos gemacht haben, z. B. um leichter mit Schmerz umgehen zu können, haben im allgemeinen auch nicht gelernt, sich die entsprechenden schmerzhaften Gefühle der Betroffenheit bei ihren Konflikt-Partnern vorstellen zu können. Dies führt oft dazu, daß der Konflikt-Partner – wenn er weniger emotionslos bzw. stark emotionsbezogen ist – in Gefühle stürzt oder gestürzt wird, die sich der auslösende „Emotionslose" gar nicht vorstellen kann. So war möglicherweise dann für einen „Emotionslosen" ein Konflikt nicht viel mehr als eine intensive Sachauseinandersetzung, während für den beteiligten „Emotionsintensiven" eine ganze Serie von Verletzungen entstanden sein kann.

Wir haben hier ein spezielles Modell für zwei Konflikttypen vor uns, den „Emotionslosen" contra den „Emotionsintensiven". Treffen solche Paare aufeinander, so sind im allgemeinen die beiden Beteiligten nicht in der Lage, miteinander Konflikt-Lösungen zu finden. Im Gegenteil, sie verstärken sich eher wechselseitig in der Betroffenheit. Ergebnis kann also z. B. sein, daß die beiden nicht mehr miteinander reden wollen oder können und Dritten gegenüber etwa folgende Aussagen bringen: „Der kann vor lauter Gefühl überhaupt nicht denken, es hat ja keinen Zweck, mit ihm überhaupt noch reden zu wollen", bzw. seitens des Opponenten: „Der ist wie ein Panzer, der über alles drüberrollt. Mit dem kann man nicht reden, auf den muß man mit panzerbrechender Artillerie schießen, wenn man überhaupt etwas erreichen will."

Wenn Sie sich eine Achse von „100 % emotionslos" bis „100 % emotionsintensiv" vorstellen – wo stehen Sie?

Tragen Sie bitte zunächst als **Übung 7** Ihre Selbsteinschätzung mit einem Kreuz-Zeichen in Abb. 7-1 ein. Dann tragen Sie Ihre Einschätzung einiger anderer Personen Ihres Umfeld ein, z. B. Ihres Partnes, Vorgesetzten, Mitarbeiters, Kollegen.

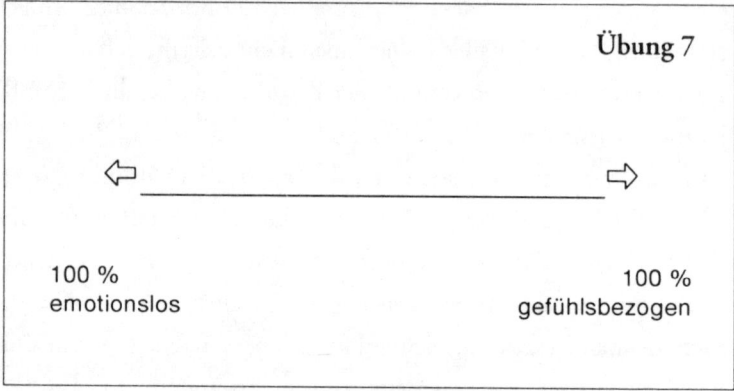

Abb. 7-1: Die Skala der Emotions-Intensität

Nach Ihren Einträgen noch eine Erweiterung zu Übung 7. Denken Sie über die kleinen oder größeren Auseinandersetzungen nach, die Sie mit den in Übung 6 von Ihnen aufgelisteten Personen hatten. Welche Rolle spielte dabei evtl. ein starker Unterschied auf der Emotions-Intensitäts-Skala?

Sie haben mit Abb. 7-1 jetzt das **zweite Basis-Modell** kennengelernt. Denken Sie bitte darüber nach, ob dieses Modell Ihnen einen Aha-Effekt bei der Erinnerung an frühere Konflikte (bzw. Konfliktserien) gibt? Z. B. bei Konflikten zwischen Männern und Frauen, insbesondere in Beziehungen, ist die in diesem Modell dargestellte Situation oft von Bedeutung – aber nicht nur bei Partnerbeziehungen.

8. Physiologische Reaktionen im Konflikt-Fall

Konflikte sind, wie in den Kapiteln 5 bis 7 dargestellt wurde, stark mit Gefühlen und mit an bestimmten Körperstellen lokalisierten Gefühlen verbunden. Körperliche Reaktionen im Zusammenhang mit Konfliktsituationen sind ausgiebig „physiologisch" untersucht worden. D. h., in Zusammenhang mit Konfliktsituationen auftretende Veränderungen wurden am Körper gemessen: Blutdruck, Pulsfrequenz, Hautdurchblutung, Hautfeuchtigkeit, diverse Hormonpegel, evtl. Gefäßverengungen, dazugehörige Hirnfunktionen, etc. Ein ausgewählter Teil der wichtigsten Ergebnisse wird im folgenden dargestellt.

Bei Konflikten gibt es zwei Arten von Reaktionen,
1. Reaktives Verhalten bei etwa 50 Millisekunden nach Auftreten der Konflikt-Situation,
2. Bewußtes bzw. intellektuell steuerbares Verhalten nach etwa 1.000 Millisekunden.

Bei diesem Modell wird vorausgesetzt, daß die den Konflikt auslösende Situation zur Zeit t=0 auftritt, z. B. indem eine Person zu diesem Zeitpunkt wahrnimmt, daß sie tätlich oder mit Worten angegriffen wird. Im einfachsten Experiment entspricht das der Situation, daß z. B. ein Vogel eine springende Katze wahrnimmt oder daß ein Mensch eine vor ihm liegende Schlange entdeckt.

8.1 Reaktives Verhalten

Nachfolgend ist als **drittes Basis-Modell** in Abb.8.1-1 das Grundmuster des reaktiven Konflikt-Verhaltens graphisch dargestellt. Zunächst besprechen wir hier den ersten Kurvenhöcker, der nach etwa 50 Millisekunden auftritt. Er wird gekennzeichnet durch die Bemerkung „Reaktives Verhalten".

Hierbei handelt es sich um die instinktiven Grundmuster reaktiven Konflikt-Verhaltens. Dies sind:
- Flucht
- Aggression
- Paralyse.

D. h., daß bei einem solchen reaktiven Verhalten nach etwa 50 Millisekunden nur die vorgenannten drei Verhaltensweisen auftreten können: Flucht, Aggression, Paralyse. Flucht und Aggression sind die beiden Grundverhaltensweisen des „archaischen" Konfliktablaufs.

Zur Erläuterung zwei Beispiele: Nehmen wir an, daß ein Mensch und eine Giftschlange zusammentreffen. Nehmen wir weiter an, die Giftschlange hat vorher geschlafen und wird durch das Geräusch des sich nähernden Menschen wach. Nun gibt es eigentlich nur eine Frage: Befindet sich der Mensch innerhalb der sogenannten Angriffs- bzw. Flucht-Distanz oder außerhalb? Diese Angriffsdistanz kann z. B. vier Meter sein. Ist der Mensch dann näher als vier Meter, so greift die aufwachende Schlange sofort an. Ist er weiter als vier Meter entfernt, flieht sie. Für viele Lebewesen ist bei dem Zusammentreffen mit möglicherweise feindlichen anderen Lebewesen eine solche Angriffs-Distanz typisch. Auch beim Menschen gibt es solche Distanzen, bei denen z. B. das Näherrücken als unangenehm empfunden wird, bzw. zum Abrücken führt.

Wichtig hierbei ist, daß es für die Schlange in ihrem reaktiven Verhalten nur die beiden Möglichkeiten Flucht und Aggression gibt (wenn wir von der Paralyse absehen).

INDIVIDUELLES KONFLIKTVERHALTEN

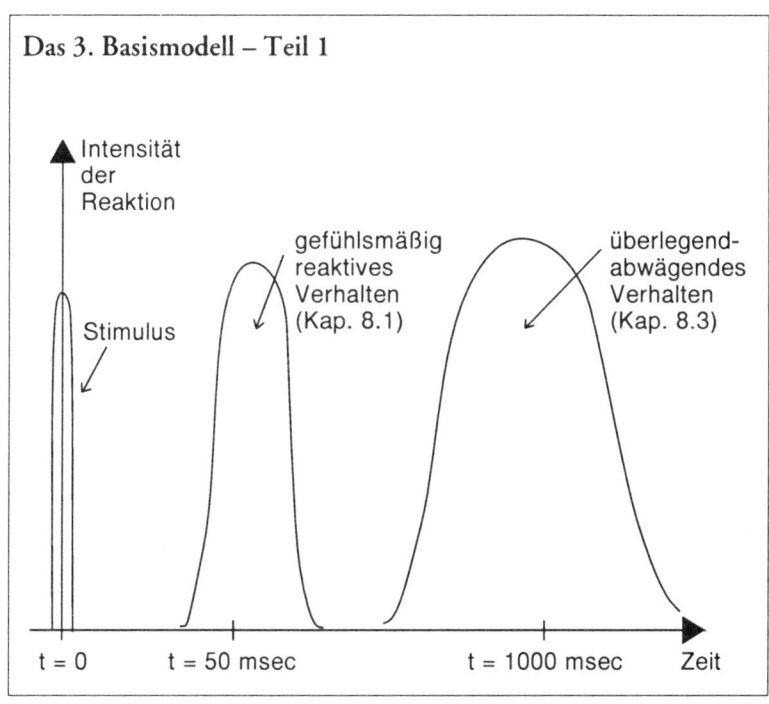

Abb. 8.1-1 Reaktives Verhalten und bewußtes Verhalten

Ein Beispiel zur Paralyse: Denken Sie an den berühmten Vogel, der vor einer Schlange sitzt, die sich angeschlichen hat. Und der, nachdem er die Schlange bemerkt hat, nicht mehr davonzufliegen vermag, sondern die Schlange so lange anschaut bis er gefressen wird. (Gleiches sagt man übrigens auch von Kaninchen und anderen Tieren.) Dieser Zustand heißt Paralyse. Er wird angenommen, wenn Flucht und Aggression aussichtslos sind. Im Zustand der Paralyse werden im Regelfall große Hormonmengen ausgeschüttet, die es leichter machen, den kurz bevorstehenden Tod zu erleben.

Auch wenn beide Beispiele aus dem Tierleben kamen, dürfen wir uns keinen Illusionen darüber hingeben, daß es bei uns Menschen nicht physiologisch auch genau solches und stark ausgeprägtes reaktives Verhalten gibt.

Der Vollständigkeit halber ist noch hinzuzufügen, daß es zwischen Flucht und Aggression und Paralyse gelegentlich noch ein weiteres Verhalten gibt: das Hin- und Herschwanken zwischen diesen beiden Verhaltensweisen. Dieses Hin- und Herschwanken ist kein überlegendes „Soll ich?" und „Soll ich nicht?", sondern ein mechanisches und vom Bewußtsein nicht kontrolliertes Hin- und Herschwanken. Wir könnten dies z. B. auch bei einer Schlange vermuten, die bei einem Aggressionsradius von exakt vier Metern eine Person entdeckt. Die mechanische Entscheidung zugunsten von Flucht und Aggression wird in diesem Fall etwa gleich stark aufgeladen sein, so daß die Entscheidung möglicherweise nicht eindeutig getroffen wird und dadurch ein Zögern, evtl. sogar ein mehrfaches Hin- und Herpendeln zwischen den beiden Alternativen entstehen kann. Genau das kennen wir auch gelegentlich vom menschlichen Verhalten. Wohlgemerkt noch einmal: Dieses Hin- und Herschwanken ist kein überlegendes rationales Verhalten, für das etwa 1.000 Millisekunden benötigt würden, sondern ein reaktives (mechanisches) Verhalten, das „automatisch" in sehr kurzer Zeit abläuft.

8.2 Wenn reaktives Verhalten dominiert

So ist im Fall des reaktiven Verhaltensmusters mit einem starken Stimulus beim Menschen im wesentlichen nach 20-70 Millisekunden mechanisch vorgegeben, wie sich das Verhalten der betroffenen Person (bzw. des betroffenen Tieres) entwickelt. Es gibt dann nur die drei oben erläuterten Reaktionsmöglichkeiten: Flucht, Aggression oder Paralyse. Alle Menschen haben dieses reaktive archaische Verhaltensmuster in sich, ob sie dies nun gern zugeben oder nicht. Auf diesen Grundmechanismus

INDIVIDUELLES KONFLIKTVERHALTEN

bezogen gibt es keinen wesentlichen Unterschied zwischen Mensch und Tier.

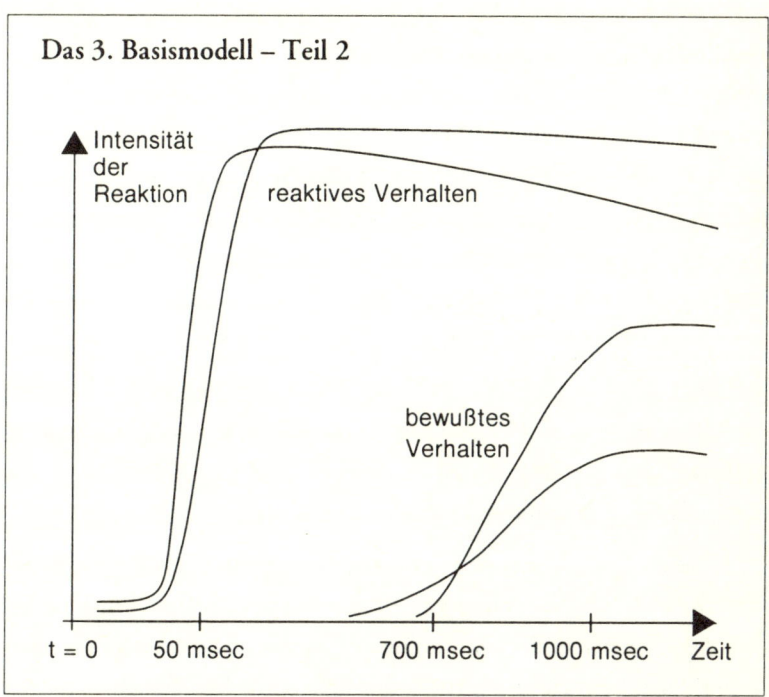

Abb. 8.2-1: Wenn reaktives Verhalten dominiert

Allerdings: der Fall, daß dieses reaktive Verhalten z. B. in Form gewalttätiger Aggression dominant ist und sich durchsetzt, gilt in unserer zivilisierten Welt nicht mehr als „normal". Fälle, in denen dies geschieht, werden in Deutschland gemäß Paragraph 52 StGB als strafmildernd erkannt, bzw. sogar als strafbefreiend. Allerdings erfolgt im letzteren Fall meistens die Einweisung in eine geschlossene Anstalt, da Wiederholungsgefahr gegeben scheint.

Obwohl unsere Gesellschaft diese tabuisierende Haltung zu reaktivem Verhalten einnimmt, treten solche reaktiven Impulse immer wieder in jedem von uns auf, wenn entsprechende Signale von außen einwirken.

Dieses reaktive Verhalten kann in vielen Fällen tatsächlich lebenserhaltend bzw. lebensrettend sein. Dann z. B., wenn blitzschnell einem Angriff mit einer Waffe auszuweichen ist oder wenn während eines Angriffes blitzschnell eine wirksame aggressive Gegenwehr oder Flucht nötig ist. Wir können es uns nicht erlauben, wenn wir mit einem Messer angegriffen werden, etwa 1.000 Millisekunden darüber nachzudenken, wie wir uns verhalten wollen. Diese Zeit ist einfach zu lang, um physischen Angriffen begegnen bzw. spontan auftauchenden Gefahren entgehen zu können. Daher sind wir im Sinn einer automatisierten Überlebensstrategie auch auf dieses reaktive Verhalten in uns angewiesen.

Andererseits wird aber von uns heutzutage erwartet, daß wir dieses reaktive Verhalten trotzdem kontrollieren und einem bewußten und bewertenden Verhalten unterwerfen können.

Konflikt-Situationen sind der klassische Auslöser für sehr intensives reaktives Verhalten – denn hier geht es vom archaischen Ursprung her um das Überleben oder um die eigene Unversehrtheit. Und in solchen Situationen können im reaktiven Verhalten alle Mittel recht sein.

Wird in einer Situation reaktives Verhalten ausgelöst, so findet automatisch eine Hormonausschüttung statt, die den gesamten Körper (und in der Rückwirkung das gesamte Verhalten) erfaßt. Der Abbau der Hormone kann Stunden dauern und prägt damit diese ganze Zeit über das Verhalten, z. B. in Richtung auf leichte Erregbarkeit und leichtere Auslösbarkeit von Konfliktverhalten.

Dieses Verhalten ist gut an manchen Hauskatzen zu beobachten. Als Beispiel: eine Hauskatze jagt einen Schmetterling, der ihr immer wieder entkommt. Nach vier oder fünf vergeblichen Angriffen winken Sie der Katze mit der Hand: „Komm her, laß den Schmetterling.... laß dich streicheln." Die Katze nimmt die Fingerbewegungen der Hand wahr und schießt auf die Hand zu. Es ist zu empfehlen, die Hand schnell wegzuziehen: die Katze ist auf Jagd – jede schnelle Bewegung eines kleineren Objekts löst den Fangimpuls aus, gleich ob Schmetterling oder Herrchens Hand...

8.3 Bewußtes Verhalten

In der Abb. 8.1-1 ist im Bereich von 1.000 Millisekunden das sogenannte „bewußte Verhalten" eingetragen. Je nach Art der Situation kann dieses bewußte Verhalten nach etwa 600 bis 1.500 Millisekunden eintreten. So lange brauchen die Abläufe insbesondere in unserem Großhirn, um die zum Zeitpunkt t=0 hereingekommenen Informationen zu verarbeiten und zu einem Schluß zu kommen.

Das sogenannte bewußte Verhalten muß nicht in jedem Fall etwa 1000 Millisekunden nach einem Stimulus zur Zeit t=0 auftreten. Ist das reaktive Verhalten so stark und dominant, daß es sich zunächst durchsetzt, so tritt das sogenannte „bewußte Verhalten" oft erst sehr viel später wieder ein, nach vielen Sekunden, nach Minuten oder sogar erst nach Stunden, z. B. wenn der Hormonspiegel wieder abgesunken ist. Als Beispiel hierzu: Ein Reh, das einmal begonnen hat zu fliehen, läuft zunächst einmal eine längere Distanz, im Regelfall etwa 50-200 Meter, ehe es langsamer wird und sich umsieht. Ist also das reaktive Verhalten der Flucht einmal ergriffen worden, so wird dieses Verhalten so lange durchgehalten, wie das Reh vermutlich beim Davonlaufen braucht, um für das Überleben erfolgreich zu sein. Dasselbe gilt für Aggressionen. Würde eine Aggression, die nach 50 Millisekunden startet, nach 1.000 Millisekunden bei Auftreten von bewußtem Verhalten automatisch wieder eingestellt, so würde es wenige Streitfälle geben, in denen z. B.

eine Schlägerei länger als 1.000 Millisekunden dauert. Aber genauso, wie die Flucht des Rehs über längere Zeit durchgehalten wird, wird auch von der archaischen Anlage her die reaktive Aggression über längere Zeit betrieben. Im Regelfall sind dies wiederum zumindest viele Sekunden, wenn nicht sogar Minuten oder Stunden.

Bewußtes Verhalten kann also nach etwa 1.000 Millisekunden nur dann auftreten, wenn das reaktive Verhalten nicht hinreichend dominant war.

Die schon weiter oben genannte kulturelle Norm unserer Gesellschaft fordert, daß Mitglieder dieser menschlichen Gesellschaft in der Lage sein sollten, ihr bewußtes Verhalten immer anwenden zu können. Der Fall des vom bewußten Verhalten nicht kontrollierbaren reaktiven Verhaltens wird in den Bereich des Abnormen, d. h. der Krankheit oder der krankhaften Unzurechnungsfähigkeit verlagert.

Wir müssen uns klarmachen, daß dieses bewußte Verhalten – auch wenn es die offizielle Norm ist – für uns keineswegs eine Selbstverständlichkeit ist und – selbst wenn es dominiert – nie in Reinkultur vorliegt. Immer wieder erzählen Seminarteilnehmer Episoden, in denen deutlich wird, daß bewußtes Verhalten sich erst nach Minuten oder noch längeren Zeiträumen durchsetzte. Wenn das dominante reaktive Verhalten keine größeren Probleme hervorgerufen hat, dann nur deswegen, weil es nicht zu körperlicher Gewalttätigkeit oder intensiver verbaler Gewalttätigkeit gekommen ist.

Wir müssen also erkennen, daß bewußtes Verhalten, in dem wir zwischen verschiedenen Verhaltensweisen und Folgen des Verhaltens abwägen können, nicht grundsätzlich selbstverständlich ist. Oft ist es wichtig, Mittel und Wege zu kennen bzw. eingeübt zu haben, mit denen es uns gelingt, unser bewußtes Verhalten dagegen zu sichern, daß es vom reaktiven Verhalten überrollt wird.

8.4 Die Rolle des Beobachters im bewußten Konflikt-Verhalten – das vierte Basis-Modell

Die folgende Abb. 8.4-1 zeigt eine weitere Variante zu dem Grundmuster von reaktivem Verhalten und bewußtem Verhalten, wie es im vorigen Abschnitt besprochen worden ist. In Abb. 8.4-1 ist eine Doppellinie oberhalb der beiden schon bekannten Reaktionskurven eingetragen. Sie ist beschrieben mit „Beobachter / dauerhaft waches Bewußtsein als Zuschauer", der in die Handlung eingreifen kann. In vielen Seminargruppen finden sich eine oder mehrere Personen, die diese Art von dauerndem oder zumindest oft vorhandenem Bewußtsein als Zuschauer kennen. Manche Personen berichten, daß sie z. B. speziell in besonders streßhaften Situationen, also insbesondere in Konflikten, das Gefühl haben, „sich selber über die Schulter zu schauen". Andere berichten, daß sie sozusagen zuschauen können, wie ihre Gefühle während eines Konflikt-Vorgangs in ihnen auftauchen. Ein Teil der Personen aus dieser Gruppe mit „Zuschauer-Erlebnissen" berichtet dann weiter, daß von dem zuschauenden Ich zwar genau gesehen wird, wie die Gefühle auftauchen, um dann z. B. in eine wütende Aggression überzugehen – daß aber der Zuschauer nichts unternehmen kann, obwohl er sieht was vor sich geht. Ein anderer Teil der genannten Gruppe wiederum nimmt als Zuschauer die aufsteigenden Gefühle wahr und ist mehr oder weniger in der Lage, diese Gefühle zu verändern oder abzustellen bzw. auf das nach außen gerichtete Handeln Einfluß zu nehmen.

Der „Zuschauer" ist wohl die höchste Form von Konflikt-bewußter und Konflikt-kontrollierender Instanz, die wir Menschen in uns tragen. Wer dieses Bewußtsein des Zuschauers wirklich aufrechterhalten kann, muß nicht irgendwie darauf warten, daß nach etwa 1.000 Millisekunden ein bewußtes abwägendes Verhalten erste Ergebnisse liefert. Statt dessen wird das reaktive Verhalten selber direkt erkannt, beobachtet und gewertet. Ein Teilnehmer berichtet über seine Selbstbeobachtung, „er höre wie seine Stimme brüchig wird" – dann käme die archaische 50-Millisekunden Reaktion. Der „Beobachter" scheint nicht an die 1000 Millisekunden des bewußten Verhaltens gebunden zu sein. Er wird von „Experten" so wahrgenommen, als sei er jederzeit da.

Es ist bekannt, daß viele Menschen zunächst einmal aussagen, daß ihnen dieses Zuschauer-Bewußtsein nicht bekannt ist. Es ist aber auch festgestellt worden, daß viele Menschen in besonderen Gefahrensituationen, die ja oft Konfliktsituationen sind, dann doch eine solche Art von Bewußtsein entwickeln. Vor kurzem hatte ich eine Seminargruppe, in der alle Teilnehmer angaben, diesen Zustand des Beobachters einmal oder öfter pro Monat zu erleben.

Das 4. Basismodell

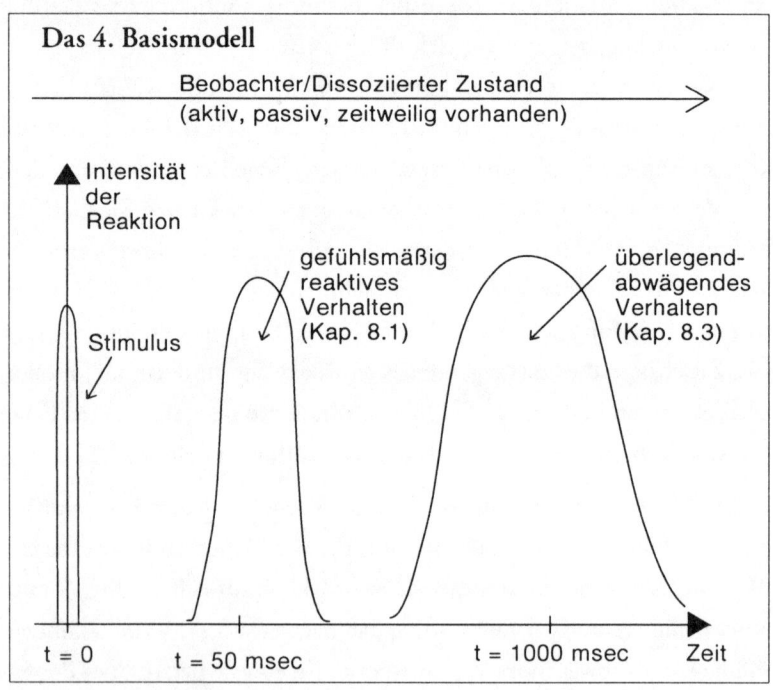

Abb. 8.4-1 Die Rolle des Beobachters im Konfliktverhalten

Das Zuschauer-Bewußtsein ist in religiösen Bereichen wesentlich besser bekannt als in der allgemeinen Bevölkerung (76, 77). Für Buddhismus und Hinduismus sowie bei zahlreichen spirituellen Gruppen ist es eines der Ziele der religiösen Übungen. Im Westen wird heute zunehmend gelernt, durch unterschiedlichste Übungen von Autogenem Training bis ZEN-Meditation das Zuschauer-Bewußtsein zu fördern. Nur einige psychologische Schulen, z. B. die Jungsche, akzeptieren das Konzept des Zuschauers. Im NLP ist der „dissoziierte Zustand" geläufig. Innerhalb des NLP gibt es eine Schule, die den sogenannten „Sky Hook" kennt, eine „handlungsfähige Instanz mit dauerhaftem Überblick".

Wir sollten akzeptieren, daß Menschen mit der Qualität des Zuschauer-Bewußtseins besondere Chancen haben, mit Konflikten flexibel und wissend umzugehen. Diese Menschen gibt es. Die Möglichkeit des aktiven Beobachters als „Über-Ich" in der Konfliktbehandlung ist real.

Kennen Sie den Zustand des Beobachters? Auch wenn Sie ihn vielleicht nur einmal bewußt erlebt haben?

8.5 Das Modell der Konflikte zwischen einem reaktiven und einem bewußten Konflikt-Partner

Was geschieht nun, wenn ein deutlich reaktiver Konflikt-Partner und ein bewußt-kontrollierter Mensch in einer potentiellen Konfliktsituation zusammentreffen?

Wir wollen hierzu im **fünften Basismodell** zunächst eine Typologie einführen. Diese Typologie soll sich zunächst nur auf schon begonnene und auch äußerlich erkennbare Konflikt-Situationen beziehen, bei denen der Zeitpunkt t=0 (auslösende Situation) schon durchlaufen ist, ohne daß eine dominant-reaktive Verhaltensweise die Kontrolle vollständig übernommen hätte.

Der R-Typ zeigt klar reaktives Verhalten, das aktuell dominiert. Das bedeutet, daß im Regelfall folgende äußere Anzeichen (oder zumindest eine oder mehrere davon) erkennbar sind: lautere Stimme, auffällig leisere Stimme, gerötetes oder tief gerötetes Gesicht, auffälliges Erblassen, zusammengepreßte Lippen, Veränderung von Stimmklang und Stimmlage, angespannte bzw. erstarrte Körperhaltung, herausgestreckte Brust, zusammengeballte Fäuste, auffällig unruhige Bewegungsabläufe, dastehen mit gespreizten Beinen, dastehen mit vorgeschobenen Schultern, Drehen des Körpers, so daß nicht mehr die Brust auf den anderen zeigt, sondern die Schulter mit der Angriffshand bzw. mit der Verteidigungshand; gelegentlich in Richtung Grimasse verzerrtes Gesicht. Sind über einen Zeitraum von mehreren Sekunden hinweg solche Anzeichen deutlich, so kann man zumindest modellhaft diesen Konfliktpartner in der aktuell vorliegenden Situation dem Typ R (dominant reaktiv) hinzuzählen.

Der zweite Typ zeigt dominant bewußtes Verhalten. Wir wollen ihn B nennen. B ist im wesentlichen nach Beginn eines erkennbaren Konfliktes daran zu erkennen, daß eines oder mehrere der folgenden Anzeichen gezeigt werden: vergleichbar ruhig, vielleicht Anspannung in der Stimme aber kein Lauterwerden, der Versuch, argumentativ auf den anderen einzugehen; wenn sich die Stimme verändert, eher in Richtung auf leiserwerdend; gelegentlich betretener Gesichtsausdruck über die „überflüssigungehörige" emotionale Verhaltensweise des reaktiven Gegenübers.

Wir können in diesem Modell drei Typen von Konflikten unterscheiden:

- R-B-Konflikt
- R-R-Konflikt
- B-B-Konflikt,

je nach Art der Kombination der Konfliktpartner.

8.5.1 R-R-Konflikt

Dieser Konflikt-Typ neigt zur Eskalation von drohendem Verhalten mittels Drohgebärden und Imponiergehabe. Bei solchen Konflikten besteht immer das Risiko, daß die offene Aggression zumindest bei einem der Beteiligten ausbricht und dann ein heißer Konflikt entsteht. Solche Konflikte sind schwer durch Intervention zu behandeln, da es leicht geschehen kann, daß sich im Augenblick einer Intervention von außen die beiden Konflikt-Parteien schlagartig gemeinsam gegen den nicht eingeladenen Schlichter wenden. Solche Fälle können wir häufiger in der Zeitung nachlesen, z. B. wenn ein Paar sich auf einem Balkon streitet und tätlich angeht und ein Nachbar zu vermitteln versucht und daraufhin von den beiden gemeinsam verprügelt wird.

Dieser Konflikt-Typ kennt mehrere Verläufe; zwei typische Versionen:

a: der Imponier-Konflikt: In diesem Fall stellen beide Konflikt-Parteien nach einer ausgiebigen Droh- und Imponierphase langsam durch Herunterschrauben der Intensität des Verhaltens den Konflikt wieder ein. Oft gehen sie dann sogar gemeinsam weg oder trinken gemeinsam ein Bier. In diesem Fall ist das Konflikt-Gehabe eher als eine sozial-eingeübte Rollenverhaltensweise zu verstehen, bei der man sich z. B. in seiner Männlichkeit demonstriert und dabei wohlfühlt. Es ist mehr das Vergnügen an der Demonstration der eigenen Aggressionsfähigkeit als der Wunsch nach einem wirklichen Konflikt, um den es bei dieser Version geht.

b: der heiße R-R-Konflikt: die Eskalation führt über die Drohgebärden hinaus zu Tätlichkeiten. Diese Tätlichkeiten selbst eskalieren wiederum so lange, bis entweder ein Sieger und ein Besiegter am Platz des Geschehens sind, oder aber einer der beiden die Flucht ergreift.

8.5.2 Der R-B-Konflikt

Dieser Konflikt ist gekennzeichnet durch einen „mismatch" der beiden Konflikt-Typen. In dieser Konflikt-Situation können verschiedene Mißverständnisse mit Folgen auftreten.

Wenn R und B durch den Konflikt-Auslöser gegangen sind, und R in reaktives, dominantes Verhalten einsteigt, wird R normalerweise das Verhalten seines Gegners aus dem Blickpunkt des reaktiven Konflikt-Verhaltens betrachten. Er wird also insbesondere instinktiv auf Droh- und Imponiergebärden achten und reagieren, denn aus diesen Gebärden erkennt man, daß der andere möglicherweise in den nächsten Millisekunden mit einer Aggression beginnt. Was also geschehen kann: R zeigt starkes Drohverhalten und nimmt in seiner unbewußten Wahrnehmung bei B nichts dergleichen wahr. R in seinem reaktiven Verhalten könnte jetzt durch massivste Drohgebärden seitens B vielleicht zur Flucht veranlaßt werden, oder zum „klein beigeben". Das Ausbleiben einer solchen Reaktion seitens B kann nun bei R aggressionsverstärkend wirken, da für R im Unbewußten der Sieg in Sicht ist, so daß R geradezu zu massiver Aggression herausgefordert wird, während B noch darauf wartet, daß R endlich „zur Vernunft" kommt. Solche Verhaltensweisen sind aus vielen Polizeiberichten über Vorfälle bekannt, bei denen ein oder mehrere Gewalttäter ein friedliches Opfer zusammengeschlagen haben. Wenn B sozusagen im halbwegs entspannten B-Zustand plötzlich von R angegriffen wird, ist natürlich B weder geistig noch physiologisch auf die Attacke und auf eine Reaktion vorbereitet. Er ist nicht einmal für die schnelle Flucht präpariert. Dies alles verschlechtert die Situation von B.

Wir sollten uns im klaren darüber sein, daß R-B-Konflikte häufig stattfinden. Viele B-Typen gehen dann zu der Haltung über: „Mit so einem ungehobelten Emotionalen streite ich mich gar nicht." Und sie versuchen irgendwie dem Konflikt auszuweichen. In sich wiederholenden Berufssituationen bedeutet das häufig, daß R letzten Endes geradezu für seine aggressive Verhaltensweise belohnt wird, da B eher eine kleine Prämie zahlt um seine Ruhe zu haben, als sich auf den Konflikt einzulassen. Dies hat wiederum mögliche Folgen:

- R lernt allmählich, daß durch aggressives R-Verhalten Punkte zu machen sind und wird allmählich zu einem R-Rollenspieler,
- B lernt allmählich, sich in eine Konflikt-Vermeider-Rolle hineinzubegeben und sich gegen Konzessionen freizukaufen.

ODER

- B lernt, als guter Schauspieler typisches R-Verhalten darzustellen und im Ritual der Drohgebärden mitzuspielen.

Wir können beide Verhaltenweisen immer wieder sowohl im Berufs- wie im Privatleben feststellen.

8.5.3 Der B-B-Konflikt

Dieser Typus wirkt, selbst bei starken Interessengegensätzen, oft eher unterkühlt. Beide Seiten sorgen dafür, daß der Konflikt nicht unkontrolliert eskaliert – und wenn der Konflikt eskaliert wird, dann mit Absicht und Vorbereitung.

B-B-Konflikte können, je nach den Persönlichkeitsstrukturen (Kapitel 36), kreativ im Sinn von Win-Win (Kapitel 38) beigelegt oder z. B. mit verdeckten Mitteln zäh und andauernd geführt werden.

8.5.4 Choleriker im Konflikt

Choleriker sind extreme R-Typen. Ist einmal das reaktive Verhalten angestoßen worden, so kann es über Minuten bis zu Stunden weiterlaufen.

Will ein Konflikt-Partner einen Choleriker in einem cholerischen Anfall stoppen, so gibt es nur eine minimale Chance: Aggression, die noch stärker ist als die des Cholerikers. Dies kann entweder durch massivstes Anschreien bzw. extremes Drohverhalten erreicht werden oder durch einen kurzen aber massiven Gewaltakt.

Insbesondere B-Typen sind aufgrund ihrer Temperamentsneigung kaum in der Lage, sich auf diese Weise mit einem Choleriker anzulegen. D. h., sie ziehen im Regelfall den kürzeren, zumindest in der aktuellen Situation. B-Typen können sich gegen Choleriker-R-Typen eigentlich nur erfolgreich wehren, indem sie ihnen bei einer zweiten und folgenden Begegnung so aus dem Wege gehen, daß sie möglichst nicht mehr in eine cholerische Situation hineingezogen werden, d. h. indem sie a priori die Strategie der Vermeidung verfolgen (siehe Kapitel 19). Oder sie werden eben durch den Choleriker dazu gezwungen (wenn der Choleriker allmählich ein erfahrener Choleriker-Rollenspieler geworden ist), schon vor dem angedrohten Ausbruch des cholerischen Anfalls ihren Tribut zu entrichten.

Vielen Cholerikern tut ihr Ausbruch nach dem Geschehen leid. Dieses Leidtun kann zu Entschuldigungen etc. führen und zu Beschwörungen wie: „Das wird nie wieder geschehen." Nur: So lange das sehr stabile cholerische Verhaltens-Muster nicht aufgebrochen worden ist, werden sich diese Anfälle immer wieder wiederholen, trotz aller vorherigen Beteuerungen.

Für Choleriker gibt es – wenn sie ihr Verhalten wirklich brechen wollen – eigentlich nur die klassischen Maßnahmen: Therapie, autogenes Training, Meditation, Yoga, etc., also Dinge, die langsam das Verhaltens-Bild der Person transformieren und die R-Reaktionen allmählich schwächen und dämpfen.

INDIVIDUELLES KONFLIKTVERHALTEN

Übung 8

Nehmen Sie sich etwas Zeit, um anhand von Erinnerungen an Ihr Verhalten in früheren Konflikten Hinweise auf Ihre eigenen Verhaltensmuster zu finden. Es kann dabei durchaus sein, daß Sie z. B. auf zwei gleichzeitig vorhandene verschiedene Verhaltensmuster stoßen, etwa

- in 99 % der Fälle sind Sie bewußt und überlegt, also stark Typ B
- in 1 % der Fälle zeigen Sie scharfes R-Verhalten, z. B. Wut und Aggression.

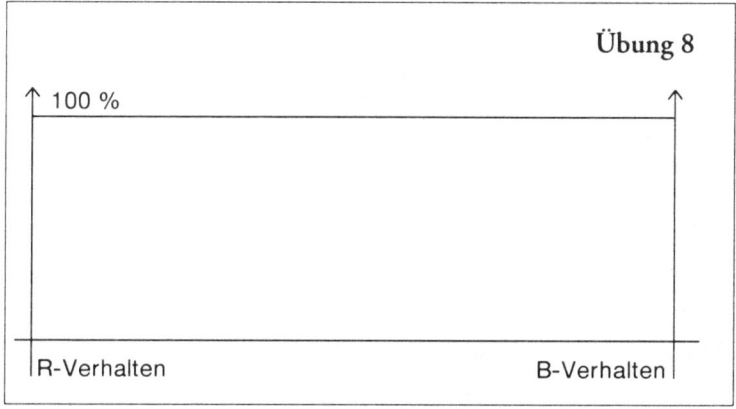

Abb. 8.5.4-1: Die Einschätzung des R-B-Verhaltens

Stoßen Sie bei sich selber auf ein derartiges ambivalentes Verhalten, so liegt eigentlich Ihre Aufgabe schon vor Ihnen. Sammeln Sie in einer systematischen Bemühung die Beispiele für das selten gezeigte R-Verhalten und schreiben Sie diese Ereignisse auf. Analysieren Sie diese Erinnerungen auf Gemeinsamkeiten. Sie werden dann z. B. darauf stoßen können, daß Sie sich in fast allen Fällen „schlecht behandelt" fühlten. Und wenn Sie darüber weiter nachsinnen, werden Sie vielleicht wahrnehmen, daß Sie meinen, daß „es sich nicht gehört, daß jemand so mit Ihnen umgeht". Dies war nur ein Beispiel für die vielen Möglichkeiten – gemeinsam haben diese Einsichten, daß sie uns zeigen, wo bei uns der Auslöser liegt. Und oft verbirgt sich dahinter etwas, was manche als Untugend oder Charakterschwäche bezeichnen.

In einem späteren Kapitel werde ich mich damit befassen, wie man mit solchen Verhaltensweisen umgehen kann.

8.6 Die Fähigkeit zu Konfliktstrategien – eine Frage des Bewußtseins

Ich gehe noch einmal zurück zu den Kapiteln 8.1 bis 8.4. Dort hatte ich drei Grundzustände unterschieden:

- (archaisch-) reaktiv,
- rational-bewußt,
- der Beobachter.

Diese Grundzustände unterscheiden sich durch den Grad an **strategischer Wahlfreiheit**. Strategische Wahlfreiheit bedeutet, daß ein Konfliktbeteiligter die Auswahl zwischen alternativen Verhaltensweisen hat und frei ist, die mögliche Auswahl zu treffen. Dieser Abschnitt geht davon aus, daß die Zeit für bewußte Entscheidungen verfügbar ist.

Archaisch-reaktives Verhalten kennt im Prinzip nur ein „fest verdrahtetes" Verhalten, das automatisch die Auswahl zwischen Aggression, Flucht und Paralyse trifft. Strategische Auswahlmöglichkeiten bestehen (Aggression, Flucht, Paralyse), aber es besteht keinerlei Wahlfreiheit.

Rational-bewußtes Verhalten kann eine Fülle von strategischen Alternativen (inclusive Tricks, Täuschung) entwerfen, durchplanen und nach dem Auswählen einer Strategie diese zur Ausführung bringen. Rational bewußtes Verhalten zeigt also neben den Auswahlmöglichkeiten auch Wahlfreiheit in der Auswahl. Rational-bewußtes Verhalten ist

jedoch nicht so wahlfrei, wie es gern angenommen wird. Die Wahlfreiheit wird durch zahlreiche Einflüsse – die im Regelfall weitgehend bis vollständig im Unbewußten bleiben – eingeschränkt:
1. durch persönliche Wertsysteme,
2. durch persönliche Glaubenssätze,
3. durch die unbemerkt gebliebenen Auswirkungen reaktiven Verhaltens,
4. durch Voreinstellungen wie Vermeidungsverhalten, Angst, Furcht.

Insbesondere gemäß (3) bleibt wirksames reaktives Verhalten dem rationalen Bemühen weitgehend verschlossen und führt damit zu Illusionen über die tatsächlich wirksamen Motive.

Der Beobachter vergrößert den Wahrnehmungskreis des Konflikt-Beteiligten. Er liefert Einsichten in die beim reaktiven und rational-bewußten Verhalten verborgen bleibenden Bereiche:
- in die aktuelle eigene Gefühlslage (deckt also z. B. „beleidigt sein", „eitel sein" etc. ebenso auf wie aufsteigenden Ärger etc.),
- in die eigenen Ziele auf der mentalen Ebene (z. B. „Diesen Vorteil bringe ich mit dem Trick an mich") bei gleichzeitiger Fähigkeit zu bewußtem Vergleich mit eigenen Werten etc.

So betrachtet, vergrößert der Beobachter zumindest zunächst nicht das strategische Repertoire der Handlungsmöglichkeiten gegenüber dem rational-bewußten Zustand. Der Beobachter gibt jedoch Einsicht in die aktuell in der eigenen Person wirksamen Gefühle, Ziele, Werte und erlaubt so, das hinter der Strategieauswahl stehende Entscheidungsverfahren zu verändern. Dies ist eine andere Dimension des Verhaltens.

Gegenüber dem rational bewußten Zustand mit gegebenen Alternativen, Zielen und Werten besteht hier die Freiheit zu einem erweiterten Entscheidungssystem.

Halten wir für praktische Zwecke fest:

Je mehr das rational bewußte Verhalten das reaktiv-archaische zudeckt, umso mehr Freiheit zu strategischer Alternativenwahl besteht.

Je mehr Präsenz des Beobachters vorliegt, um so mehr Chancen bestehen, hinter die Kulissen des eigenen Verhaltens zu sehen, damit klarer über die wirksamen Kräfte und Motive in einem selber zu werden und damit die Freiheit der strategischen Alternativenwahl zu vergrößern.

Mit anderen Worten: Zwischen dem Ausmaß der strategischen Wahlfreiheit in Konflikten bestehen dramatische Unterschiede zwischen verschiedenen Individuen. Abb. 8.6-1 zeigt, wie mit den Bewußtseinszuständen die strategische Auswahlfreiheit und Auswahl-Qualität wächst.

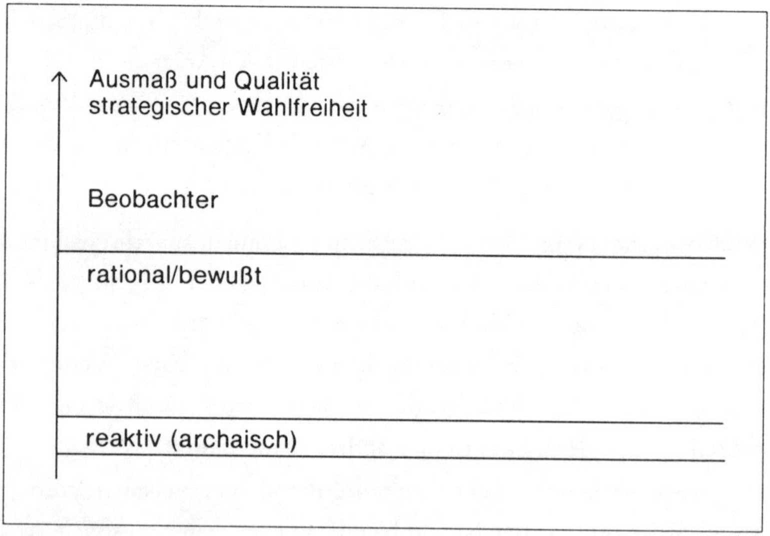

↑ Ausmaß und Qualität strategischer Wahlfreiheit
Beobachter
rational/bewußt
reaktiv (archaisch)

Abb. 8.6-1: Strategische Wahlfreiheit und Bewußtsein

Damit wird eine andere Form der Konfliktbehandlung deutlich:
Je mehr eine Person sich in Richtung eines wachsenden rational-bewußten Verhaltens und aktiver Präsenz des „Beobachters" entwickelt, um so qualifizierter wird sie mit Konflikten umgehen.

Das heißt: „Reifung der Person", „Wachstum", „spirituelle Entfaltung", oder welche Worte man auch wählen mag, führen aus dem archaischen Verhalten in eine sich vor uns öffnende Welt von möglichem Konfliktverhalten.

Konfliktverhalten kann so als Prüfstein dafür gesehen werden, wieviel von der Wegstrecke vom archaischen Reptilienbewußtsein in noch nicht erfaßte evolutionäre Höhen schon geleistet ist (87).

9. Zusammenhänge zwischen Konfliktverhalten und einigen grundlegenden Ergebnissen der Hirnforschung

Das menschliche Verhalten – auch das Konflikt-Verhalten – wird in wesentlichen Zügen durch den Aufbau des Gehirns beschrieben. Die Ähnlichkeit der Struktur des menschlichen Gehirns mit der der Säugetiere weist darauf hin, wie ähnlich viele Grundzüge des Denkens und Handelns sind. Im folgenden wird zunächst ein Überblick über einige Grundstrukturen des menschlichen Gehirns gegeben, die wichtig für das Verständnis der Grundzüge menschlichen Konflikt-Verhaltens sind.

9.1 Ergebnisse der Hirnforschung

Menschliches Sozialverhalten ist – als Sozialverhalten – nichts grundsätzlich Einmaliges. Ameisen und Bienen, als Insekten zu den geistig einfachsten Wesen zählend, haben schon vor Jahrmillionen „Staaten" entwickelt, mit stark differenzierten Verhaltensweisen verschiedener

Bevölkerungsgruppen, mit der wortlosen Koordination komplexer Bauvorhaben sowie der Organisation der Kooperation von tausenden Individuen. Lange vor dem Menschen gab es tierische Gruppen und Großgruppen bis zur Staatenbildung.

Der Mensch – mit seinem Körper, seinem Gehirn und seinem Hormonsystem Teil der Evolution – trägt noch heute die Spuren dieser Entwicklung in sich, und er lebt sie in seinem Verhalten auch heute noch aus.

Das menschliche Hirn (siehe Abb. 9.1-1) als das Organ des Fühlens, Denkens und Handelns, ist über lange Zeiten der Evolution entstanden. Es enthält Hirnbereiche, die strukturell uralt sind und ziemlich identisch noch heute bei den Reptilien das „Denkzentrum" bilden. Andere Hirnbereiche stammen aus der Zeit der Entstehung der Säugetiere; wir Menschen teilen in sehr ähnlicher Form dieses „limbische" Gehirn (das Zwischenhirn) mit allen anderen Säugetieren. Dann haben wir Menschen schließlich einen „neuzeitlichen" Hirnbereich, das Großhirn, das bei uns Menschen wesentlich komplexer entwickelt ist als bei allen Säugetieren. Dieses Großhirn wird allgemein als der Sitz von denjenigen Hirnfunktionen bezeichnet, die uns von den Primaten und anderen Säugetieren grundlegend unterscheiden (22 bis 29). Bei solchen Vergleichen sollten wir uns darüber im klaren sein: Genetisch gesehen ist der Mensch zu 99 % identisch mit den Primaten. Entsprechend sind auch die wesentlichen Hirnstrukturen und die hormonellen Mechanismen sehr ähnlich.

Anders formuliert: Über unsere Hirnstrukturen und Hirnfunktionen sind in uns die in den vorangehenden Kapiteln so oft angesprochenen Verhaltensweisen verfügbar, die auch für Reptilien, Säugetiere und Primaten typisch sind. Und **zusätzlich** (!) haben wir noch Verhaltensweisen, die menschen-typisch sind. Viele Menschen hören das nicht

INDIVIDUELLES KONFLIKTVERHALTEN

gern, da sie gern annehmen, daß sie als Menschen etwas ganz Besonderes sind. Die Wahrheit ist: Teile im Menschen sind im Vergleich zu anderen Lebewesen etwas ganz Besonderes, was die geistigen Funktionen angeht; andere Teile unseres Geistes und Verhaltens teilen wir mit den Lebewesen, die in der Evolutionskette vor uns waren. Abb. 9.1-1 zeigt das von MacLean stammende Modell des Triune Brain, des aus drei Bereichen aufgebauten Gehirns (24). Über dieses Wissen versucht z. B. auch das Struktogramm (27) Auskunft zu geben.

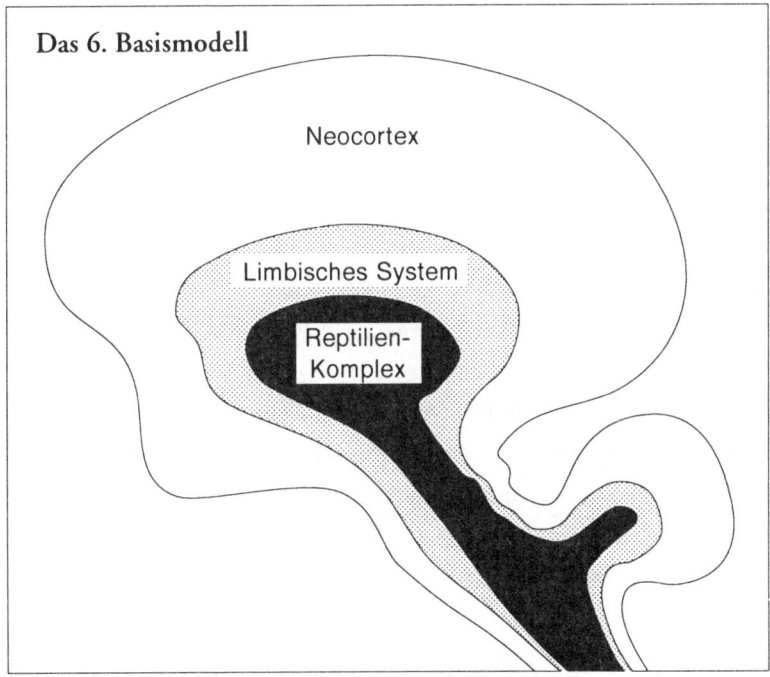

Abb. 9.1-1: Dreigeteiltes Hirn nach MacLean (25,27)

Das genannte Struktogramm ist in vielen Unternehmen und in verhaltensorientierten Trainings als methodische Hilfe zur besseren Selbsterkenntnis eingesetzt worden. Es wird jedoch allmählich durch das differenziertere HDI (Herrmann Dominanz Instrument) abgelöst, aber es hat doch schon vielen Menschen Einsicht in ihre „rote Komponente" gebracht und damit zum Verständnis des eigenen emotionalen Verhaltens, auch in Konflikten, beigetragen. Daher in Abschnitt 9.3 ein kurzer Exkurs in das Struktogramm.

9.2 Drei Hirne, drei Konfliktverhalten

Im folgenden beschreibe ich in den Abschnitten 9.2.1 bis 9.2.3 mit einem Zitat aus (29) die drei Hirne des Triune Brain und ihre Denkformen, die grundsätzlichen Einfluß auch auf das menschliche Konfliktverhalten haben.

9.2.1 Das Stammhirn

Das Stammhirn des Menschen ist der evolutionsgeschichtlich älteste Hirnbereich, der strukturell immer noch starke Ähnlichkeit mit dem Gehirn der heutigen Reptilien zeigt. Im Stammhirn liegen alle dem normalen Bewußtsein entzogenen Programme, die für Atmung, Kreislauf, Temperaturregulierung und die Steuerung biochemischer Vorgänge zuständig sind. Ebenso die Programme, die der Erhaltung von Individuum und Art dienen: Fortpflanzung, elementare Formen der Brutpflege, Nahrungsaufnahme im Zusammenhang mit Freßtrieb, Territoriumsbesitz. Das Stammhirn enthält Grundprogramme, die allgemeine und über lange Zeiträume von Millionen Jahren wenig veränderte Funktionen bestimmen; keine Programme, die für die Bearbeitung von schnell wechselnden Situationen gestaltet sind. Diese Eigenschaften zeigen sich z. B. daran, daß das „Reptilienhirn" heute noch, nach vielen Millionen Jahren langsamer Entwicklung, bei Reptilien das wesentliche Hirn ist und daß dieselbe Struktur auch beim Menschen noch heute dieselben Grundfunktionen erfüllt.

Wir müssen uns als Menschen darüber im klaren sein, daß wir im normalen Bewußtseinszustand so gut wie keinen Einfluß auf die Aktivität dieses Hirnteils ausüben können. Es gibt allerdings Wege, mittels spezieller Yogatechniken und Mentaltechniken auch auf diese Hirnfunktionen einzuwirken.

9.2.2 Das Zwischenhirn oder limbische System

Das Zwischenhirn überdeckt das Reptilienhirn. Es wird angenommen, daß dieser Hirnbereich vor etwa 80 Millionen Jahren seine Entwicklung begann; vermutlich, weil die Umweltbedingungen sich damals so stark veränderten, daß das Reptilienhirn nicht mehr schnell genug durch Wachstum und Modifikation die Anpassung leisten konnte, so daß ein zusätzliches, anders aufgebautes Hirn begann, die neuen Aufgaben zu übernehmen. Das limbische System erlaubt Anpassung an schnell wechselnde Situationen des Augenblicks. Angst und Aggression einerseits und Liebe und Geborgenheit andererseits sind mit allen Schattierungen zwischen diesen beiden Polen charakteristisch für dieses „Säugetier-Gehirn". In Zusammenhang mit Angst, Flucht, Aggression und Verbundenheit/ Geborgenheit entstehen mit dem sich entwickelnden Zwischenhirn immer umfangreichere Gefühlsdimensionen. Das Zwischenhirn bringt Lernfähigkeit nach dem Prinzip der Beibehaltung erfolgreichen Verhaltens.

9.2.3 Das Großhirn

Das Großhirn überdeckt wiederum mit seinen beiden walnußartigen Hälften das Zwischenhirn. Es ist der Träger des „nicht-emotionalen" Denkens. Es steuert den Gebrauch unserer Glieder als Werkzeuge. Es ist zuständig für das, was wir mit „Selbst", „Ich" und „Bewußtsein" in Verbindung bringen.

Ich möchte an dieser Stelle daran erinnern, daß auch Säugetiere einen Neocortex haben, an dem man Split-Brain-Operationen durchführen kann, mit ganz analogen Folgen wie beim Menschen. Von der dreigeteilten Hirnstruktur nach MacLean und von der zweigeteilten Struktur der Neocortex her, ist das Säugetierhirn strukturell ganz nahe mit unserem Hirn verwandt. Wir müssen also bei Tieren strukturell ganz ähnliches Denken erwarten wie beim Menschen!

Das Großhirn des Menschen kann mit Konzepten wie Gegenwart, Zukunft und Vergangenheit umgehen. Es kann planen, in Worten und Bildern denken, rational und intuitiv sein.

Soweit das Zitat aus (29).

9.2.4 Hirnbereiche und dazugehörige Konflikt-Typen

Die mit dem Stammhirn verbundenen Konflikte beziehen sich auf die elementaren Überlebensfunktionen des Individuums und der Rasse, also auf:
- Kampf um die Möglichkeit zum Fortpflanzungsakt,
- Kampf um Nahrung,
- Kampf um Territorium (eng verbunden mit der beanspruchten Nahrung – aber ein davon seit langem abgetrenntes, für sich selber stehendes Verhalten).

Von den Wünschen des Stammhirns ausgehende Konflikte sind durch mindestens zwei Charakteristika gekennzeichnet:
- durch die neuro-physiologische Distanz (siehe Abb. 9.1-1) zum Großhirn, das die Fähigkeiten zu Rationalität, Sprache, Kreativität und Bewußtsein besitzt (also zu den besonderen menschlichen Qualitäten),

INDIVIDUELLES KONFLIKTVERHALTEN

- durch die Position am oberen Ende des Rückenmarks, also am Ort der direkten Einflußnahme auf den Körper und auf dessen Botschaften an den Kopf.

Beide Charakteristika weisen darauf hin, daß das moderne, oft schon rein technische Denken wenig Einblick in das Verhalten des Stammhirns hat. So kann das Stammhirn, wenn es „dominant" ist, aus seiner Motivationslage heraus auch Konflikte einleiten und unterstützen, ohne daß die wörtlich zu nehmenden „höheren" Funktionen es überhaupt bemerken oder gar intervenieren.

Das Zwischenhirn bzw. das limbische System ist zunächst einmal hauptsächlich zuständig für das schon ausgiebig (in den Abschnitten 5.2 bis 8.2) beschriebene reaktive Verhalten mit Angst und Aggression sowie Paralyse. Dazu gehören neben dem grundsätzlichen reaktiven und hormonbezogenen Verhaltensmuster folgende Konfliktarten:

- Verteidigung der Familie, insbesondere auch der Kinder,
- Konflikte um das Gewinnen und Besitzen von Sexualpartnern,
- Konflikte um Zugehörigkeit,
- Hierarchiekonflikte.

Auch das limbische System hat selbst keine Sprache und keine Bilderwelten, mit denen es sich „intellektuell" mit dem Großhirn austauschen könnte. Das Großhirn, das seine Wahrnehmungen in Worte kleiden kann, nimmt die Aktivitäten des limbischen Systems über vergleichsweise dünne Nervenstränge als „Gefühl" wahr – und wir alle wissen, wie schwer es uns fallen kann:

- uns über unsere eigenen Gefühle überhaupt,
- unsere Gefühle sprachlich auszudrücken,
- unsere Gefühle zu beeinflussen.

Wir müssen also davon ausgehen, daß neurophysiologisch gesehen das limbische System – ebenso wie das Stammhirn – seine eigenen Regeln hat mit Konfliktsituationen umzugehen. Aktivitäten des limbischen Systems können dabei vom Großhirn „beobachtet" werden – z. B. indem wir den Angstkloß im Magen fühlen. Aber die schon angesprochenen Hormonausschüttungen, wie z. B. Adrenalinstöße, haben ihre z. T. über Stunden anhaltenden archaisch-physiologischen Wirkungen im ganzen Körper, ohne daß das Großhirn viel Einfluß nehmen könnte.

Das Großhirn steuert folgende Konfliktverhaltensweisen bei:
- rationale Abschätzungen und Entscheidungen über „Krieg oder Frieden",
- Aufstellen von Strategien und Plänen,
- Bewußtheit (verschiedenen Grades) über den Konflikt und über die eigene „limbische" Erregtheit,
- Werte und Wertsysteme (erlernbar, modifizierbar), die das bewußte und unbewußte Konfliktverhalten, insbesondere die Art der ausgewählten Strategien, beeinflussen.

Also die Aspekte, die wir bei intellektuellen Einlassungen zum Thema Konflikt dann auch diskutieren – unter Gebrauch von verbalem und visuellem Denken, den typischen Leistungen des Großhirns.

9.2.5 Der Balance-Akt des Triune Brain im Konflikt

Wenn wir also in einem Modell der drei Hirne davon ausgehen,
- daß wir drei Hirne mit drei unterschiedlichen Konfliktverhaltensweisen in uns haben,
- daß diese drei Hirne nur in mäßiger Wechselwirkung miteinander stehen,

dann müssen wir uns fragen, ob bzw. wie wir es überhaupt schaffen, ein einziges konsistentes Konfliktverhalten zu zeigen. Mit den Reaktions-

kurven in Abb. 8.1-1 und 8.2-1 (die typisch die zeitliche Folge von dominant-limbischem und dominant-cerebralem Verhalten zeigen) ist schon dargestellt worden, daß
- eine der heikelsten Fragen der individuellen Konfliktbehandlung in der Koordination und in den Übergängen zwischen dominanten Zuständen liegt.

Halten Sie also fest, daß viele individuelle Eigenheiten des Konfliktverhaltens durch das Modell des Triune Brain gut beschrieben werden. Und: daß die Kunst des Umgangs mit Konfliktsituationen viel mit dem delikaten Balanceakt zwischen den Dominanzen der drei Hirnbereiche zu tun hat. Wir wollen das Triune Brain damit als das **sechste Basismodell** aufnehmen. Das folgende Struktogramm kann als Verständnishilfe zum sechsten Basismodell genutzt werden.

9.3 Das Struktogramm-Modell

Das Struktogramm macht sich die von MacLean erkannte und mit mentalen Eigenschaften verknüpfte 3-Komponenten-Struktur zunutze. Über einen Fragebogen ermittelt das Struktogramm-Verfahren ein graphisch dargestelltes „3-Hirne-Dominanz-Profil" (Abb. 9.3-1). Hierzu zitiere ich aus (28):

> Diese (graphische) Darstellungsweise hat zwei Vorteile: Einmal prägt sich dieses ikonographische Bild (Abb. 9.3-1) viel besser ein als Zahlen, Punktwerte oder ähnliche „Testergebnisse". Damit bereitet es allen drei Hirnbereichen einen Zugang: Man kann über sein Struktogramm ebenso nachdenken wie meditieren. Zum anderen aber macht dieses Kreisbild einen Zusammenhang klar, der oft übersehen wird: Wenn sich eine Komponente vergrößert, so kann sie das nur tun, indem sich andere verkleinern. Das klingt trivial, aber viele Denkmodelle, auch der Trainingspraxis, fordern Vollkommenheit und wollen nicht einsehen, daß Stärken immer mit Schwächen

in anderen Bereichen bezahlt werden müssen. Manches Bild des „perfekten Verkäufers" oder „perfekten Vorgesetzten" würde, wenn wir es im Struktogramm darstellen wollten, eine Scheibe von mehr als 360° erfordern und erweist damit seine Unerfüllbarkeit.

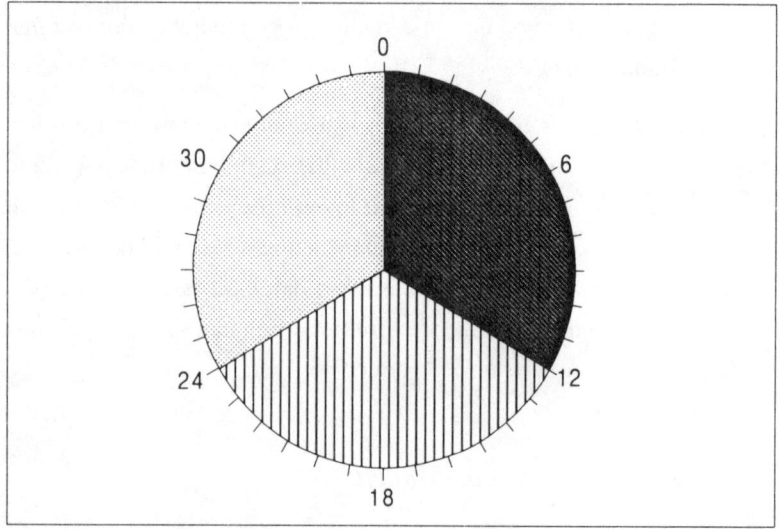

Abb. 9.3-1: „Struktogramm", nach (28)

Die Selbstanalyse mit dem Struktogramm ist kein „Test" im üblichen Sinne, denn es kann dabei keine „guten" oder „schlechten" Ergebnisse geben. Wenn wir dem hinter dem Struktogramm liegenden Hirnmodell nach MacLean folgen, müssen wir zunächst einsehen, daß alle drei Hirnbereiche wertneutral sind. Die Frage, welcher von den drei Hirnbereichen der wichtigste, wertvollste oder „menschlichste" sei, ist ebenso unsinnig wie die Frage, welche der drei Dimensionen der Zeit, Vergangenheit, Gegenwart oder Zukunft, die wichtigste sei. Was also immer bei Ihrer Selbstanalyse herauskommen mag, es kann nie eine Wertung daraus abgelesen werden, sondern nur die Einsicht in einen bestimmten individuellen Strukturzusammenhang der drei Bereiche. Diese Einsicht kann allerdings sehr wertvoll sein, um seine Lebenspläne so festzulegen, daß sie nicht in Widerspruch mit der eigenen Natur stehen.

INDIVIDUELLES KONFLIKTVERHALTEN

Das Konfliktverhalten der drei Typen ist etwa folgendermaßen zu beschreiben:

- blauer Typ: rationale bzw. bewußte Konfliktgestaltung,
- roter Typ: emotionales Verhalten, das gegebenenfalls Maß und Sinn verlieren kann,
- grüner Typ: handelt aus der intuitiven Nutzung von früheren Erfahrungen der Art bzw. der Vorfahren der Evolutionskette ohne Abwägen und Hinterfragen und folgt elementaren Trieben.

Das Struktogramm ist ein nur beschränkt valides Verfahren, aber es hat schon vielen Menschen, insbesondere Führungskräften, dabei geholfen, sich in einem ersten Schritt ihrer eigenen Verhaltensprofile bewußter zu werden.

Sie werden auch erkennen, daß die von mir in Kapitel 8.5. eingeführten R-B-, R-R- und B-B-Konflikte eine deutliche Ähnlichkeit mit den Konflikttypen Rot-Blau-Grün haben.

Vielleicht probieren Sie einmal das Struktogramm aus (Bezugsnachweis 2) und vergleichen das Ergebnis mit Ihrer Selbsteinschätzung, die Sie jetzt vielleicht vornehmen.

10. Konflikt-Streß reduziert die Qualität der Konflikt-Behandlung

Bewußtes Konfliktbehandlungs-Verhalten findet also weitestgehend in unserem Großhirn statt. Reaktives Konflikt-Verhalten wird weitgehend in unserem limbischen System (Zwischenhirn) entschieden. Das limbische System, das für unsere Gefühle weitgehend zuständig ist, steht in starker Wechselwirkung mit den Hormonspiegeln in unserem Blut.

PHÄNOMEN KONFLIKT

Registriert das Zwischenhirn z. B. im Konfliktfall höchste Gefahr, so neigt es dazu, die Kontrolle über die Denkprozesse im gesamten Gehirn an sich zu reißen. Dies geht mit starken Hormonausschüttungen einher. Gleichzeitig wird bei einer solchen massiven Dominanz des limbischen Systems die Durchblutung und damit die Funktionsqualität des Großhirns eingeschränkt. Dies kann soweit führen, daß die Tätigkeit des Großhirns weitgehend ausgeschaltet wird. In solchen Fällen geht gelegentlich das Sprechvermögen verloren, so daß nur noch Brülltöne oder unartikuliertes Stammeln möglich ist. Diese Zustände scheinen den Menschen aus dem Büroalltag schwer vorstellbar. In Abb. 10-1 zeige ich Ihnen daher das Bild eines libanesischen Straßenkämpfers, der nach dem Abschießen einer Panzerfaust in Deckung rennt. Wenn ich dieses Bild zeige und frage, an was es erinnert, erhalte ich im allgemeinen als Antwort: „An einen Affen" bzw. „An einen Neandertaler".

Was hier deutlich wird ist die sogenannte „Regression unter Streß". In extremen Fällen können Menschen dabei Körperhaltungen annehmen, die an Primaten erinnern und dabei auch jegliches intellektuelle Vermögen incl. der Sprache verlieren.

Was hier geschieht, kann so verstanden werden: Unter Konflikt-Streß und auch unter Streß aus anderen Ursachen sinken unsere flexiblen geistig-intellekuellen Denkqualitäten geringfügig bis sehr stark ab. Damit stehen uns in einem solchen Zustand für die Konflikt-Bearbeitung nur noch die Möglichkeiten des limbischen Systems, d. h. reaktives, archaisches Verhalten zur Verfügung. In solchen Zuständen ist die Chance zu „höherwertigem" menschlichen Verhalten verloren.

Aus diesen hirnphysiologischen Zusammenhängen können wir leicht ableiten, daß jegliche Art von stärker hormonproduzierendem Streß unsere Fähigkeit mindert, z. B. mit Konflikten bewußt-abwägend, kreativ, erfindungsreich und subtil-geistig umzugehen. Statt dessen werden wir

INDIVIDUELLES KONFLIKTVERHALTEN

Abb. 10-1: Regressives Konfliktverhalten – Beispiel eines libanesischen Straßenkämpfers (Foto: Khalil Chaini – Reuters)

in Richtung auf die archaischen Qualitäten der Neandertaler bzw. Primaten reduziert. Aus diesem Blickwinkel ist es wenig empfehlenswert, z. B. nach einer gehetzten Autofahrt mit einem hohen Streß-Hormonpegel in eine Besprechung zu gehen. Wir werden dort, ob wir es merken oder nicht, ein archaischeres Verhalten zeigen als wenn wir ohne Streß ankämen. Wir werden in solchen „gestreßten" Zuständen also auch leichter aggressiv sein bzw. durch das Imponiergehabe anderer Personen in Richtung auf Angst/Verzicht/Aggression beeinflußbar sein.

11. Das Modell von Beziehungsebene und Sachebene

In Abb. 11-1 finden Sie das altbekannte Modell der Kommunikation, die sowohl auf einer Sachebene wie auf einer Beziehungsebene ablaufen kann. Das in zahllosen Kommunikationstrainings benutzte Modell von Sach- und Beziehungsebene wurde zeitlich lange vor den Einsichten der Hirnforschung entwickelt; es ist aber gut auf die Konzepte von cerebralem und limbischem Denken zurückzuführen.

Manche Menschen wünschen sich, daß es eigentlich nur die Sachebene geben möge. Man könne dann dort ja um so einfacher die sachlichen Dinge angehen.

Andere Menschen wiederum meinen, man könne die in der Sachebene liegenden Meinungsverschiedenheiten letzten Endes immer lösen, wenn man auf der Beziehungsebene zueinander finden könne.

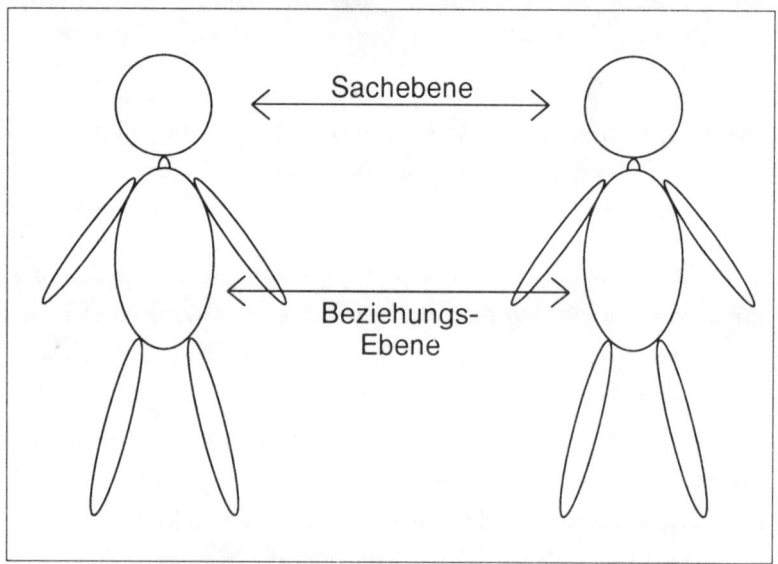

Abb. 11-1: Konflikte können auf der Sachebene, der Beziehungsebene oder auf beiden Ebenen liegen.

Beide Sichten sind idealistisch und außerdem im Widerspruch zu den Ergebnissen der Hirnforschung und der Kommunikationsforschung. Diese besagen, daß in jeder Kommunikation sowohl eine Sachebene wie eine Beziehungsebene enthalten ist. Nur der Anteil der beiden Komponenten steht in wechselndem Verhältnis zwischen 0 und 100 %. Die idealistische Annahme, wenn man nur hinreichend auf die Sachebene eingehe, bzw. die Sache und nichts als die Sache bearbeiten würde, dann ließen sich aus den Emotionen stammende Konflikte sicher lösen bzw. von Anfang an ausschließen, ist unzutreffend. Bisher hat keine rein rationale Philosophie vermocht Konflikte zu vermeiden. Wir kennen die rational motivierten Worte von „Der Krieg ist die Fortsetzung der Politik mit anderen Mitteln" oder den Satz „Der Zweck heiligt die Mittel".

Auf der anderen Seite wissen wir, daß selbst die harmonischsten Gefühle, z. B. in liebevollen Beziehungen, in vielen Fällen nicht ewig halten und sogar in bestimmten Situationen in Konfliktbeziehungen umklappen können. So kann zwar der Wunsch nach Harmonie auf der Beziehungsebene zur Lösung von Sachproblemen führen, er kann aber ebensogut in Beziehungskonflikte münden.

11.1 Die zwei Grundströmungen der Konflikttheorie

Wir sollten also auf realistische Weise davon ausgehen, daß so wie in jeder Kommunikationsbeziehung auch in jeder Konfliktbeziehung eine Sachebene und eine Beziehungsebene vorhanden sind, und daß im Regelfall beide Ebenen mitwirken, wenn der Konflikt entwickelt oder abgewendet wird. Dies entspricht genau dem Modell des Triune Brain, in dem cerebrales und limbisch/stammhirnmäßiges Denken als zwei sehr unterschiedliche Komponenten mitwirken.

Wir können heute in der Theorie der Konflikte zwei Grundströmungen wahrnehmen. Einmal die sachbezogene, die z. B. über spieltheoretische Ansätze Kosten-/Nutzen-Betrachtungen anstellt, spieltheoretische Modelle entwickelt und sogenannte rationale Verhaltens-Empfehlungen gibt. Auf der anderen Seite die Beziehungs-orientierte Betrachtung, die menschliches Verhalten in den Vordergrund stellt, das im Regelfall nicht oder nur teilweise sachbezogen ist.

Ich habe aufgrund meiner Erfahrungen in Konflikt-Seminaren den sachbezogenen Konflikt-Aspekt immer, bezogen auf die aufgewandte Zeit, weniger bearbeitet. Dies liegt daran, daß die meisten Teilnehmer auf der rationalen Ebene recht gut geschult sind und die rationale Seite der Ziele, Spieleinsätze und Chancen relativ gut diskutieren können. Der wirkliche Engpaß ist – das zeigte sich bei allen Wünschen an die Seminare –, daß die Interessen der Teilnehmer wesentlich stärker an den Beziehungs-orientierten Bereich gerichtet sind. Oder sich auf Situationen beziehen, in denen das Sachinteresse und das Beziehungs-Interesse widersprüchlich sind.

Wenn ich also in meinen Seminaren jetzt in der Regel die Beziehungsebene weiter in den Vordergrund stelle, dann aufgrund der immer wiederkehrenden offensichtlichen Bedürfnislage. Dies hat sicher auch damit zu tun, daß die meisten Personen, mit denen ich gearbeitet habe, zumindest von der Ausbildung her dem cerebralen („blauen") Bereich zuzuordnen waren.

Es wird im Regelfall dabei bleiben, daß in jedem Konflikt beide Komponenten zu entdecken sind. Ich habe z. B. festgestellt, daß ich Konflikte in Arbeitsgruppen wesentlich besser bearbeiten kann, wenn ich job-bezogenes „Gruppen-Coaching" anwende. Dabei können dann oft hinter den scheinbaren Beziehungs-Konflikten stehende, zunächst nicht wahrgenommene Sach- und Organisationsprobleme aufgenommen und mit der Gruppe gelöst werden. Gerade in Organisationen tritt sehr oft der Fall auf, daß ein ursprünglich vorliegendes Sachproblem nicht als solches behandelt wurde und daß sich dann daraus allmählich belastete Beziehungen entwickelten – bis für alle Beteiligten nur noch ein Beziehungsproblem vorliegt. Mit dieser **Technik der gleichzeitigen Benutzung von rationalem und beziehungsorientiertem Vorgehen** konnte ich schon manches organisatorische Problem als Scheinproblem identifizieren und binnen zwei Tagen auflösen.

11.2 Defizite in der Wahrnehmung und Behandlung von Beziehungskonflikten

Da in unserer Industriegesellschaft bis vor etwa 20 Jahren Gefühle wenig Platz hatten, oder zumindest im Arbeitsbereich nicht angesprochen wurden, besteht immer noch eine recht geringe Erfahrung, sowohl in der Wahrnehmung von Beziehungs-bezogenen Konflikten wie bezüglich des Umgangs mit diesen Konflikten. Hier ist noch über Jahrzehnte ein Nachholbedarf zu schließen.

Insgesamt hat in den letzten 20 Jahren der Anteil der verhaltensorientierten Trainings für Führungskräfte und Mitarbeiter immer mehr an Boden gewonnen. Alle guten Verhaltens-Trainings arbeiten mit der Betrachtung beider Komponenten, der Sachebene und der Beziehungsebene. Insofern erhalten immer mehr Menschen im Bereich der Arbeitswelt Weiterbildungs-Erfahrungen, die ermuntern, den Beziehungs-Bereich stärker einzubeziehen. Dies ist ausgesprochen wünschenswert im Sinn einer ganzheitlicheren menschlichen Kooperation und natürlich auch für eine bessere Konflikt-Behandlung.

11.3 Die Unterscheidung in Sach- und Beziehungs-Konflikt-Typen

Wir können in diesem **siebten Basis-Modell** wieder zwei Konflikt-Grundtypen feststellen. Hierzu Abb. 11.3-1.

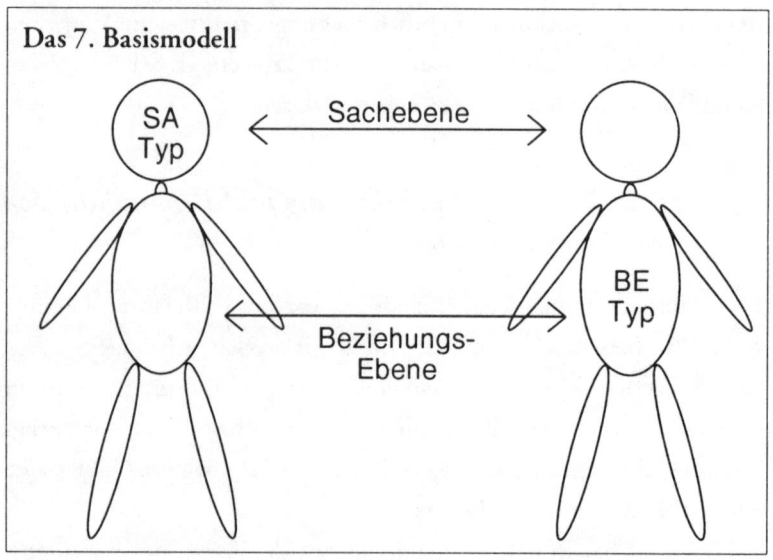

Abb. 11.3-1: Grundlagen von Sach (SA)- und Beziehungs (BE)-Konflikten

Ich hatte in Kapitel 8.5 die beiden Typen R und B eingeführt. Diese sind – trotz der Ähnlichkeiten – nicht mit den hier benutzten Typen SA und BE zu verwechseln. Bei der R-/B-Typologie ging es um die unterschiedlichen Verhaltensweisen in den Sekunden bis Minuten oder Monaten nach einem Konfliktreiz. In diesem Kapitel geht es um dauerhafte Kommunikationsmuster, die in Konflikten eine große Rolle spielen. Hirnbereichsmäßig bestehen aber – im Sinn von Präferenz oder Dominanz – folgende Zusammenhänge:
- cerebral: B/SA/blau,
- limbisch: R/BE/rot.

Solange Menschen vom SA-Typus aufeinander treffen, ist der „Konfliktstil" beider Seiten ähnlich. Der SA-Typ wird bemüht sein, seine „Daten" möglichst rational zu Entscheidungen heranzuziehen. Er wird, bei hinreichendem intellektuellem Format (je nach Ethik), auch gezielte Mittel der Täuschung und Datenfälschung einsetzen, evtl. auch „psychologische und rhetorische Kniffe", wie z. B. Ausüben von Druck etc. Ein typisches Beispiel für den sachbezogenen Ansatz ist die in Kapitel 25 beschriebene Kahnsche Eskalationsspirale.

Treffen BE-Typen aufeinander, so können starke Emotionen bald dazu führen, daß das eigentliche – am Anfang evtl. sogar sachliche – Konfliktziel völlig aus den Augen verloren wird. BE-Typen neigen auch besonders dazu, den Sachaspekt der Kosten von Konflikten (d. h. die eigenen Verluste) aus den Augen zu verlieren. Persönliche Aspekte wie „Gesicht wahren/Gesicht verlieren" oder „nachtragend sein" spielen bei diesem Typ eine wichtige Rolle.

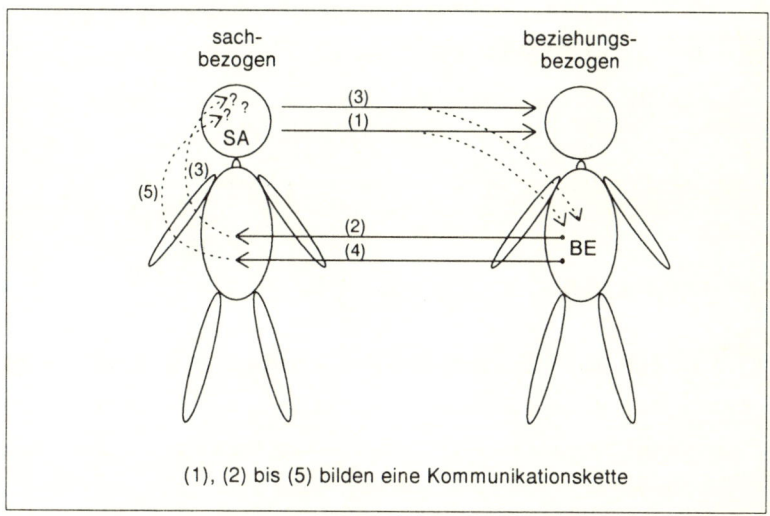

Abb.11.3-2: Mismatch von Sach- und Beziehungskonflikt (S-B-Typ) in einer Kommunikationskette

PHÄNOMEN KONFLIKT

Besonders problematisch ist das **Mismatch von je einem sachorientierten SA-Typ und einem beziehungsorientierten BE-Typ**. Die erwünschten Konflikt-Gesprächsthemen der beiden Typen können geradezu elementfremd sein und zu teuren Mis-Kommunikationen führen.

Als Beispiel für einen potentiellen SA-BE-Konflikt: ein stolzer und auf seine Würde bedachter Araber, für den es aus solchen Motiven wichtig ist, in einem Geschäft Vorteile auf seine Seite zu bringen. Auf der anderen Seite ein europäischer Manager, in ein kaufmännisch und termin-orientiertes Management eingespannt, der die Kosten für jeden Manntag mitrechnet, und der innerhalb vorgegebener Fristen bestimmte „Hard Facts" nach Hause bringen will/soll/muß.

Viele „cross cultural conflicts" sind von diesem Typ; sie sind geradezu vorhersehbar. Aber auch in und zwischen deutschen Unternehmen finden wir diesen Konflikt-Typ öfter als wir denken. So stehen z. B. besonders auf ihre hierarchische Position bezogene Führungskräfte stets im Risiko, auf ein Sachargument mit einer emotional motivierten Reaktion zu antworten (dazu mehr in Teil 2).

Dieser BE-SA-Konflikttyp ist risikoreich, da es in vielen Fällen zwischen den Parteien keine Möglichkeit gibt, „in einer gemeinsamen Sprache" über das anstehende Thema zu sprechen.

11.4 Zu welchem Typ gehören Sie?

Es ist gut, wenn Sie jetzt in **Übung 9** darüber nachdenken, zu welchem Konflikttyp Sie persönlich gehören. Dabei können Sie in Gedanken an einigen Beispielen der Vergangenheit durchspielen, wie Sie sich bezüglich dieses Betrachtungsmodells selbst verhalten.

Auf der Achse im folgenden Beispiel habe ich als Muster die Übungsergebnisse für drei typenverschiedene Personen A, B, C

INDIVIDUELLES KONFLIKTVERHALTEN

eingetragen. A und B sind stabil einem Typ zuzuordnen. C dagegen kann wechseln: bei dem passenden Auslöser springt C von der Verhaltensweise x1 nach x2 und auch wieder zurück. Dieses Verhalten (SA-BE alternierend) ist höchst schwierig für jeden Konfliktpartner A vom Typ SA und B vom Typ BE.

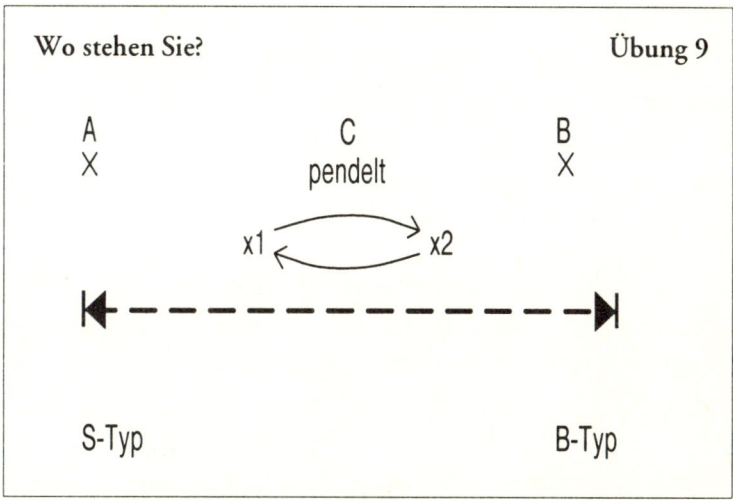

Abb. 11.4-1: Die verschiedenen Konflikttypen des sachorientierten und des beziehungsorientierten Verhaltens

12. Erweiterte Werkzeuge kommunikationspsychologischen Vorgehens – die Herausforderung an den Konfliktmoderator

Das Modell der Behandlung von Konflikten durch

- (cerebrale) Sach-Kommunikation
- (limbische) Beziehungs-Kommunikation

in Kapitel 11 dürfte vielen Trainern und Führungskräften einsichtig bzw. vertraut sein. Seit mindestens 15 Jahren gibt es jedoch weitergehende Modelle, die auf dem Grundkonzept von Sach- und Beziehungs-Kommunikation aufbauen und zusätzliche Dimensionen erschließen. Die Modelle aus Kapitel 11 bleiben richtig, aber sie erfahren durch die hier in Kapitel 12 dargestellten eine Steigerung von Reichweite, Leistungsfähigkeit und Differenzierung. Ich beziehe mich im folgenden auf die Darstellungen von Friedemann Schulz von Thun (78, 79).

Die drei im folgenden dargestellten Modelle sind gleichermaßen gut geeignet

- zur Konfliktanalyse,
- zur darauf aufbauenden Entwicklung von gezielten Konfliktbehandlungs-Strategien.

Es wird dem nicht psychologisch-professionellen Leser aber auch deutlich, daß diese Modelle mehr Lernaufwand und Umsetzungsaufwand benötigen als die vorhergehenden einfacheren. Wer sich entschließt, hier einen nächsten Schritt in die Konfliktkommunikation zu tun, der möge als erstes die drei Titel (78, 79, 80) durcharbeiten und bei anhaltendem Interesse an einschlägigen Trainings teilnehmen.

Ein Hinweis: Die im folgenden dargestellten Modelle wurden ursprünglich als Kommunikationsmodelle ohne besonderen Blickpunkt auf Konflikte begonnen. Sie sind aber für unseren Zweck ausgesprochen nützlich.

12.1 Das Kommunikationsmodell „Nachrichtenquadrat"

Dies ist das **achte Basis-Modell**.

Das in Kapitel 11 dargestellte Kommunikationsmodell enthält zwei Typen von „Nachrichten" bzw. „Botschaften", die die Kommunikations- bzw. Konfliktpartner austauschen:

- Sachbotschaften,
- Beziehungsbotschaften.

In dem hier behandelten achten Basismodell (78, 79), dem „Nachrichtenquadrat", gibt es dagegen vier Aspekte:

- Sachinhalt (SI),
- Selbstkundgabe (SB),
- den Beziehungshinweis (BH),
- den Appell (AP) (an den anderen, etwas Bestimmtes zu tun).

Hierzu folgende Definition aus (79):

(1) der **Sachinhalt (SI)**, der Informationen über die mitzuteilenden Dinge enthält;

(2) die **Selbstkundgabe (SK)** (nicht: „Selbstoffenbarung"), durch die der „Sender" etwas über sich selbst mitteilt – über seine Persönlichkeit und über seine aktuelle Befindlichkeit (sei es nun in bewußter „Selbstdarstellung" oder in mehr oder minder freiwilliger „Selbstöffnung" und „Selbstpreisgabe");

(3) der **Beziehungshinweis (BH)**, durch den der Sender erkennen läßt, wie er zum Empfänger steht, was er von ihm hält und wie er die Beziehung zwischen sich und ihm definiert;

(4) der **Appell (AP)**, also der Versuch, in eine bestimmte Richtung Einfluß zu nehmen; die Aufforderung in bestimmter Weise zu denken, zu fühlen oder zu handeln.

Die Erweiterung auf vier Aspekte erlaubt eine wesentliche Differenzierung bei der Analyse und Entwicklung einer (Konflikt-)Kommunikation.

Ein Beispiel: A sagt zu B am Telefon: „Es wäre gut gewesen, wenn du dich schon gestern abend gemeldet hättest!"

Die Analyse nach Sach- (S) und Beziehungsebene (B) gemäß Kapitel 11 könnte folgendes Ergebnis liefern:

- A sagt: „Ich habe dich gestern erwartet." (S)
- A sagt: „Daß du erst jetzt anrufst, kann Nachteile bringen." (S)
- A sagt (?): „Ich bin etwas ärgerlich, daß du erst heute anrufst." (B)

Erkennbar besteht ein Sachkonflikt zwischen A und B bezüglich der Art des kooperativen Vorgehens. Außerdem könnte eine Störung des Vertrauensverhältnisses von A gegenüber B erfolgt sein – also der mögliche Beginn einer emotionalen Konfliktbereitschaft.

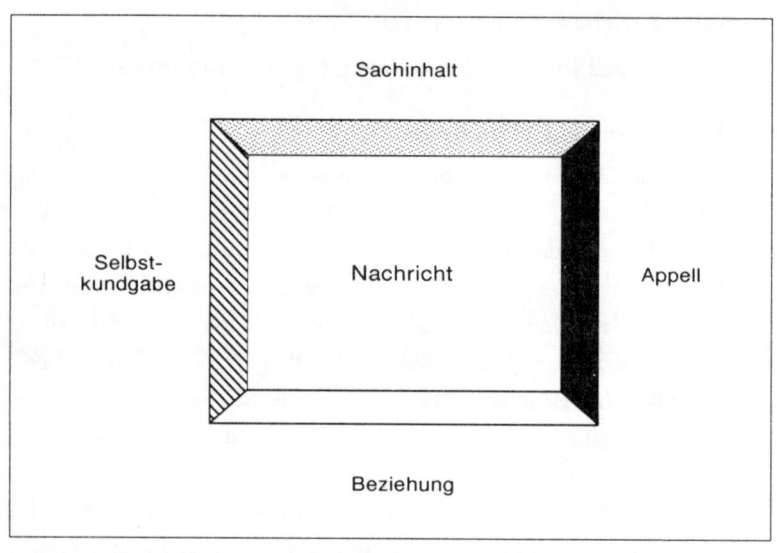

Abb. 12.1-1: Das Nachrichtenquadrat nach (79)

Die Analyse nach dem Nachrichtenquadrat hätte ein differenzierteres Ergebnis bezüglich der vier Aspekte Sachbotschaft (SB), Selbstkundgabe (SK), Beziehungshinweis (BH) und Appell (AP) erbracht:

SB: „Ich habe dich (deinen Anruf) gestern erwartet."

SB: „Dein später Anruf kann Nachteile haben."

SK: „Mir paßt es nicht, daß du dich erst heute meldest."

BH: (verdeckt) „Wenn wir gut zusammenarbeiten wollen, darf so etwas (einen Tag später anrufen) nicht öfters geschehen...."

AP: (verdeckt) „Bitte ruf zur rechten (vereinbarten, etc.) Zeit an!"

Wir können erkennen, daß das Nachrichtenquadrat wesentlich differenziertere Darstellungen erlaubt – für Konfliktmoderatoren ist die selbstverständliche Arbeit auf diesem Differenzierungsgrad eine Voraussetzung. Aber auch für Führungskräfte, die als „Moderatoren" des Teams der Geführten handeln wollen.

Für pädagogisch und psychologisch Trainierte ist dieses Modell leicht einsichtig und mit wenigen Stunden Training einsetzbar. Für Personen mit anderem Hintergrund, insbesondere Techniker, Betriebswirte und Naturwissenschaftler, sind solche Modelle jedoch meist „problematisch" und erfordern längeres Training. Dazu mehr in Kapitel 12.4.

12.2 Konfliktinteraktion – das Teufelskreis-Modell

12.2.1 Dynamische Konflikt-Interaktion

Das ist das **neunte Basismodell**. Es geht auf die dynamischen Aspekte von Beziehungsabläufen, also von Kommunikationsketten ein, ist also ein Interaktions-Modell.

Dieses Modell kombiniert:
- Aspekte/Präferenzen des individuellen Verhaltens,
- „systemische Aspekte" der Wechselwirkung von zwei oder mehr Partnern.

Damit wird (Konflikt-) Kommunikation als ein Regelkreis gesehen, in dem es
- individuelle Ziele,
- individuelle Verhaltensmuster,
- nur durch Interaktionsabläufe verständliche Ergebnisse

gibt.

In Abb. 12.2.1-1 wird in vier Stationen der allgemeine Kommunikationsablauf dargestellt:

1. A äußert sich,
2. B verarbeitet innerlich das Wahrgenommene (Interpretieren, Fühlen),
3. B äußert sich mit dem Ergebnis der Umsetzung der Wahrnehmung/Interpretation,
4. A verarbeitet innerlich...,
5. Regie-Anweisung: „Gehe zu 1.".

Die Prozeßelemente (2.) und (4.) werden dabei nach (79) als „Innerungen" (innere Reaktionen der Person) aufgefaßt, die Prozeßelemente (1.) und (3.) als „Äußerungen", sie sind das geäußerte, also wahrnehmbare und beobachtbare Verhalten. Zur Erläuterung gebe ich Ihnen ein aus (79) stammendes Beispiel aus dem Berufsleben.

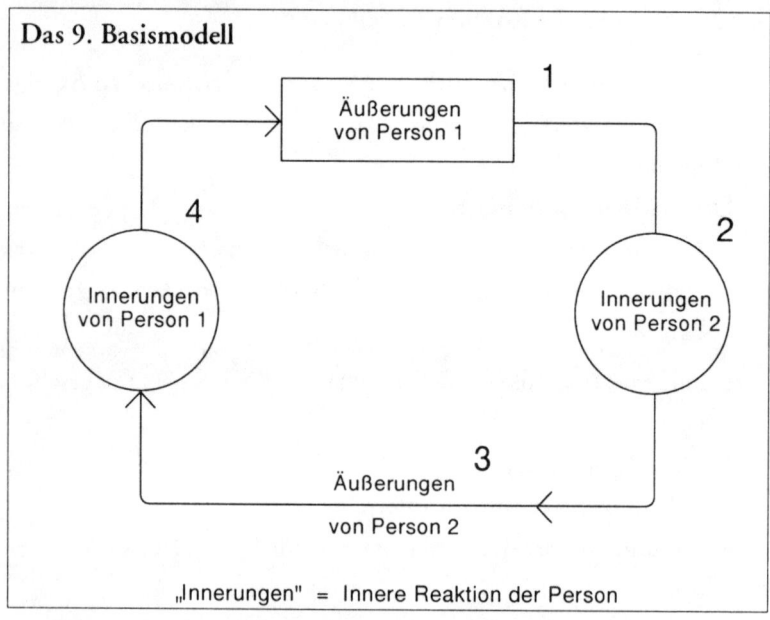

Abb. 12.2.1-1: Allgemeine Struktur eines zwischenmenschlichen Kommunikationskreislaufs mit vier Stationen; aus (79)

INDIVIDUELLES KONFLIKTVERHALTEN

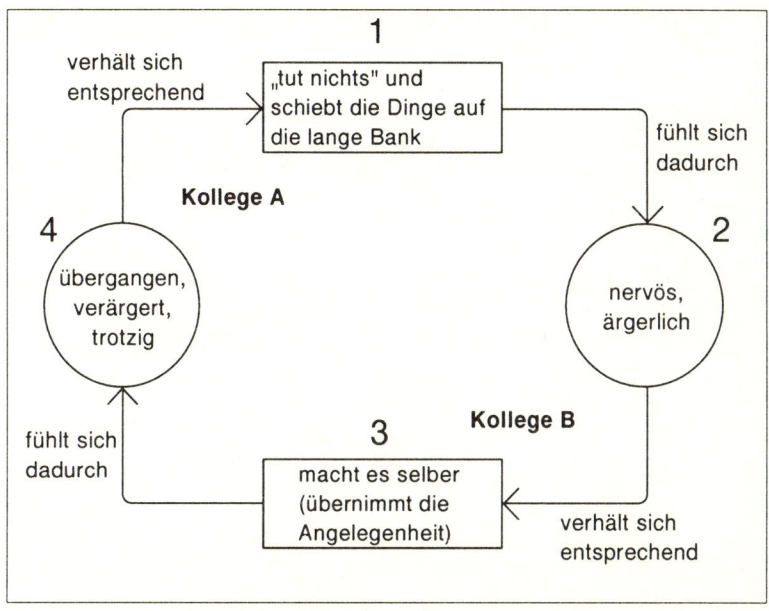

Abb. 12.2.1.-2: Kollegen-Konflikt im Teufelskreis-Modell

Die beiden Berufskollegen A und B arbeiten hierarchisch gleichgestellt in einer Arbeitsgruppe. A schiebt manche Arbeit auf die lange Bank, das gehört zu seiner Arbeitsform. Der andere (B) „kennt" A (Teil der „Innerung" von B) und wird nervös/ärgerlich („Innerung" von B), wenn für eine Terminarbeit wieder einmal nicht der Beitrag von A rechtzeitig kommt. So schreitet B von der „Innerung" zur „Äußerung": er macht die Arbeit selbst. Nun ist A im stillen beleidigt. Seine Innerung sagt: „B steckt seine Nase in meine Arbeiten als ob er der Chef wäre... Er dringt sogar in meinen Arbeitsbereich ein und zeigt dann noch ‚seine Arbeit!' A ist also beleidigt/ärgerlich/trotzig/lustlos und produziert als „Äußerung" genau das schon bekannte Verhalten minderer Arbeitsleistung. Abb. 12.2.1-2 visualisiert den Fall mit dem Modell des Teufelskreises.

Natürlich besteht zwischen A und B ein Konflikt, der zwar verdeckt abläuft, aber sicher das Kooperationsniveau weiter absenkt und einen möglichen heißen Konflikt vorbereiten könnte.

Das hier vorgestellte neunte Basismodell erlaubt, mit Hilfe einer normierten Darstellungsform dynamische Konfliktabläufe zu analysieren und explizit darzustellen. Die Stärke dieses Modells liegt darin, daß innere psychologische Vorgänge und äußere Abläufe in einen gemeinsamen Zusammenhang gestellt werden. Ist ein 4-Stufen-Ablauf notiert, so kann ein Psychologe oder psychologisch gebildeter Moderator damit beginnen, z. B. in Gesprächen, die „Innerungen" zu ermitteln und auf den Ergebnissen einen Lernprozeß für den Konfliktbeteiligten starten.

12.2.2 Zirkulare Konflikte

Zirkulare Konflikte wie im vorstehenden Beispiel zeichnen sich dadurch aus, daß eine Wechselwirkung zwischen den Konfliktpartnern immer wieder, oft tausende Male (!) durchlaufen wird, ohne daß ein Ende möglich scheint oder angestrebt wird. Zirkulare Konflikte sind überall – im Beruf und vor allem in der Familie – zu finden. Die beteiligten Konfliktpartner leiden zwar („Innerungen") unter dem Konflikt, aber sie zeigen meist kein Interesse, daran etwas wirklich zu verändern.

Gelingt es, so wie in (79) dargestellt, für einen zirkularen Konflikt den Ablauf im Stil von Abb. 12.2.2-1 darzustellen, so kann der Schritt in die Abhilfe geschafft werden durch gezieltes Durchbrechen der zirkularen Kommunikation.

Solche Leistungen müssen jedoch fast immer Dritte erbringen: Therapeuten, Konfliktschlichter und Moderatoren. Mehr dazu im folgenden Abschnitt.

12.2.3 Warum sind zirkulare Konflikte so dauerhaft und so häufig?

Die Grundfrage heißt: „Was haben die Beteiligten davon, wenn sich ein Teufelskreis (verdeckter oder auch offener Konflikt) zwischen ihnen dreht?"

Nehmen wir das Beispiel der beiden Bürokollegen aus dem vorletzten Abschnitt. Könnte es sein, daß A und B die folgenden verdeckten Nutzen haben?

Nutzen von A: A ist beruflich tatsächlich nicht sehr fähig und außerdem bequem. Er ist aber gleichzeitig als Vorsitzender eines Wandervereins ein für seine Qualitäten angesehener Mann. Es wäre für A sehr unangenehm, sich selber einzugestehen, daß er im Beruf drittklassig ist – so ist es viel angenehmer und dem Selbst-Image förderlicher, davon auszugehen, daß B ihm die Arbeit wegnimmt. So ist klar: B macht etwas falsch – nicht er.

Nutzen von B: B hat zu Hause Probleme mit seiner Frau, aber er rafft sich nicht zu einer Trennung auf. Zu Hause ist es also nicht gemütlich – ein guter Grund, im Büro zu bleiben und Überstunden zu machen, die ihm einige Problemstunden ersparen.

Die Wahrheit ist also: A und B haben einen inneren Nutzen („Innerungen") durch dieses „Spiel". Würden Sie sich unter professioneller Leitung über ihre Probleme miteinander aussprechen, wäre wohl der Konflikt – und der subjektive Konfliktnutzen – dahin.

12.2.4 Zirkulare Konflikte sind schwarze Löcher

In der Astronomie versteht man unter schwarzen Löchern sternähnliche Gebilde, die alles anziehen und in einem schwarzen Loch ohne Wiederkehr verschwinden lassen. Solche Qualitäten haben auch zirkulare Konflikte: sie rauben den Betroffenen andauernd Lebensenergie, ohne irgend etwas zurückzugeben außer einem zweifelhaften inneren Nutzen.

Falls Sie als Leser in Ihrem Leben solche Konflikte entdeckt haben sollten, empfehle ich Ihnen größte Aufmerksamtkeit. Manchmal gelingt es Betroffenen, durch Beobachtung den Schlüssel selbst zu finden – meist ist professionelle Hilfe angezeigt.

12.3 Das Werte- und Entwicklungsquadrat

Dies ist das **zehnte Basismodell**, das ich in Anlehnung an (79) referiere und das auf (81) zurückgeht. Dieses Modell hat viel Bezug zu den Dualitätsmodellen, die ich in Teil 6 bespreche.

Ausgangspunkt ist ein „duales Paar" von Tugenden, z. B.:

$$\text{Sparsamkeit} - \text{Großzügigkeit}.$$

Solange ein Mensch die Balance zwischen zwei solchen gegensätzlichen Verhaltensweisen (Beispiel: Geld sammeln – Geld weggeben) halten kann, wird sein Verhalten als „gesund" aufgefaßt.

Die Balance der beiden dualen Tugenden kann nun durch Übertreibung in zwei Richtungen verlassen werden:

$$\text{Sparsamkeit} \rightarrow \text{Geiz}$$
$$\text{Großzügigkeit} \rightarrow \text{Verschwendung,}$$

wobei die „Tugend" in eine „Untugend" oder einen „Unwert" übergeht. Jede dieser Übertreibungen führt zu gestörter Balance und damit auch zu erhöhter Konflikttächtigkeit.

In Abb. 12.3-1 stelle ich nach (79) das Beispiel „Sparsamkeit" dar, in Abb. 12.3-2 das allgemeine Beziehungsnetz.

Nach den Abbildungen folgt Übung 10, mit der Sie die Technik der Wertequadrate einüben können.

INDIVIDUELLES KONFLIKTVERHALTEN

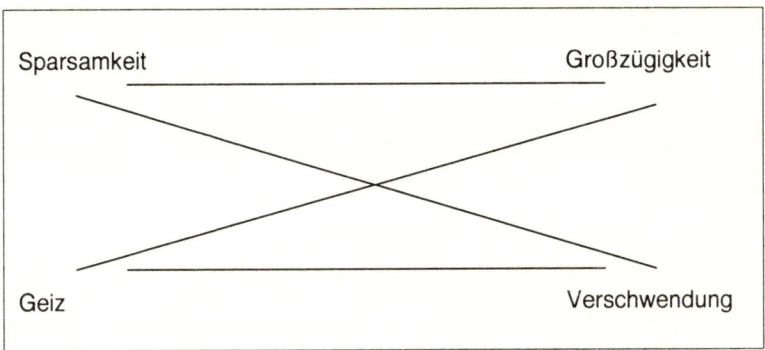

Abb. 12.3.1: Das Wertequadrat am Beispiel „Sparsamkeit"; nach (79)

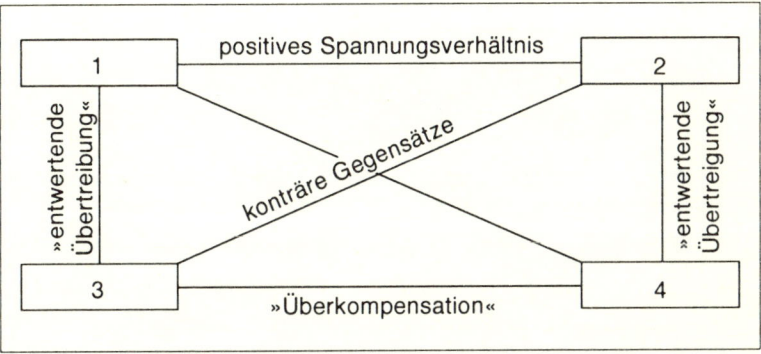

Abb. 12.3.-2: Das Netz von Beziehungen zwischen den vier Polen des Wertequadrats, nach (79)

Übung 10

Bilden Sie gemäß Abb. 12.3-1 die Wertequadrate zu folgenden fünf Begriffen:

- Toleranz
- Feigheit
- Durchsetzungsvermögen
- Spontanität
- Pragmatismus

109

Schritt 1: Tragen Sie den Begriff in eines der 4 Quadranten ein.
Schritt 2: Ergänzen Sie die noch freien 3 Quadrate.
Benutzen Sie die folgenden fünf „Rahmen".
Beachten Sie: Es kann am Anfang etwas Mühe kosten! Aber es lohnt sich!

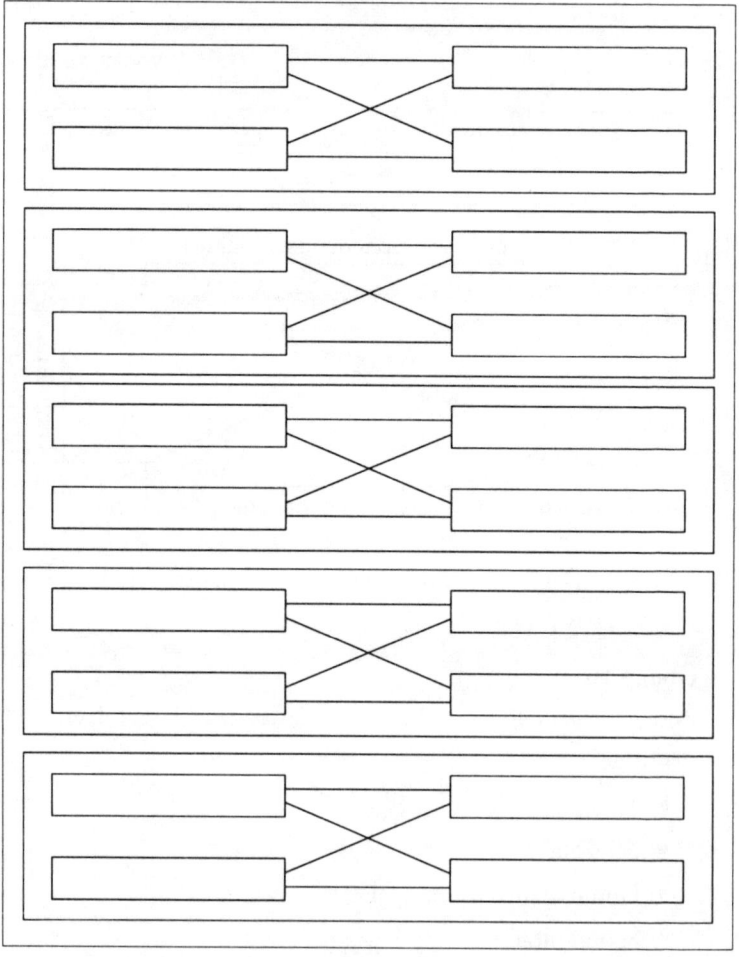

Die Auflösung finden Sie in (79)

Typische Konfliktsituationen entstehen, wenn sich zwei Konfliktpartner gegenüberstehen, die unterschiedliche Tugend-Paare bevorzugen, wie

        Anweisen   –   Anleiten
        Kontrolle   –   Vertrauen.

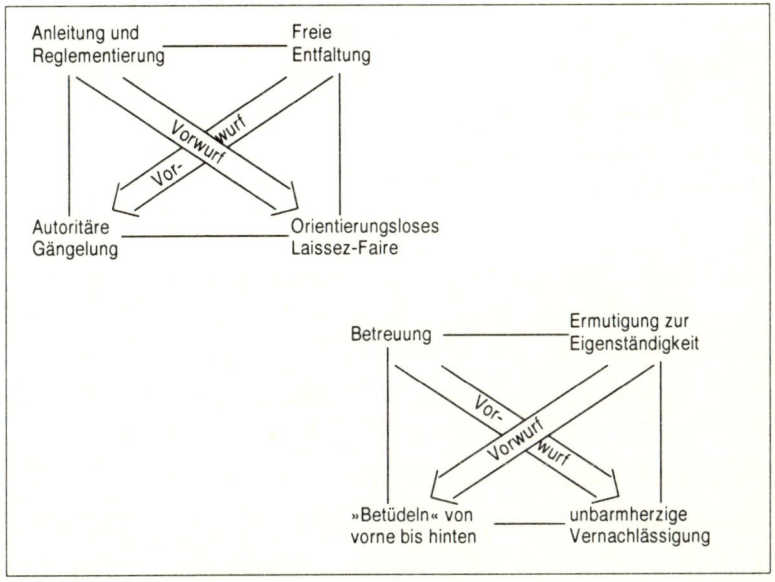

Abb. 12.3-3: Zwei Beispiele zum Wertequadrat

Im linken Tugend-Paar (Anleitung versus freie Entfaltung) wendet sich der Vertreter der „freien Entfaltung" (B) mit dem Vorwurf der „autoritären Gängelung" gegen (A). Umgekehrt wirft (A) dem (B) vor, er lasse „orientierungsloses Laissez-Faire" zu. Dabei sind beide Vertreter von „Tugenden" – aber durch die Konstellation der beiden Tugenden als Dualität entsteht der Konflikt – einer der häufigsten Führungskonflikte in diesen Tagen.

Wiederum sind streitende Konfliktparteien kaum in der Lage, für sich selbst das Wertequadrat aufzuzeichnen und darin die aktuelle

Konfliktsituation zu erfassen. Aber ein Moderator, dem dieses Werkzeug zur Verfügung steht, kann z. B. das Wertequadrat darstellen und damit eine versöhnliche Betrachtung einleiten.

(Für Spezialisten in Sachen Führungsverhalten ein Hinweis: Die 4 Führungstile S1 bis S4 der Situativen Führung (81) mit den Extremen von „Anweisen" und „Selbstorganisation" sind jedoch NICHT als Elemente eines solchen Wertequadrats aufzufassen, obwohl sie heftige Konfliktfronten markieren! Hier würde ein „ausgleichender Psychologe" das Modell vom Wertequadrat falsch gebrauchen.)

12.4 Akzeptanzprobleme für differenzierte (Konflikt-) Kommunikation

Modelle für differenzierte (Konflikt-)Kommunikation stoßen bei vielen Menschen auf Ablehnung. In solchen Fällen wird oft „die Sache, das Ziel, das schnelle Handeln" als wertmäßig vorrangig vor dem Durchdringen und Verstehen von Konflikten behandelt. Oft in Verbindung mit diesem Wertemuster ist eine zweite Zurückweisungsfront zu finden: wenn keine Bereitschaft besteht, sich „auf Menschliches" einzulassen – womöglich gar das Gefühl einzusetzen, sich in die Schuhe des anderen zu stellen, etc.

Das Denkstilanalyse-Instrument (Kapitel 21) beschreibt sehr einsichtig, von welchen Menschentypen es nicht oder kaum zu erwarten ist, daß sie sich mit differenzierter (Konflikt-)Kommunikation befassen wollen. Statistisch ist dies fast die Hälfte der Bevölkerung – darunter bevorzugt die Berufstypen von Ingenieuren, Naturwissenschaftlern und Betriebswirten, die den Stil und die Konfliktkultur unserer Gesellschaft wesentlich bestimmen.

Teil 2
Gruppen-Konflikte

In Teil 1 bin ich zunächst auf das evolutionsgeschichtlich verständliche Konfliktverhalten des Individuums eingegangen, insbesondere auf die in der Person ablaufenden Mechanismen und ihre Auswirkungen.

Teil 2 befaßt sich demgegenüber mit dem Konfliktverhalten des Individuums in Gruppen und dem Konfliktverhalten zwischen Gruppen. Hierzu ziehe ich wiederum evolutionsgeschichtlich verständliche Mechanismen heran, die im Unterbewußtsein verankert sind. Wiederum müssen wir als Menschen akzeptieren, wie ähnlich unser menschliches Gruppen-(Konflikt-)Verhalten zu dem der Tierwelt ist. Nur wenn wir diese „Automatik" bewußt wahrnehmen, können wir die Freiheit gewinnen, diese archaische Mechanik zu überwinden (siehe Kapitel 8.6).

13. Rang und Rang-Konflikte

Zur Einführung in diesen Themenkreis zunächst einmal das Modell von Rang und Rangkonflikten.

Aus der Tierforschung, z. B. von Konrad Lorenz, wissen wir, daß vielen Tiergruppen lineare Rangordnungen aufbauen. Ein Beispiel dafür ist der so oft zitierte Hühnerstall. Die Hühner zeigen so lange Auseinandersetzungen, bis eine lineare Hierarchie festgelegt ist. Auf einer Dominanz-Achse reihen sich dann nach Rang von unten nach oben die Individuen in der Gruppe auf (Abb. 13-1).

Wozu finden solche Rangkämpfe statt? Einfach nur so – weil in Gruppen eben eine Rangordnung etabliert wird? Die Soziologie hat schon sehr früh eine ebenso interessante (wie von Führungskräften ungeliebte) Definition für „Rang" gefunden: „Vortritt am Futterplatz".

Hierfür ein Beispiel: Bei den Löwen jagen die Weibchen, aber wenn es ans Fressen der Beute geht, hat der Löwe als Ranghöchster im Rudel Vortritt, und nach ihm dürfen dann gemäß der Rangfolge von oben nach unten die Gruppenmitglieder der Reihe nach ans Futter. Pech haben gegebenenfalls die weiter unten auf der Rangordnung, wenn nichts mehr übrig ist ehe sie an die Reihe kommen.

Aus diesem simplen Gruppenverhalten ist erkennbar, daß Dominanz ursprünglich eingerichtet wurde als das Recht des Stärkeren, zuerst ans Futter zu dürfen. Insofern muß auch für jedes Mitglied der Gruppe bekannt sein, auf welcher Position es steht. Denn jedes Gruppenmitglied muß genau wissen, nach welchem Vorgänger es selbst das Recht hat, an das Futter zu gehen, während alle Rangniederen noch zu warten haben, bis es fertig ist. Beachten Sie dabei auch in zahlreichen Filmen zu diesen Themen, wie immer wieder Rangniedere versuchen an das Futter heranzukommen, während ein Ranghöherer sich gerade bedient. Regelmäßig werden dabei die Rangniederen durch Drohgebärden verscheucht und gegebenenfalls wird auch zugebissen. Dies ist die Demonstration: „Ich bin der Stärkere – ich habe jetzt Vortritt."

Genau dieses Dominanz-Modell haben wir auch in der menschlichen Gesellschaft. Wir wissen um verschiedene Attribute, die für Vortritt in unterschiedlichen Situationen sorgen:

- Reichtum,
- politische Macht,

- militärische Macht,
- Schönheit,
- exzellenter Umgang mit Waffen,
- Besitz von Waffen,
- starker Körperbau,
- besondere Leistung in einem Teilbereich (z. B. Sport),
- Examensnoten (manchmal).

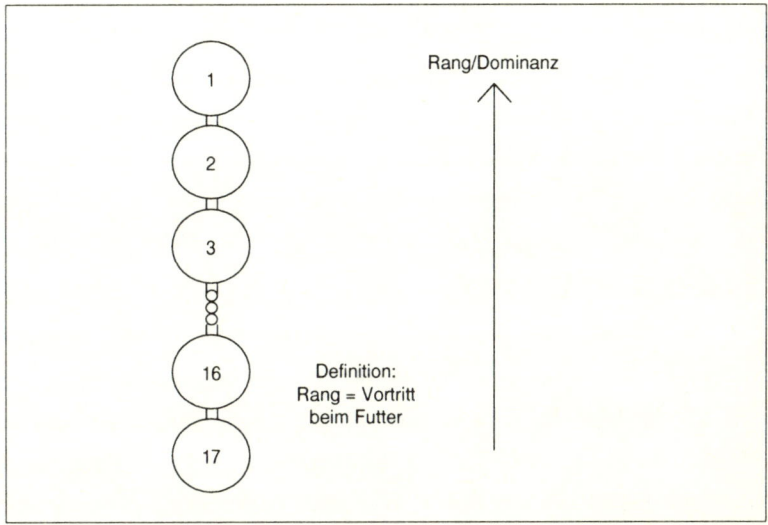

Abb. 13-1: Rangskala und Dominanz

Die in der vorstehenden Liste aufgeführten Dominanz-Faktoren beziehen sich jeweils auf bestimmte Gruppierungen innerhalb einer menschlichen Gesellschaft. So werden im allgemeinen Reichtum und kräftiger Körperbau nicht in der selben Gruppe zur Dominanz-Konkurrenz antreten. Demgegenüber gibt es die allgemeinen Status-Symbole, die in der Öffentlichkeit vorgezeigt werden, um auf Rang hinzuweisen. Dazu gehören die bekannten PKWs mit Nobelmarken, Schmuck, Kleidung, Adresse der Wohnung, Titel, etc.

PHÄNOMEN KONFLIKT

Auch wenn wir auf den ersten Eindruck hin glauben mögen, daß die Definition „Dominanz bedeutet Vortritt beim Futter" heute in der menschlichen Rangordnung keine Bedeutung mehr hat, so stimmt dies sicher nicht. Nehmen Sie an, daß in ein Restaurant einmal ein auffällig teuer gekleidetes Paar hereinkommt und das andere Mal ein armselig gekleidetes, wobei der Ober nur noch wenige freie Tische hat. Welchem der beiden Paare wird er wohl sagen: „Alles schon reserviert"? Und wenn in einem Land die Not ausbricht: wer hungert zuerst – die Regierenden und die Armee oder das einfache Volk?

Das Status-Symbol der Kleidung und der Größe/Ausstattung der Büroräume als Ausdruck von Macht und Einkommen ist insbesondere in den Unternehmen bekannt. Interessant ist es auch, die Kleidung und Selbstdarstellung von Flugzeugpassagieren bei typischen Geschäftsflügen zu betrachten und dabei wahrzunehmen, welche Stilmittel für Rangdarstellung verwandt werden.

Was bedeutet nun Rang und Dominanz für das Konflikt-Verhalten?

Die Antwort ist simpel. Der Mensch trägt auf Grund der Evolution in sich das Verhalten, zu versuchen, sich durch Rangkampf bessere Positionen zu sichern. Wie weit ein Individuum diesen Rangkampf ununterbrochen kämpft bzw. dies seltener oder sehr selten tut, ist ein individuelles Merkmal.

Betrachten Sie das Verhalten einer Spatzengruppe. Auch wenn reichlich Futter gestreut ist, kann es gelegentlich geschehen, daß die Vögel einander beim Fressen wechselseitig bekämpfen und vertreiben. Eine andere Spezies, eine Finkenart, kämpft im Vergleich zu den Spatzen viel intensiver, auch wenn wiederum genügend oder sogar überreichlich Futter vorhanden ist.

Wir können hieran erkennen, daß das Dominanz-Verhalten sich längst als ein allgemeines Verhalten verselbständigt hat, d. h. sich vom

GRUPPEN-KONFLIKTE

ursprünglichen Vortritt beim Futter abgelöst und zum unspezifischen Vortrittsrecht gewandelt hat. Es wird unabhängig davon gezeigt, ob eigentlich für alle genügend vorhanden ist oder nicht. Genau dies können wir auch beim Menschen feststellen.

Dies bedeutet, daß Menschen mit einem starken Dominanz-Streben häufig in Rangkämpfe einsteigen, ob nun unbedingt ein rational erläuterbares Motiv oder Bedürfnis in Sicht ist oder nicht. Diese Art von Konflikt-Ursprung ist in vielen Bereichen des Lebens eine permanente Quelle von Unruhe und Reibungsverlusten. Dies ist das **elfte Basis-Modell.**

Ähnlich wie bei dem Modell des „reaktiven" und des „bewußten" Verhaltens gibt es neben dem instinktiven Dominanz-Streben in Gruppen auch aufgeklärt-bewußte Verhaltensweisen. Wir können gelegentlich Gruppen von Menschen finden, manchmal auch Unternehmen (vor allen Dingen kleinere), in denen das Dominanz-Streben der Gruppenmitglieder nur schwach ausgeprägt ist, bzw. schwach ausgelebt wird. In solchen Gruppen ist es wesentlich leichter Synergie-Effekte zu erzielen, da Dominanzkämpfe nicht die Kooperations-Willigkeit stören.

Dominanz-Verhalten ist übrigens auch in Seminaren ein interessanter möglicher Konflikt-Auslöser. Der Seminar-Leiter hat durch seine Rolle als „Leiter" über die ihm zugewiesene Funktion des Lehrers eine dominante Rolle. Er bestimmt an erster Stelle die Abläufe und hat wesentlichen Einfluß darauf, wer wann auf welche Weise seine Beiträge liefern oder sich durchsetzen kann. Das bedeutet, daß Teilnehmer mit starkem Dominanz-Verhalten sich häufig durch den Seminar-Leiter herausgefordert fühlen und ihn in einem Dominanz-Kampf vor den Augen der anderen Teilnehmer besiegen möchten. Dazu gibt es viele Ansätze: widersprechen, stören, durch Suggestivfragen andere Teilnehmer gegen die Aussagen des Seminar-Leiters ins Feld schicken, etc. Solche

Personen vergessen völlig, daß die Mitglieder einer Seminargruppe eigentlich zu einer Lernaufgabe zusammengekommen sind. Statt dessen machen sie aus der Lernsituation mit der Lerngruppe eine Arena für ihren persönlichen Rangkampf, losgelöst von allen rationalen Zielsetzungen.

Nehmen Sie aus diesem Kapitel mit, daß Dominanzstreben ein grundsätzlich in allen Individuen vorhandenes, aber unterschiedlich stark ausgeprägtes Verhaltensmuster ist. Dieses Verhaltensmuster führt in nahezu allen Gruppen immer wieder zu gruppeninternen Konflikten. Entsprechende Verhaltensweisen z. B. in Betrieben, Vereinen oder Familien mit immer neuen Konflikten und Reibungsverlusten sind daher zunächst einmal als „normal" anzusehen. Solcher Rangkampf ist oft für alle Beteiligten so selbstverständlich „normal", daß er gar nicht bewußt wahrgenommen, sondern nur erlebt wird. Die Bedeutung dieses elften Basis-Modells besteht also u. a. darin, überhaupt auf diese Dinge aufmerksam zu machen und zu verhindern, daß sie übersehen werden.

14. Brave New World – das Modell der Alphas, Betas, Gammas und Omegas

14.1 „Automatisches" Verhalten in Gruppen

Menschliches Gruppenverhalten findet, wie schon in Kapitel 13 erläutert, weitgehend unbewußt statt, auch wenn wir gern etwas anderes glauben. Daran änderte sich auch nichts durch die jahrtausende alte Diskussion von Staatsphilosophien und ethischen Normen. Wir Menschen in unserer aufgeklärten und wissensgläubigen Zeit leben in einer weitgehenden Illusion über die vermeintliche „Rationalität" oder gar „Bewußtheit" unseres Verhaltens. Ich möchte Ihnen zunächst ein kleines Beispiel geben.

Territorialverhalten

Denken Sie, Sie säßen in einem Eisenbahnabteil 1. Klasse. Es ist ganz leer, bis auf Sie (oder: Sie und Ihren Partner). Nun öffnet sich die Tür, jemand fragt: „Darf ich...?" und kommt auch schon herein. Wer kennt nicht den Augenblick der Ablehnung? Vielleicht den Gedanken: Warum muß der ausgerechnet hier hereinkommen? Und vielleicht: Ich habe doch 1. Klasse bezahlt, damit ich meinen Frieden habe? Wenn Ihr Partner dabei war und Sie vielleicht mit ihm ein vertrauliches Gespräch hatten, ist dieses schlagartig beendet. Wahrscheinlich sind Sie etwas ärgerlich. Und dann antworten Sie auf die Frage: „Darf ich...?" mit einem meist nur halbwegs freundlichen: „Natürlich!" Jetzt haben Sie bewußtes Verhalten gezeigt: kontrolliert, angepaßt an die gesellschaftlichen Regeln. Aber vorher hatten Sie wohl Ihre automatische Anti-Reaktion? Diese völlig natürliche und unter allen Lebewesen weit verbreitete Reaktion zählt man zum „Territorial-Verhalten". Es ist, wie schon gesagt, „automatisch" oder „reaktiv". Es läuft mechanisch und in weniger als 50 Millisekunden als ein Prozeß des Reptilienhirns ab. Es ist – zumindest in der Anfangsphase – unserer Kontrolle entzogen.

Unsicherheit in fremden Gruppen

Unbewußtes Territorialverhalten ist unser **zwölftes Basis-Modell** für individuelle und Gruppenkonflikte. Eindringen in Territorium – sei es nur Eintreten ohne anzuklopfen – wird als unfreundlicher Akt empfunden und löst limbische Konfliktreaktionen aus. Territorium ist – vor allem bei Gruppen – eng mit Überleben verbunden. Dringen (Futter-)Konkurrenten, z. B. ein anderes Hirschrudel, in das eigene Territorium ein, so ist unter Umständen die Ernährungsbasis nicht mehr gegeben. Daher wird Territoriumsverletzung sehr empfindlich als Angriff aufs Überleben wahrgenommen und oft mit viel Energie beantwortet.

Wenn ein Chef die Methode MBWA (Management bei Walking Around) frisch übernimmt und dabei unangemeldet in die Arbeitszimmer der Belegschaft eintritt, so wird dies im Regelfall als eine Territoriumsstörung wahrgenommen. Da man dem Chef gegenüber das Territorium nicht verteidigen darf, ist Verunsicherung die Folge.

„Territorium" ist nicht nur im wörtlichen Sinn als ein Gebiet aufzufassen. So wie in dem Beispiel der Arbeitskollegen in ihrem zirkularen Konflikt (Kapitel 12.2), als der Kollege A das Gefühl hatte, daß B „in seinen Arbeitsbereich eindringt". Sprachlich interessant weist „Arbeitsbereich" auf einen Bereich, also ein Territorium hin – wenn auch im übertragenen Sinn. Territoriumskonflikte können also in einem viel weiteren Kontext auftreten, z. B.:

- wenn ein neuer Wettbewerber den Markt betritt,
- wenn ein anderer Wissenschaftler dasselbe Arbeitsgebiet auswählt.

Typisch dabei ist, daß der „Eindringling" sofort negativ bewertet wird.

Die Ortswahl spielt insbesondere für die Konfliktbehandlung eine große Rolle. Sie kennen das „Heimspiel", den „Platzvorteil'" bei der Auseinandersetzung auf dem eigenen Territorium. Der Gegner fühlt sich auf fremdem Territorium meist unsicher/verunsichert, also nicht im vollen Besitz seiner Kräfte. Will man also (z. B. als Moderator) Konfliktgespräche führen, so ist die richtige Wahl des Territoriums von großer Bedeutung. Ideal wäre z. B. ein Restaurant, das beide Parteien gut kennen und gern aufsuchen, mit Obern, die beide Seiten kennen und nichts von dem Konflikt wissen...

Oder, als zweites Beispiel: Sie sind das erste Mal auf einem Kongreß, der mit einer großen Stehparty beginnt. Man scheint sich zu kennen, Sie kennen niemanden. Ist es unverständlich, wenn Sie sich unwohl fühlen und daran denken wieder zu gehen, um in einem kleinen Restaurant ganz ruhig und allein zu Abend zu essen?

Noch einmal: Auch wenn wir uns gern als „gebildet", rational, bewußt, kontrolliert" sehen: das tatsächliche menschliche Verhalten – insbesondere in Gruppen – wird weitgehend durch solche unbewußten Verhaltensweisen bestimmt. Solange wir so tun als sei das nicht so, haben wir kaum eine Chance, bewußt unser Gruppenverhalten zu beeinflussen.

Unsere Gesellschaft zeigt einen – verständlichen – Widerstand, sich über die Verhaltensweisen von Individuen und Gruppen bewußt zu werden, d. h. die Naivität über das eigene Handeln zu verlieren. Z. B. lehren die Universitäten die Betriebswirte, Informatiker etc. eine Fülle von fachbezogenen Inhalten – und wenden sich nicht den menschlichen Verhaltensweisen zu, mit denen alles Wissen erst situativ belebt und umgesetzt wird. Deswegen sind auch menschenbezogene Themen wie Individual- und Gruppenverhalten, Führung und Teams weitgehend ein Fremdwort in der akademischen Ausbildung unserer Fach- und Führungskräfte. Und wenn, dann oft auf alten Modellen aufbauend, die schon lange zur Ablösung fällig sind.

14.2 Evolution und Staatenbildung

Menschliches Sozialverhalten ist – als Sozialverhalten – nichts Einmaliges. Ameisen und Bienen, als Insekten zu den geistig einfachsten Wesen zählend, haben schon vor Jahrmillionen „Staaten" entwickelt, mit stark differenzierten Verhaltensweisen verschiedener Bevölkerungsgruppen, mit der wortlosen Koordination komplexer Bauvorhaben sowie der Organisation der Kooperation von tausenden Individuen. Lange ehe es Menschen gab, gab es tierische Gruppen und Großgruppen bis zur Staatenbildung.

Automatisches Sozialverhalten wird vor allem vom Stammhirn (Territorialanspruch, Arterhaltung durch Fortpflanzung) und vom limbischen System (Familienbezug, Hierarchie, Führerschaft) geprägt.

14.3 Struktur und Bildung von Gruppen

Jede Gruppe kennt ein „innen" und ein „außen", also die Nichtzugehörigkeit „der anderen". Gruppen dienen dazu, die Überlebenschancen von Individuum und Art zu erhöhen. Dies äußert sich in Familiengruppen, die die Aufzucht des Nachwuchses sicherstellen, und in Zusammenschlüssen, die der gemeinsamen Jagd, der gemeinsamen Territoriumsverteidigung oder dem gemeinsamen Bauen und Nutzen von Unterkünften dienen. Insofern sind Gruppenbildungen leicht rational über Nutzensfunktionen zu begründen – wobei sich die Individuen in den entsprechenden Gruppen sicher nicht der jeweiligen Nutzensfunktionen bewußt sind...

Die „Kolonienbildung" mit den dazugehörigen, in den Individuen angeborenen Grundmustern sind jedoch nur ein Teil der im Individuum wirksamen Kräfte und Muster. Individueller Überlebenstrieb führt dann z. B. bei knapper Nahrungsbasis dazu, daß die schon besprochenen Rangkämpfe innerhalb der Gruppe auftreten. Gruppenverhalten und Individualverhalten überlagern sich also – insbesondere beim Menschen mit seinen Möglichkeiten, mit Hilfe des Großhirns differenziertes Verhalten zu zeigen.

Viele für Menschengruppen typische Verhaltensweisen finden wir – wie schon gesagt – auch in Tiergruppen. Ich werde einige solche Gruppen bezüglich Ihrer Analogien zu menschlichem Gruppenverhalten betrachten. Das Heranziehen von Tiergruppen hat zwei wesentliche Vorteile:

- Verhaltensweisen in Tiergruppen sind oft „einfach", d. h. nicht durch die komplexe Überlagerung von Verhaltensweisen erschwert wahrnehmbar,
- sie stellen oft geradezu „archetypische" Verhaltensmuster dar, die Menschen gern verbergen.

Nun also eine Reihe von Beispielen zu verschiedenen verhaltensbezogenen Gruppenaspekten.

Beachten Sie dabei: es ist nicht möglich über Gruppen oder Teams zu sprechen, ohne die zwei Grundelemente von Führern und Geführten in ihrer Wechselbeziehung einzubeziehen.

14.3.1 Führerschaft und Rang

Ein interessantes, vom menschlichen Normalverhalten stark abweichendes Modell liefern Zugvögelschwärme. Sie fliegen meist in V-artigen Formationen. An der Spitze der Führer.

Wie wird man in einem solchen Schwarm Führer? Wie lange bleibt man es? Wie lange braucht das Kommando des Führers, ehe es in der Gruppe Wirkung zeigt? Die Fragen zwei und drei sind leicht zu beantworten. Der Führer bleibt nur sehr kurze Zeit Führer, etwa 8-15 Minuten. Führer zu sein ist anstrengend, er bricht den Wind und hat etwa 8 % mehr Flugleistung zu erbringen als die hinter ihm fliegenden Schwarmmitglieder. Ändert er die Richtung, so schwenkt oft in weniger als einer Sekunde der ganze Schwarm – auch die Vögel, die den Führer nicht direkt sehen können. Wer der nächste Führer sein wird, ist noch Sekunden vor dem Wechsel für menschliche Beobachter nicht erkennbar. Diese Gruppe zeigt folgende Charakteristika bezüglich Führerschaft:
- der Führer hat keinen für Menschen erkennbaren Sozialstatus als Führer,

- der Führer erbringt in seiner Führungsrolle zwei Leistungen für die Gruppe:
  (a) Auswahl der Richtung und des Schwarmverhaltens,
  (b) besonderer Kraftaufwand zum Brechen des Windes,
- die Führerschaft wechselt ohne Auswahl-Ritual; es gibt jedoch immer einen Führer,
- der Führer bzw. die vielen Führer eines Vogelzuges haben am abendlichen Futterplatz keine hierarchischen Vorrechte.

Wir sehen, daß wir über einen Vogelschwarm mit denselben Begriffen sprechen, die wir auch zum Beschreiben menschlichen Verhaltens benutzen.

Der besprochene Vogelschwarm zeigt bezüglich seines Führungsverhaltens übrigens starke Ähnlichkeit zu einem hochproduktiven Team mit Synergieeffekten. In solchen Teams wurde regelmäßig beobachtet, daß die Führerschaft de facto von Mitglied zu Mitglied übersprang, je nachdem wer gerade am besten weiterführen konnte. Offenbar übernahm jeweils das Mitglied die Führung, das situativ den besten Beitrag geben konnte. Auswahlrituale, d. h. Kämpfe werden bei diesen situativen Führungswechseln in hochproduktiv-synergetischen Teams nicht festgestellt. Der neue Führer wird jeweils spontan mit seiner Richtungsangabe akzeptiert, ohne daß der offizielle Führer (z. B. der Projektleiter) oder der vorhergehende Führer dagegen Widerstand zeigte.

Bei vergleichbarem Gruppenverhalten verschiedener Gruppen, wie im obigen Beispiel bei Zugvögeln und synergetischen Teams, spricht man auch von isomorphen Gruppen. Die Bildhaftigkeit des Verhaltens einer isomorphen Gruppe, z. B. eines Vogelschwarms oder eines Ameisenstamms, macht es oft viel leichter, ein bestimmtes menschliches Gruppenverhalten darzustellen.

Beachten Sie, daß wir in diesem Beispiel erste wichtige Begriffe zur Gruppenbeschreibung eingebracht haben:
1. Führerschaft,
2. Leistung des Führers für die Gruppe,
3. Auswahlverfahren des Führers,
4. Sozialstatus des Führers.

Jede Gruppe, auch jede menschliche Gruppe, wird durch diese ersten vier Konzepte beschrieben.

Betrachten wir nun den berühmten Hühnerhof, dessen „Hackordnung" zu einem festen Bestandteil der deutschen Sprache geworden ist. Anders als bei dem Vogelschwarm, bei dem es zur Zeit des Schwarmfluges einen temporären Führer und ansonsten im Status gleichrangige Schwarmmitglieder gibt, zeigt die Hühnergruppe:

- eine Statushierarchie über alle Gruppenmitglieder hinweg von oben nach unten,
- ein ausgeprägtes Kampfverhalten zur Ermittlung der Hierarchie-Position, sobald auch nur eine Veränderung in der Gesamthierarchie auftritt, z. B. durch Ausscheiden oder Neuzugang eines Mitglieds.

Primatengruppen, und wohl alle Affengruppen, zeigen hierarchische Ordnungen. Dabei hat der Führer die übliche Doppelrolle:

- er ist der Führer im Verhalten der Gesamtgruppe nach außen,
- er ist die Nummer eins in der internen, stark ausgeprägten linearen bzw. hierarchischen Hausordnung.

Kennen Sie diese Struktur aus menschlichen Gruppen? Zur Zeit des Feudalismus – also bis ins 20. Jahrhundert – gab es auch bei uns in Mitteleuropa noch die wohldefinierte durchgängige gesellschaftliche Hierarchie des Adels und der Stände. Anfang dieses Jahrhunderts lernten die Schüler im alten k.u.k. Österreich, vermutlich auch in Preußen, die folgende Hierarchie auswendig: Kaiser, König, Edelmann... Irgendwann kam dann das Handwerk, und zuletzt Bauersmann und Bettelmann... Dies ist eine lineare menschliche Rangordnung.

Ich habe es als Schüler zweimal erlebt, einmal beim Eintritt in die erste Klasse Gymnasium, dann ein Jahr später bei einem Schulwechsel, daß in einer reinen Jungenklasse zu Beginn des Schuljahres einige Tage lang Prügeleien abliefen zwecks Feststellung, wer wen unterkriegt. War das geklärt, zog relativer Friede ein. Der Hintergrund: Kinder stellen ihre Statuskämpfe durch Einsatz körperlicher Gewalt unverhüllter dar als Erwachsene, die es gelernt haben, die Isomorphie zum Affenfelsen mit seinen permanent ablaufenden Rangkämpfen besser zu verdecken.

Halten wir also fest: Führerschaft und Rang sind tief im menschlichen Gruppenverhalten verankert. Traditionelle Normalform ist dabei die Hierarchie. Das in gewissem Sinn zum Vogelschwarm isomorphe Verhalten hochproduktiver Teams, mit situativ wechselnder Führungsrolle, entspricht nicht dem menschlichen Standard-Gruppenverhalten, sondern ist – zumindest bis in diese Tage – ein seltenes Ereignis.

14.3.2 Ich, wir und die anderen

Bei Fußball-Länderkämpfen hören wir oft Sätze wie: „Wir spielen gegen Spanien (oder England)." Der Sprecher ist dabei weder Mitglied der Nationalmannschaft noch aktiver Fußballspieler. Das „wir", das ja eine Gruppenzugehörigkeit anzeigt, ist auf etwas so großes und anonymes wie z. B. „die deutsche Nation" bezogen. Wer sich innerhalb einer Gruppe versteht, benutzt die sprachliche Gruppenidentifikation „wir".

Jede Gruppe hat ein innen und ein außen: „innen" sind die zum selben „wir" gehörenden Individuen, außen sind die „anderen". Die meisten Menschen gehören gleichzeitig zu vielen Gruppen. Als Beispiel, jemand ist: Katholik, Absolvent des Marien-Gymnasiums, Mitglied des Tennisclubs Grün-Weiß, Siemens-Stammhaus-Lehrling, Giesinger (Stadtteil von München), Münchner, Bayer, ... Deutschland ist das Land der Vereine; viele Menschen sind gleichzeitig in mehr als fünf Vereinen aktiv oder doch Mitglied.

Wir können hieran eine Beziehung Individium-Gruppe ablesen. Individuen haben im Regelfall eine angeborene Tendenz, sich Gruppen anzuschließen. Insofern gibt es eine „natürliche Kraft" oder besser: ein ganzes Paket sogenannte „natürliche Kräfte" zur Gruppenbildung hin – also auch den ersten Schritt in Richtung auf ein Team. Viele sogenannte Team-Förderungsmaßnahmen benutzen diese natürlichen Kräfte zur Gruppenbildung und unterstützen sie durch gezielt geschaffene Situationen.

Allerdings: zu jedem „wir" gibt es das „nicht wir" – die eigene Gruppe und „die anderen". Je intensiver die Zugehörigkeit zu einer Gruppe wird, je stärker die Kooperation in der Gruppe wird, desto stärker wird im Regelfall die Abgrenzung zur dazugehörigen „Nicht-wir-Gruppe". Ich erinnere mich daran, daß die Kinder in einem evangelischen Landstrich in Niedersachsen Maikäfer, die es damals noch reichlich gab, „katholisch machten", indem sie ihnen den Kopf abrissen und damit wohl eine Praxis des 30jährigen Krieges fortsetzten. „Wir" und „die anderen"... Je mehr eine Gruppe dieses Wir-Gefühl aufgebaut hat, desto stärker ist im Regelfall die Abgrenzung zur Umgebung. In Betrieben können solche Gruppen sich so sehr auf ihre Innenwelt fixieren, daß sie sich vom restlichen Unternehmen oder anderen Unternehmensbereichen abgrenzen. Als Beispiel: die in vielen Unternehmen typische Spannung zwischen Innendienst und Außendienst, zwischen Produktion und Verwaltung. Die von vielen Führungskräften geforderten Wir-Gefühle können also leicht in Abgrenzung und Gruppenkonflikte führen.

Wir können also davon ausgehen, daß es zu jeder Gruppe Kräfte gibt, die Personen in die Gruppe hineinbewegen und die damit die Gruppe in ihrem Wir-Konzept verstärken wollen. Ob diese Kräfte ausreichen um eine kooperative Gruppe zu entwickeln, ist eine andere Frage.

14.3.3 Das Modell der Immun-Abstoßung/betriebliche Konfliktfronten

Für die Situation im Unternehmen ein Fall aus dem Tagesgeschäft. Wenn erfahrene Executive Search-Berater heute für die Geschäftsleitung eines Unternehmens einen neuen Marketingleiter suchen, werden sie einen für die Aufgabe bestgeeigneten Kandidaten vielleicht doch nicht vorschlagen. Wieso? Sie haben in unserem Fall den Kandidaten analysiert und nicht nur passendes Branchenwissen diagnostiziert, sondern auch – wie gefordert – einen guten Schuß innovativ-kreativen Denkens und eine Neigung zu strategisch-konzeptionellen Ansätzen. Er wäre ein idealer Kandidat. Aber, wie die Umfeldanalyse im Unternehmen zeigte: sein Innovationsprofil ist sehr viel höher als das der anderen Geschäftsleitungsmitglieder und insbesondere das des Vorsitzenden.

Das Immunsystem des Unternehmens würde sofort reagieren, befürchten die Placement-Profis. Aufgrund seiner Denkstilpräferenz wäre der neue Marketingleiter in strategischen Diskussionen vermutlich sehr schnell der Motor und dominierende Gesprächsführer. Einige Geschäftsleitungsmitglieder und insbesondere der Vorsitzende würden das als Anschlag auf ihre Leitlinienkompetenz auffassen und versuchen, den neuen Marketingleiter gerade da zu stutzen wo er stark ist, im kreativ-innovativ-strategischen Bereich.

Wir wissen aus der Medizin, daß das Immunsystem Fremdkörper entdeckt und zwecks Erhaltung der eigenen Existenz zerstört oder abstößt. So wie die Medizin tausende einzelne Immunreaktionen kennt und beschreibt, so weiß die Sozialpsychologie zumindest um Dutzende betriebliche Immunreaktionen als eigenständige Phänomene. Aber das Interesse an den Einzelfällen kann den Blick für das Ganze verdecken. Auch das betriebliche Immunsystem ist mehr als die Summe der typischen Abstoßungsreaktionen.

Ein Immunsystem ist im sogenannten Normalfall, auch im Unternehmen, nicht wahrnehmbar. Trotzdem sind vielfältige Reaktionen und Energien für den Alarmfall vorbereitet. So wie dem gesunden Menschen sein Immunsystem nicht bewußt ist, so weiß ein Unternehmen im Regelfall wenig über die bereitstehenden Abwehrkräfte. Wir wissen aus der Medizin, daß ein vorhandenes Immunsystem versucht, die lebenswichtige Implantation fremden Gewebes, z. B. einer Niere, durch Abstoßung zu verhindern. Genauso wird jeder neue Mitarbeiter, jede neue Idee der Kontrolle des betrieblichen Immunsystems unterzogen, weitgehend unbewußt, unmerklich, aber extrem wirksam.

Anders als im menschlichen Organismus gehört Wandel, das heißt die Aufnahme und Integration neuer Ideen und zumindest etwas anders denkender Menschen immer mehr zur lebendigen Realität der Unternehmen. Betrachten wir die Stasi, das ebenfalls verdeckt arbeitende Immunsystem der DDR: es war extrem ausgeprägt, kaum direkt wahrnehmbar, aber höchst aktiv im Entdecken und Ausschalten Andersdenkender. Wir sehen dieses Immunsystem heute als wesentlichen Faktor des Niedergangs der DDR.

Im Management des Wandels spielt das in jedem Unternehmen vorhandene betriebliche Immunsystem eine große Rolle, z. B. bei der Einstellung neuer Mitarbeiter bei einer gewachsenen Belegschaft. Die Immunkräfte, die sich den meisten rationalen Ansätzen der Personalarbeit und Organisationsgestaltung entziehen, diagnostizieren meist in

Minutenschnelle einen Bewerber daraufhin, ob er in das Unternehmen paßt. Das Herrmann Dominanz Instrument sagt z. B. gut vorher, welche Personen auf einer Stehparty nach zwanzig Minuten zusammenstehen werden – bei 150 einander Unbekannten, die erstmals zusammentreffen. Wer auf einer Stehparty von einer Person oder Kleingruppe abgestoßen wird, geht solange weiter, bis er auf eine akzeptierende Gruppe trifft – mit Immunentscheidungen in Sekundenschnelle. Im Einzelfall nennen die Angloamerikaner das Chemistry, aber als System geht die Wirkung weiter.

Wer bei seinen auf Wandel gerichteten Maßnahmen das Immunsystem auslöst, erlebt Wirkungen, die bezüglich des Auslösers als irrational und überproprotional erscheinen, so wie bei einem Patienten die kleinen Bakterien, die zu einen mehrtägigen Fieberschub führen. Amerikanische Unternehmen haben zur Überspielung ihres Immunsystem eine interessante Variante gefunden: Innovative Mitarbeiter an innovativen Projekten werden in sogenannten Skunkworks weit von den Hauptbetrieben entfernt ausgelagert, so daß die „Infektion" nicht in den eigentlichen Körper gelangen kann. Wer Veränderungen, Kreativität und Wandel will, tut gut daran, zunächst vorsichtig das Immunsystem des Patienten zu studieren – sonst wird er selber als Fremdkörper entdeckt und entfernt.

Im Zusammenhang mit Unternehmenskultur wird der neue Begriff des betrieblichen Immunsystems noch öfter genannt werden. Jede Unternehmenskultur hat ihr spezifisches Immunsystem. Wirkliches Beeinflussen einer Unternehmenskultur bedeutet auch das Verstehen und Verändern des dazugehörigen Immunsystems.

Das ist **das dreißigste Basis-Modell.**

14.3.4 Konflikte durch Wir-Verweigerung und Wir-Verlust

Es gibt Menschen, die sich zum Teil vehement der Identifikation mit einem „wir" widersetzen und so eine andere Konfliktart vorführen. Zahlenmäßig ist dieser Anteil jedoch verhältnismäßig klein. Bei diesem Typus versagen von Anfang an die „natürlichen" Gruppenbildungskräfte und der Versuch, diese gezielt einzusetzen. Hier mit gemeinsamem Kegeln oder Geburtstagskaffee etwas ausrichten zu wollen, also Zugehörigkeit und Kooperation stiften zu wollen, ist von Anfang an vergeblich. Trotzdem sind auch solche Personen meist teamfähig, allerdings nur in – im Zusammenhalt anders aufgebaute – Teams.

Hat eine Person einmal eine starke Wir-Identifikation aufgebaut, so zeigt sich meist in der Gruppe eine Art persönlich empfundenes Heimatgefühl. Verlust der Gruppenmitgliedschaft kann bei manchen, bzw. bei recht vielen Menschen zu schmerzlichem Heimatverlust führen, mit der Folge schwerer Identifikationsprobleme. (Siehe die bekannten Probleme von Arbeitslosen und Pensionären.)

Sind Gruppen nur auf Zeit zusammen, wie in Projekten, so erhält man eine für viele Menschen widersprüchliche Situation:

- enge Zusammenarbeit und entstehendes Wir-Gefühl,
- vorhersehbarer und oft baldiger Verlust der gerade entstandenen Gruppen-Heimat, die sich in Gereiztheit und Konflikten äußern kann.

14.3.5 Eigennutz versus Gruppennutzen

Dies ist **das dreizehnte Basis-Modell**. Der evolutionsgeschichtliche Zusammenhang zwischen Eigennutz und Gruppennutzen wird gut an sogenannten Jagdgesellschaften, z. B. Löwen oder Wölfen klar. Zum Auffinden, Verfolgen und Schlagen der Beute wird die Kooperation aller Gruppenmitglieder benötigt. Wenn es dann zum Verteilen der Beute kommt, und wenn diese knapp ist, kann es sein, daß für die Rangniederen nichts oder zu wenig übrigbleibt. Das kann gegebenenfalls zum Ausbruch von Rangkämpfen in der Gruppe führen, wenn der Bedarf an Eigennutzen in der Gruppensituation nicht ausreichend befriedigt wird. Bei allen Gruppen mit hierarchischer Struktur und hierarchisch verteiltem Nutzensvorteil finden wir daher nebeneinander sowohl kooperatives Verhalten wie Auseinandersetzung – solange zumindest ein Gruppenmitglied nicht den erwünschten bzw. subjektiv benötigten Eigennutzen erhält.

Ich weise zur betrieblichen Realität dieser Auseinandersetzungen innerhalb der Gruppe auf einen Artikel von Sybille Jegodzinsky hin (33).

Eigennutzen und Gruppennutzen sind in jeder Gruppe nebeneinander vorhanden. Wenn keine Balance dieser beiden teilweise konträren Ziele besteht, ist Kampf oder Verlassen der Gruppe vorprogrammiert.

14.4 Mehrstufige Hierarchien – das Modell der Alpha-Beta-Gamma-Hierarchie

Dieses Modell ist eines der frühen soziologischen Modelle. Huxley (30) verwendete dieses von Schindler (31) stammende rangdynamische Modell in seinem Roman über die „Brave New World" als Schablone für eine futuristische Gesellschaft, die sehr verfremdet auf uns wirkt. Aber dieses Modell hat, wenn man lernt, es in unserer realen Umwelt zu sehen, eine erstaunliche Aussagekraft und gibt u. a. einen tiefen Einblick in das Konfliktverhalten innerhalb von menschlichen Gruppen.

Wie ist ein deutscher Verein aufgebaut? Z. B. ein Turnverein mit 500 Mitgliedern? Welche Untergruppen finden wir in dem Verein?

GRUPPEN-KONFLIKTE

Hier folgt eine beispielhafte Übersicht über die Gruppenstruktur und die jeweiligen Aufgaben und Rechte.

Mitglieder: nutzen das Angebot, zahlen, wählen die Leitung.

Spartenfunktionäre: leiten die Untergruppen und vertreten dabei die Interessen der Mitglieder der Untergruppe (z. B. im Turnverein die Gruppen Männerturnen, Jugendturnen, Trampolin, Gesundheitsturnen). Sind Mitglieder des Vorstands. Nutzen selbst das Angebot nur noch teilweise.

Vorsitzender: vertritt den Verein nach innen und außen. Genießt Ansehen und Einfluß (in Normalsituationen).

Diese drei Gruppen bilden eine Hierarchie. Nicht im Sinne einer individuellen Rangordnung wie in Kapitel 13, sondern eine Hierarchie von drei funktionalen Gruppen, deren Mitglieder auf den Ebenen der Vereins-Mitglieder und Funktionäre jeweils zunächst einmal als gleichrangig angenommen werden.

Die frühen Sozialforscher gaben diesen 3 Ebenen allgemeine Bezeichnungen:

Alpha: der Führer an der Spitze,

Beta: der Funktionär in der Mittelschicht als „Unterführer" und Ressourcenverwalter,

Gamma: das Mitglied.

Und sie entdeckten einen vierten Typus, den besonders für Konflikte zuständigen Omega. Der Omega, meist aus der Schicht der Betas, versucht den Alpha von seinem Thron zu stoßen und selbst die Rolle an der Spitze zu übernehmen.

Abb. 14.4-1 und 14.4-2 stellen diese Verhältnisse visuell dar. Diese dreischichtige Struktur ist nicht nur in der allgemeinen menschlichen Gesellschaft zu finden, selbst die NATO ist unter dem Namen „Command and Control" nach diesem Prinzip organisiert. Sie ist ebenso typisch für Primaten und andere Tierarten. So gibt es z. B. eine kleine, in Erdhöhlen wohnende Affenart mit einer strengen Alpha/Beta/Omega-Struktur und klaren „Beförderungsregeln"(!). Wer Alpha werden will, muß bei dieser Affenart vorher u. a. eine Zeitlang „Polizeichef" gewesen sein und für die Verteidigung des Baus gesorgt haben... Sehr menschlich, nicht wahr?

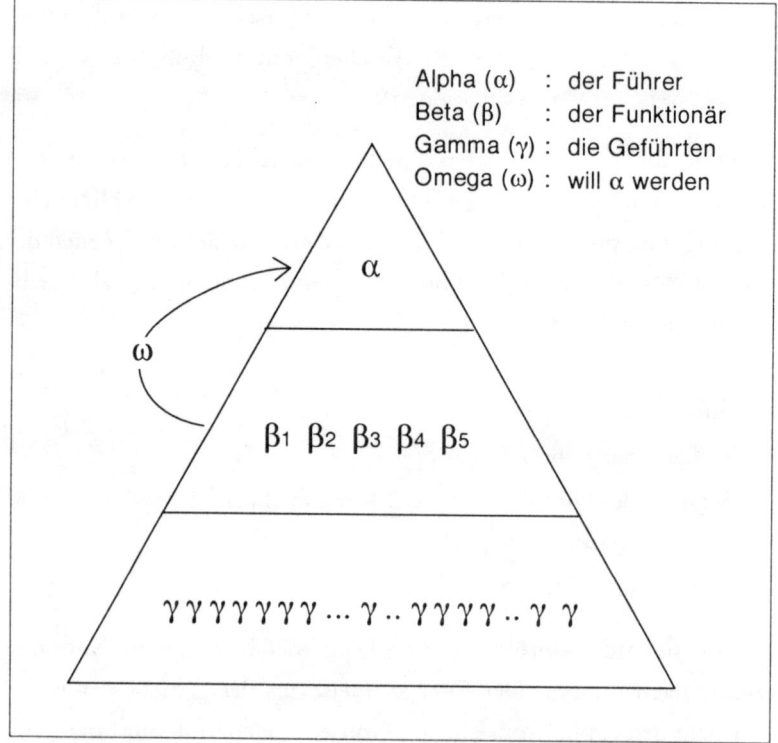

Abb. 14.4-1: Die klassische Grundform der menschlichen Hierarchie

GRUPPEN-KONFLIKTE

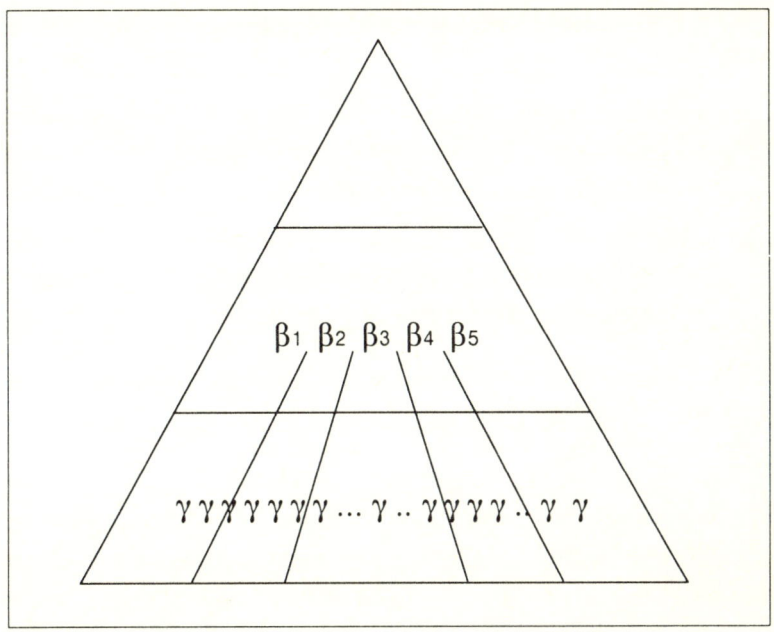

Abb. 14.4-2: Betas können als Unterführer „ihre" Geführten haben (Hausmacht)

Halten wir also fest: diese 3-Ebenen-Hierarchie ist in menschlichen Gesellschaften so etwas wie das Standard-Biotop, in dem die Rang- und Führungskämpfe stattfinden.

14.5 Der Alpha-Omega-Konflikt

Dies ist das **vierzehnte Basis-Modell**.

Ist ein Individuum (Löwe, Primat, Mensch) einmal Alpha geworden, so wird diese Position im Regelfall „mit Zähnen und Klauen" verteidigt. Dabei sind zwei Faktoren zu berücksichtigen:

1. Zu häufiger Führungswechsel läßt kein „eingespieltes Team" entstehen. Daher sollte der Führer zugunsten von Führungserfahrung und Führungskontinuität seine Position verteidigen.

2. Der Führer ist – nachdem er Alpha geworden ist – mit „Vortritt beim Futter" gesegnet (ob das „Futter" eine Banane, Geld, Macht oder Ansehen ist, ist sekundär). Der Verlust der Alpha-Position wird daher als besonders existenzgefährdend empfunden. Daher wird von Alphas oft versucht, um jeden Preis daran festzuhalten. Diese Fälle sind z. B. in Familienunternehmen typisch, wenn kein Aufsichtsrat und keine Pensionsregelung das Ausscheiden aus der Alpha-Rolle herbeiführt.

Wie sehr die Welt eines Menschen bei Verlust der Alpharolle zusammenbricht, zeigt der folgende Bericht über die „Eiserne Lady" nach ihrem Sturz (34).

Wenn sie morgens in ihrer Villa im Londoner Vorort Dulwich aufwacht, ist ihr erster Gedanke: „O Gott, was soll ich heute bloß machen?" Maggie Thatcher (65), einst als Eiserne Lady berühmt und gefürchtet, hat seit ihrem Sturz als Premierministerin keinen Funken Kraft mehr. „Mein Leben ist seit dem 28. November 1990 zerschmettert", gestand sie in einem Interview mit der US-Zeitschrift „Vanity Fair". Fast 12 Jahre lang hatte Maggie regiert. Termin folgte auf Termin. Montags und mittwochs Treffen mit Staats- und Regierungschefs, dienstags und donnerstags Unterhaus. Dienstags 17.00 Uhr Gespräch mit der Queen. Immer wieder Auslandsreisen. Vor jedem öffentlichen Auftritt kam der Friseur. Nur vier Stunden Schlaf. Aber sie genoß es. Heute dagegen weiß sie oft nicht, „was für einen Tag wir haben". Journalistin Maureen Orth: „Frau Thatcher wirkt regelrecht desorientiert."

Wie tief der Sturz nachwirkt, beweist auch dies: Noch immer hat sie sich nicht daran gewöhnt, den Hörer abzunehmen, wenn das Telefon klingelt. Ein Freund: Welch ein Abstieg. Als ob Napoleon sein Pferd selbst satteln müßte!"

Um die im Alpha-Omega-Kampf freigesetzten Energien zu verstehen, sollten wir uns immer diesen Abgrund vor Augen halten, in den viele langjährige Alphas stürzen, wenn sie ihre Position verlieren.

Da irgendwann – und wenn auch aus biologischen Gründen – der Alpha einer Gruppe geht, sollte eigentlich ein Nachfolger „da sein". Im Regelfall funktioniert jedoch das Nachfolgespiel anders (bei Tier und Mensch). Immer wieder tauchen Anwärter auf die Alpha-Position auf, während der Alpha noch im Amt ist. Wie schon beschrieben, muß der Omega folgendes tun:

1. durch glaubhaftes Versprechen von Vorteilen möglichst viele Betas und Gammas versuchen auf seine Seite zu ziehen (Hausmacht aufbauen),
2. den Alpha attackieren und ihn irgendwie zu Fall bringen – allein oder mit Hilfe der Hausmacht (Palastrevolutionen, Wahl, Ernennung, Bürgerkriege, öffentlicher Zweikampf, bezahlte Mörder oder Verleumder).

Diese Konfliktszenarien sind reichlich bekannt.

Die hinter diesen Konfliktszenarien stehende Motivation ist archaisch, d. h. hochgradig irrational und, in der Terminologie der Hirnforschung, „limbisch".

Das Ausmaß der Irrationalität des Omega-Triebes und des Alpha-Selbstverteidigungs-Triebes zeigt sich z. B. an folgenden typischen Situationen aus größeren Unternehmen. Wir betrachten eine Pyramide der untersten Stufe: Sachbearbeiter, Teamführer, Gruppenleiter. Wie oft attackieren Sachbearbeiter ihre Teamführer und Teamführer ihre Gruppenleiter in meist verdeckten Hierarchiekämpfen, obwohl der Aufstieg und die Entlohnung wesentlich höher oben in der Organisation – d. h. außerhalb der eigenen Pyramide – entschieden werden? Aus diesen Zusammenhängen können wir nur schließen: Es besteht in den Individuen der (unterschiedlich starke) irrationale Trieb zu Hierarchiekämpfen, der evolutionsgeschichtlich aus dem Kampf ums Futter entstanden ist. Solche Hierarchiekämpfe finden oft allein deswegen statt, weil sich die Individuen in einer Gruppe befinden – ohne daß durch einen Hierarchiekampf irgendein rationaler Gewinn erzielbar ist.

14.6 Der Beta-Omega-Konflikt

Dies ist das **fünfzehnte Basis-Modell**.

Im Regelfall kommen Omegas aus der Gruppe der Betas. Damit ist jeder Omega ein potentieller Konkurrent zu jedem (anderen) Beta. Deswegen muß ein Omega im Regelfall unter den Betas Allianzen aufbauen, d. h. als „Spalter" Untergruppen schaffen. Ein Teil der Betas verweigert sich meist dem Koalitionsbedürfnis des Omegas. Oft, weil man es dem Omega „nicht gönnt" Alpha zu werden, obwohl man selber keine Ambitionen auf die Alpha-Rolle hat.

Den Betas, die nicht mit dem Omega koalieren und ihm den Aufstieg nicht gönnen, ist dieser Zusammenhang im Regelfall völlig verborgen. Das verdeckte Konfliktverhältnis wird eher in Form einer negativen Beurteilung der Person des Omega („lügt", „ist faul", etc.) ausgedrückt. Die Negativfolgen im Unternehmen können beachtlich sein.

14.7 Frauen in Hierarchie-Konflikten

Das ist das **sechzehnte Basis-Modell**.

Bei Hierarchiekämpfen werden (in Tier- und Menschengruppen) im Regelfall nur männliche Gruppenmitglieder beteiligt, insbesondere bei Alpha-Kämpfen. Im Regelfall erhält das weibliche Gruppenmitglied seine Position durch das Männchen. So wird die (Lieblings-)Frau des Alpha im Regelfall die Nummer zwei in der Hierarchie.

Übertragen auf menschliche Hierarchien heißt das, daß Frauen im Wettbewerb um hierarchische Positionen (zumindest in „traditionellhierarchischen Gesellschaftsbereichen") zunächst „nicht eingeplant" sind, weil Männer den Hierarchie-Kampf zunächst unter sich (und nach Männer-Ritualen) betreiben.

Frauen, die in der Hierarchie eine Position einnehmen wollen, verhalten sich also nach dem traditionellen Hierarchiekampf-Muster atypisch. Frauen müssen heute im Regelfall von den beiden folgenden Verhaltensweisen Gebrauch machen, um überhaupt am Hierarchiekampf teilnehmen zu dürfen:

1. „männliches Auftreten" zeigen, z. B.:
   - eisern sein (die Eiserne Lady),
   - sich männlich-diszipliniert darstellen, durch Kleidung (Anzüge, stark gepolsterte Schultern) „männliches Aussehen" bieten,
   - nicht mit hoher Stimme sprechen.
2. solche betrieblichen Gruppen aussuchen, in denen das traditionelle männlich-hierarchische Verhalten nur noch abgeschwächt gezeigt wird (sei es aus Gründen der „Gruppenkultur" oder durch Gewöhnung an überwiegend weibliche Arbeitskräfte und weibliche Führungskräfte).

14.8 Das Besondere an Hierarchie-Konflikten

Ich habe in entsprechenden Seminar- und Konfliktcoaching-Situationen immer wieder festgestellt, daß Hierarchie-bezogene Konflikte von den Beteiligten oft nur sehr schwer in ihrer Natur erkannt werden.

So war z. B. in einem Omega-Beta-Konflikt zwischen zwei Abteilungsleitern der Beta völlig fest davon überzeugt, daß der Omega-Kollege gleichzeitig fachlich total unfähig, großsprecherisch und lügnerisch sei – kurz, ein absoluter Untermensch. Der wahre Konfliktgrund (der Beta-Omega-Konflikt) konnte erst nach längerer Analysearbeit mühsam (aber zweifelsfrei) aufgedeckt werden. Der betroffene Beta war völlig davon überzeugt, daß er einen berechtigten Sachkonflikt gegen einen inkompetenten Großsprecher führt – obwohl es sich um einen klaren Beziehungskonflikt handelte. Damit ist diese typische Geschichte noch nicht zu Ende. Der Beta erkannte schließlich, was allen anderen Gesprächsteilnehmern längst klar geworden war – daß er nicht aus objektiven Gründen am Verhalten des Omegas Anstoß nahm. Aber schon wenige Minuten später hatte er diese Einsicht „vergessen" – er lebte wieder mit allen Emotionen in der alten Konflikthaltung: „dieser unqualifizierte Untermensch..."

Gerade weil der Hierarchie-(Positions)-Trieb so archaisch verankert ist, ist das dadurch veranlaßte Verhalten so „selbstverständlich", daß es den Betroffenen meist unsichtbar bleibt.

15. Konflikte zwischen Gruppen

Die Welt ist voller Konflikte zwischen Gruppen. Beispiele hierzu:

Autonome	– Polizisten
Rechtsradikale	– Ausländer
Kroaten	– Serben
Serben	– Muslime
Muslime	– Kroaten
NS-Deutschland	– Juden
SPD	– CDU/CSU
Irak	– Kurden
Irak	– Kuwait
USA	– Irak
Sowjetunion	– Nato
Fußballfans A	– Fußballfans B
Gleitschirmflieger	– Jäger
Segelflieger	– Gleitschirmflieger

zeigen, wie unterschiedlich die Gruppen in Art und Größe sein können und wie unterschiedlich die Konflikte aussehen können. Trotzdem haben auch Gruppenkonflikte gemeinsame Strukturen, die zum Verständnis helfen können.

15.1 Gruppengefühl, Homogenität, Identität

Ich hatte schon darauf hingewiesen, daß Gruppen intern etwas Gemeinsames haben müssen, dem alle Gruppenmitglieder zustimmen. So entsteht das „wir" und „die anderen". Nach dem schon bekannten Muster der Typenbildung von Blau/Rot bzw. Cerebral/Limbisch können wir Gruppen auch nach unterschiedlichen Bindungskräften einteilen.

15.1.1 Rationale, auf Nutzen zielende Gruppenbindung

Typische Vertreter dieser Klasse sind zunächst einmal: Verbände (von Unternehmen, Arbeitnehmern, Heimatvertriebenen, Pressure-Groups, Feministinnen), die ein Bündel von rationalen Zielsetzungen vortragen, die gegen andere Ziele/Interessen durchgesetzt werden sollen.

Bei diesen Gruppen steht zumindest in der Gründungsphase der Sachaspekt und der Sachkonflikt im Vordergrund; die entsprechenden Positionen und Ansprüche werden oft klar geäußert.

15.1.2 Irrationale Gruppenbildung

Betrachten wir als Beispiel die Fans des Fußballclubs A. Anläßlich eines Auswärtsspiels steigen sie in Kleingruppen mit Fahnen und Bierdosen in Autos und Züge. Das rationale Ziel ist „den eigenen Club anfeuern". Aber es zeigt sich dann immer wieder, daß gemeinsame Betrunkenheit und Gewalttätigkeit entstehen, die manchmal selbst von großen Polizei-

aufgeboten nicht mehr gestoppt werden können. Die wesentlichen Kräfte, die solche Gruppen zusammenbinden, sind:
- Gefühle der Stärke in der Gruppe,
- Gefühle der Zugehörigkeit,
- Gefühl der überdeutlichen eigenen Identität, die sich erst durch die Opposition zum Andersartigen voll entwickelt und fühlen läßt.

Wenn wir uns an Hitler erinnern, so sehen wir, daß gerade diese Mechanismen gebraucht wurden:
- Stiefel und Uniformen zwecks sichtbarer Zugehörigkeit zu einer Gruppe,
- im Gleichschritt marschieren, Bewaffnung und das Tragen von Stiefel als Demonstration von Macht und Machtmitteln,
- Abgrenzung gegen „die anderen" (Juden, Zigeuner, Polen, etc.) zwecks Überhöhung der eigenen Identität als Arier und Volksgenosse.

Ein weiteres Beispiel: Abb. 15.1.2-1 zeigt ein Photo aus dem blutigen Aufstand in Rumänien. Eine Gruppe hat sich mit Machtmitteln zur Gewalttätigkeit ausgerüstet – wehe, wer als Feind erkannt wird. Bei dieser vermutlich spontanen Gruppenbildung sind wiederum die typischen Kräfte zu diagnostizieren:
- gemeinsame Gefühle gegen die alte Herrschaftsgruppe,
- Bewaffnung und gemeinsame Demonstration von Stärke.

Diese Kräfte gehören ebenfalls in das archaische Repertoire, sie sind uns allen (mehr oder weniger ausgeprägt) mitgegeben. Wer als (limbisch dominanter) Führer einen Sinn für diese Mechanismen besitzt (also eine besondere Art von Sozialkompetenz hat), kann diese Kräfte benutzen, um sich gezielt Macht zu verschaffen. Wir erleben dies nicht nur bei Diktatoren, manche Führungskräfte verwenden ähnliche Repertoires.

GRUPPEN-KONFLIKTE

Abb. 15.1.2-1: Totschlägergruppe in Rumänien (Foto: AP – Bilderdienst Süddeutscher Verlag)

Das Problem dieser Art von Schaffung von Gruppenmacht ist, daß im allgemeinen irgendwann der Zeitpunkt der Entladung der bereitgestellten Gewalt notwendig wird, also ein heißer Konflikt geradezu entstehen muß. Die zunehmenden Machtübergriffe der Hitler-Kräfte bis zur Reichskristallnacht hatten System: sie erlaubten den Parteimitgliedern, immer neue Erfahrungen
- ihrer gemeinsamen Macht,
- ihrer Gemeinschaft,
- ihrer erfolgreichen Identität gegenüber den anderen

zu machen und damit die irrationalen Energien für den totalen Krieg aufzubauen.

Wichtig ist bei diesen irrationalen Prozessen:

- die Bereitschaft, die eigene Identität erhöht durch die Abgrenzung vom Andersartigen zu erleben,
- die möglichst starke Homogenität bzw. Kameradschaft in der Gruppe, über die die internen Rang- und Verteilungskämpfe der Individuen möglichst weitgehend ausgeschaltet werden.

15.2 Das Problem der Andersartigkeit

Nach dem Vorhergesagten ist die Begegnung mit Andersartigkeit ein idealer Auslöser für potentielle Konflikte. Im Prinzip ist so jede Kombination von andersartigen Elementen, mit denen sich ein Mensch identifizieren kann, der mögliche Ausgangspunkt für Konflikte.

Ausdruck des gleichzeitigen Bedürfnisses nach Eigenart UND Abgrenzung vom Andersartigen ist in der Europäischen Gemeinschaft z. B.:

- die Tendenz zur Regionalisierung (mit entsprechenden föderalen bzw. autonomistischen Bewegungen, die zu politischen Konflikten führen),
- die zunehmende Bedeutung von Mundart (mit der sich nicht nur Regionen, sondern sogar Nachbarorte gegeneinander abgrenzen),
- die z. B. in der BRD deutlich werdenden sogenannten Ausländerprobleme.

Wir leben in einer Gesellschaft, die durch immer weiter zunehmende Mobilität immer mehr Andersartiges aufeinandertreffen läßt. Dies steht dem Wunsch nach „Identität durch Zugehörigkeit zum homogenen Wir" entgegen. Denn dieses „Wir" wird durch andere und Andersartige gestört.

Eine Folge, die wir schon zu erleben beginnen, ist die in Europa wieder steigende Bedeutung von Mundart, die den jeweils Ähnlichen erlaubt, ihre gemeinsame Identität gebende Zugehörigkeit zu erkennen. Desgleichen die zunehmende Tendenz, in der EG nicht ein Europa der Vaterländer, sondern ein Europa der Regionen anzustreben.

So führt das von Adenauer und de Gaulle begonnene Ideal des vereinten Europas zwar zunächst zur geplanten Überwindung der Kette der innereuropäischen Konflikte. Gleichzeitig wird aber die regionale und stammesbezogene Identifikation, die wesentlich bei der Entstehung früherer Konflikte mitwirkte, wieder mehr betont.

Wir werden glücklich sein können, wenn Europa eine Einheit ohne interne kriegerische Konflikte wird und die Konfliktpotentiale aus Andersartigkeit sich z. B. in Wettbewerb und bei Stellvertreter-Kriegen wie Fußballspielen mit Fan-Schlägereien ausleben lassen.

Teil 3
Komplexere Konflikt-Modelle

In Teil 1 und Teil 2 habe ich Basismodelle beschrieben, die die Grundmechanismen des menschlichen Konfliktverhaltens aufzeigen.

Teil 3 stellt eine beachtliche Zahl von weiteren Erklärungsmodellen dar, die teilweise Inhalte aus den Teilen 1 und 2 griffiger machen, in der Mehrzahl aber weiterführende Zusammenhänge darstellen. Dabei beginne ich mit eher psychologischen Modellen und ende mit ausgesprochen rationalen Konstrukten.

16. Das Modell der Projektion

Dies ist das **achzehnte Basis-Modell.**

Das Konzept der Projektion wurde von Freud entwickelt. Es beschreibt ein typisch menschliches Verhalten, bei dem eigene Betroffenheit (ungute Gefühle, Befürchtungen, negativ bewertete Situationen) einer anderen Person zugeschoben werden.

Als Beispiel: Der Ehemann ist nach Hause gekommen und wartet um 19 Uhr immer noch auf sein Abendessen. Seine Frau kommt schließlich kurz nach 19 Uhr. Er hat Hunger und ist ärgerlich. Er sagt zu ihr: „Was hattest du denn so wichtiges zu tun, daß du jetzt erst kommst?!" Mit anderen Worten, er sagt mehr oder weniger deutlich: „Du hast Schuld daran, daß ich immer noch Hunger habe und mich deswegen nicht wohlfühle!" Mit diesem Verhalten hat er sein eigenes Problem „Hungergefühl" auf sie verlagert. „Du hast schuld, wenn es mir nicht gutgeht!" Der Aspekt, er hätte sich ja schließlich selbst zwischendurch etwas zu Essen machen können und damit aktiv mit seinem eigenen Betroffensein umgehen können, wird nicht herangezogen. Das Problem wird von einem selbst weg verlagert, auf den anderen projiziert.

Sie haben schon erkannt, daß diese Art von Sätzen ununterbrochen gebraucht wird. Von Eltern gegenüber den Kindern, von Vorgesetzten gegenüber Mitarbeitern, innerhalb von Partnerschaften etc. In Abb. 16-1 habe ich diesen Zusammenhang noch einmal dargestellt.

Abb. 16-1: Typischer Verlauf bei eskalierender Projektion

Für Projektionen typisch ist die Möglichkeit der vorgezeichneten Eskalation. So wie in der Abb. 16-1 dargestellt, kann es simpel mit der Situation „Ich fühle mich gestört" beginnen. Diese Feststellung beschreibt nur meine Betroffenheit. Sie stellt ein Faktum dar, das sich auf

KOMPLEXERE KONFLIKT-MODELLE

das „Ich" bezieht. So weit ist diese Aussage völlig neutral – nach Kapitel 12.1 eine „Selbstkundgabe". Sie kann als eine Information angesehen werden, aus der verschiedenes sachliches Handeln abzuleiten wäre. Nun kommt mit „Du störst mich" die erste Stufe der Projektion. Nicht mehr „Ich fühle mich gestört", sondern: „Du störst mich". Nun könnte dieses „Du störst mich" durchaus immer noch sachlich aufgefaßt werden. Zum Beispiel: Er kommt in das Arbeitszimmer seiner Frau. Sie schaut ihn erkennbar irritiert an, während sie den Kopf von ihrer Arbeit hochnimmt. Er sieht, sie ist gestört worden. Sie sagt, „Du hast mich aber eben aus dem Konzept gebracht." Und er antwortet: „Oh Gott, ich wollte dich nicht stören."

Dieser Dialog markiert die Grenze, von wo an das „Du störst mich" in Projektion übergeht. Würde sie bei der Unterbrechung der Arbeit das: „Du bringst mich aus dem Konzept" so sagen, daß ihm anschließend ein leichtes Schuldgefühl bleibt, so wäre der erste Schritt zu einer möglicherweise Konflikt-verursachenden Projektion getan.

Geschieht es nun, daß die Phase „Du störst mich!" zwischen zwei Personen A und B häufiger durchlaufen wird, so kann sich daraus eine vertiefte und verstärkte Projektion entwickeln. Dies ist dann mit „Ich kann dich nicht mehr sehen" ausgedrückt. Hier ist bereits durch das wiederholte Verfahren der Projektion die Beziehung geschädigt und jede zukünftige Kommunikation nachhaltig erschwert.

Wird die Beziehungsverschlechterung noch vertieft, so kommt es zu einer noch weitergehenden Projektion: „Du Schweinehund!!!" Nun heißt es nicht mehr: „Du hast mich jetzt schon so oft gestört. Muß das denn sein?" Statt dessen ist die andere Person als minderwertig einklassifiziert worden. Dies ist ein sehr gefährlicher Zustand, der zu scharfen äußeren Konflikten führen kann.

Mit den Schritten (1) bis (4) ist noch nicht die gesamte Eskalation der Projektionskette abgeschlossen. Es kann durchaus dahin weitergehen, daß „das Minderwertige auszurotten ist", daß also nach „Endlösungen" gesucht wird.

Projektion ist ein unter Menschen ungeheuer verbreitetes Verhalten, das fast jeder von uns mehrfach pro Stunde zeigt. Es ist einer der unauffälligsten und häufigsten Wegbereiter für entstehende Konflikte.

Mit Personen, die es sich zur Regel gemacht haben, alle ihre Probleme auf andere zu projizieren, ist auf Dauer schwer zusammenzuarbeiten. Denn diese Personen können nicht mehr eine Information als Ausgangspunkt einer sachlichen Argumentation nehmen. Statt dessen wird umgehend aus der sachlichen Differenz eine Beziehungsstörung entwickelt. Und natürlich ist die sachliche Differenz nicht im Beziehungsbereich lösbar. Beachten Sie den Bezug dieses Kapitels zu dem Kapitel 11 über Sach- und Beziehungsebene.

Es gibt heute gute Trainings, die Menschen helfen können, ihr übermäßiges Projizieren einzuschränken.

17. Das Modell der endogenen oder intrapersonellen Konflikte

Dies ist das **neunzehnte Basis-Modell.**

Viele Menschen kennen Konflikte in sich selbst. Hier eine Kurzaufstellung von solchen inneren Konflikten:

- innere Zweifel an der Ethik des Tuns, das man aufgrund von irgendwelchen Verhaltens-Regeln (z. B. betrieblichen Regeln) zeigen sollte,

KOMPLEXERE KONFLIKT-MODELLE

- widersprüchliche Ziele, die man eigentlich gern gleichzeitig befriedigt sehen möchte, die man aber nicht gleichzeitig erreichen kann, z. B.:
- Geldverdienen und Freizeit haben,
- „Ich möchte mich so gern in diese Aktion stürzen – aber ich habe ja doch immer Pech im Leben",
- „Ich will meine Zeit eigentlich mit meiner Freundin verbringen, aber einfach zu Hause bei Frau und Kindern ausziehen, das geht auch nicht."

Dieses Konzept der endogenen Konflikte wird am besten verständlich durch das Konzept der „Teile in uns". Im NLP (Neurolinguistisches Programmieren) stellt man sich vor, daß der Geist des Menschen aus einer Vielzahl von Teilen aufgebaut ist, die gleichzeitig aktiv sind, sich untereinander beeinflussen, die miteinander koalieren oder gegeneinander auftreten können. Ein endogener Konflikt ist also in diesem Fall ein Konflikt, bei dem zwei (oder mehr) verschiedene Teile des menschlichen Geistes verschiedene Wünsche, Ziele oder Einsichten haben. Im Modell des NLP versuchen nun beide Teile, Zugriff zu den Organen des Handelns zu bekommen, also z. B. Zugang zur Sprache, zu Armen und Füßen etc., um den eigenen Wunsch bzw. die eigene Entscheidung in eine Tat umzusetzen. Wenn nun ein Teil sagen möchte: „Ich will dich verlassen" und der andere Teil will sagen „Ich bleibe hier", dann liegt ein Konflikt vor, denn beide Teile können nicht gleichzeitig den Mund für zwei unterschiedliche Aussagen benutzen.

Solche endogenen Konflikte führen häufig zu schwierigen Verhaltensweisen einer Person. Typisch sind dabei u. a.:

- weder Teil A noch Teil B der Person kommen zum Zug, sondern Zeit und Energie wird mit Aktionen verbracht, die von anderen

Teilen stammen. Der Konflikt zwischen den Teilen A und B wird dabei nicht aufgelöst. Ziele werden dabei nicht erreicht.

- Abwechselnd ist Teil A oder Teil B dominant. Entsprechend wechselt das Verhalten.

- Wenn Teil A und Teil B für die Person sehr wichtige Wünsche/Ziele vertreten, kann daraus eine allgemeine Passivität, Energielosigkeit und Desinteresse resultieren, evtl. auch Suchtkrankheit.

Solche inneren Konflikte stehen häufig in enger Verbindung zu äußeren Konflikten.

Die meisten Menschen sind nicht oder kaum in der Lage, innere Konflikte systematisch anzugehen. Wer längere Zeit mit intensiven inneren Konflikten zu tun hat, sollte versuchen, die professionelle Hilfe Dritter in Anspruch zu nehmen.

18. Motivations-Konflikte im Maslow-Modell

Dies ist das **zwanzigste Basis-Modell**.

In Abb.18-1 ist die Bedürfnis-Pyramide nach Maslow (35) dargestellt. Es gibt inzwischen auch von Maslow abweichende Modelle, was aber in meinen Augen die Aussagekraft und Bedeutung des Maslowschen Modells nicht schmälert.

Maslow fand heraus, daß die Bedürfnisse der menschlichen Natur hierarchisch gegliedert sind. Er stellte diese Bedürfnisse in Pyramidenform dar, wobei auf dieser Pyramide fünf Stufen unterschieden werden. Die von Maslow festgestellte weitgehend gültige Regel: Eine untere Stufe muß jeweils in ihrem Bedürfnisanspruch zumindest halbwegs befriedigt sein, ehe ein Mensch in die darüberliegende Bedürfnisstufe eintritt.

KOMPLEXERE KONFLIKT-MODELLE

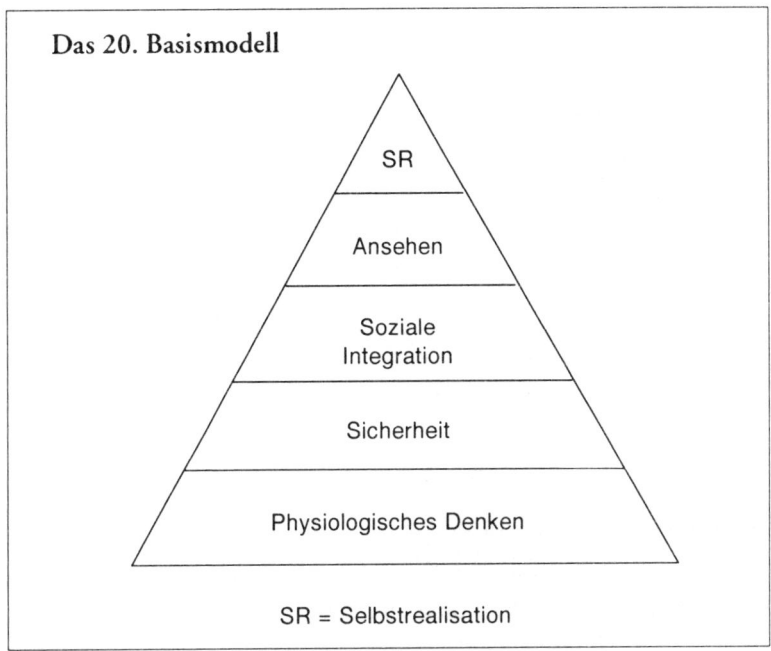

Abb. 18-1: Die Maslowsche Bedürfnispyramide

In der Abb.18-1 finden Sie die Beschreibung der unterschiedlichen Motivationen. Nehmen wir als Beispiel zwei soziale Gruppen. Eine Gruppe sei arm, sie hat täglich um Essen, Trinken, Schlafen, Selbsterhaltung etc. zu kämpfen. Sie befindet sich also nach Maslow auf der untersten Ebene. Nehmen wir eine zweite Gruppe in der Bedürfnis-Pyramide auf der zweiten Ebene von oben. Dort wirkt für die Menschen dieser Gruppe motivierend: Anerkennung, Sonderstellung in der Gesellschaft, Auszeichnungen, Prestige, Ansehen, Einfluß, Macht.

Am Beispiel der sozialistischen Arbeiterrevolution in Rußland sehen wir, daß gerade diese beiden Ebenen bzw. die dazugehörigen Menschengruppen die Opponenten waren. Adel und wohlhabendes Bürgertum gegen Lumpen-Proletariat bzw. umgekehrt.

Wir können allgemein sagen, daß zwischen allen fünf von Maslow beschriebenen Gruppen Spannungen mit Konfliktpotential bestehen. Jedes Gruppenpaar zeigt dabei seine eigene typische Spannung. Beachten Sie, daß z. B. zwischen der obersten Pyramidenstufe (Selbstverwirklichung, Identifizierung mit einer Idee) und der zweiten Ebene (Sozialprestige) eine große Kluft besteht. Menschen, die nach Selbstverwirklichung streben, spielen nur noch sehr bedingt im Kampf um gesellschaftliche Sonderstellung mit. Sie können dadurch, daß sie Ideen und Idealen und nicht vorgegebenen gesellschaftlichen Werten folgen, zu gesellschaftlichen Störenfrieden werden und im Extremfall Revolutionen auslösen.

Die Maslowsche Pyramide ist ein guter Anhaltspunkt, um schon so oft angesprochene unterschiedliche menschliche Werte und Wertsysteme zu unterscheiden. Und unterschiedliche Wertsysteme sind immer potentielle Ausgangspunkte von Konflikten.

19. Das Modell der Aggressions-Skala – Aggressoren und Konfliktvermeider

Dies ist das **einundzwanzigste Basis-Modell**.

Wir hatten schon verschiedentlich das reaktive Grundverhalten von Aggression und Flucht angesprochen. Insbesondere in einem früheren Kapitel über cholerisches Verhalten und Umgang mit Cholerikern wurde der Aggression des Cholerikers das Konflikt-Vermeiden gegenübergestellt.

Es war an anderen Stellen auch schon deutlich geworden, daß manche Menschen deutliche Neigungen haben, ziemlich dauerhaft aggressiv zu sein. Als Beispiel: das Dominanz-Verhalten in Gruppen mit Neigung zu Rangkämpfen.

KOMPLEXERE KONFLIKT-MODELLE

Der Gegenpol zum notorischen Aggressor ist der Konflikt-Vermeider. Konflikt-Vermeider sind wiederum zumindest in zwei Typen zu unterteilen:
1. die reaktiven Vermeider,
2. die bewußten Vermeider.

Der reaktive Konflikt-Vermeider hat sich – idealtypisch gesehen – ein unbewußtes Verhaltensmuster zugelegt, jeder Aggression auszuweichen und sich – falls das ein Abhilfemittel ist – freizukaufen. Dieser Typ von Konflikt-Vermeider nennt eine Reihe recht unterschiedlicher Begründungen für sein Verhalten, wie Wunsch nach Harmonie, Wert von Friedfertigkeit, Ablehnung, mit aggressiven Menschen zu tun zu haben, Ablehnung, mit Aggressoren zu tun zu haben, christliche Liebe, Pazifismus, etc. Ein anderer, tieferliegender Grund, nämlich Angst vor dem Erleiden des Konfliktes und seiner Folgen, wird fast nie genannt. In sehr vielen Fällen ist jedoch anzunehmen, daß der reaktive Vermeider Angst vor möglichen Konflikt-Folgen hat, denen er sich nicht aussetzen will.

Bewußte Konflikt-Vermeider können raffinierte Taktierer sein, die grundsätzlich der Meinung anhängen, daß ein Konflikt meistens insgesamt so viel Verluste wie möglichen Gewinn hervorruft und so viele Risiken in sich birgt, daß man ihn eigentlich klugerweise nicht führen sollte. Auch hier kann Angst vor den Folgen des Konfliktes eine wesentliche beteiligte Komponente sein, aber sie steht nicht an erster Stelle. Diesen Typ finden wir vor allen Dingen unter intelligenten, aber auch unter bauernschlauen Personen. Häufig ist dieser Typ von Konflikt-Vermeidern kein wirklicher Konflikt-Vermeider, sondern ein Kämpfer, der sehr unauffällig kämpft und sich nur auf solche Auseinandersetzungen einläßt, die er im vorhinein schon unter seine Kontrolle gebracht hat.

Eines haben alle Vermeider gemeinsam, bei denen Angst vor den Konflikt-Folgen eine wichtige Rolle spielt: Sie neigen dazu, sich von Aggressoren erpressen zu lassen, bzw. ihnen immer wieder Tribut zu zahlen. Darauf weist auch die Karikatur in Abb. 19-1 hin.

Abb. 19-1: Nachgeben und Vermeiden

Beachten Sie bei der Karikatur, daß im Sinn des Wertequadrats aus Kapitel 12 diese Karikatur vermutlich gezielt auf ein bestimmtes Verhalten des Betrachters spekuliert.

Hier zum Übungszweck die Analyse wie in Ihrer Übung 10 mit der Frage: Wo steht „Nachgeben" im Wertequadrat? Hierzu die Antwort in Abb. 19-2.

KOMPLEXERE KONFLIKT-MODELLE

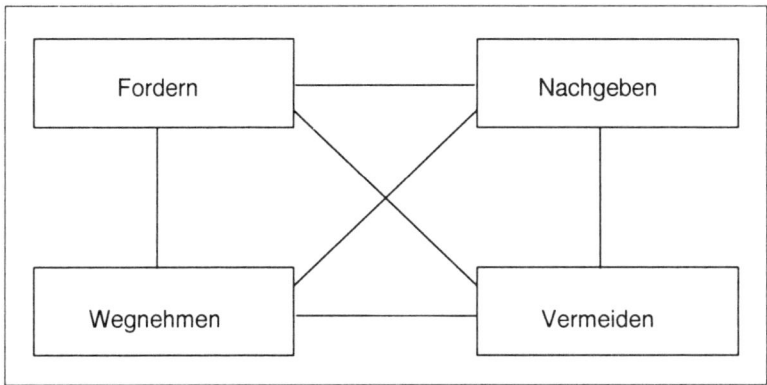

Abb. 19-2: „Vermeiden" im Wertequadrat

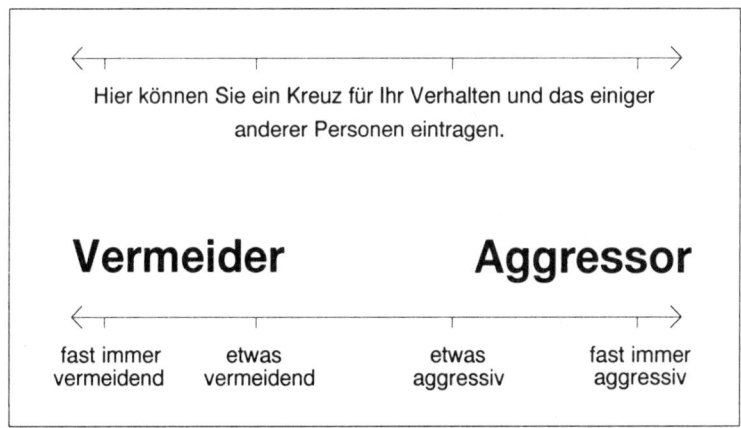

Abb. 19-3: Die Aggressions-Vermeidungs-Skala

Bitte, versuchen Sie nun in **Übung 11** in Abbildung 19-3 Ihr eigenes Verhalten ungeschminkt einzuschätzen, indem Sie auf der Aggressions-Skala ein Kreuz dorthin setzen, wo Sie sich selber einschätzen.

Gibt es eine ideale Position auf der Aggressions-Skala? Meine Meinung dazu: Ideal ist es, wenn ein Mensch möglichst frei und situationsbezogen wählen kann, wie weit nach links er in der Vermeider-Rolle geht,

PHÄNOMEN KONFLIKT

oder wie weit nach rechts er in die Aggressor-Rolle geht. Nur so können unterschiedliche Situationen auch unterschiedlich behandelt werden, statt ein stereotypes Muster zu zeigen, das in der Mehrzahl der Fälle unangepaßt ist. Denn wir wissen, daß der notorische Vermeider auf die Dauer in Probleme geraten wird, ebenso wie der notorische Aggressor.

20. Konflikte im Modell der Transaktionsanalyse (TA)

Mit der Transaktionsanalyse führe ich das **zweiundzwanzigste Basismodell** ein.

20.1 Das Grundkonzept der TA

Die Transaktionsanalyse ist gleichzeitig ein Mittel zur Beschreibung menschlicher Verhaltenstypen und ein verbreitet gebrauchtes Mittel zur Konfliktgestaltung.

Die Transaktionsanalyse geht davon aus, daß ein Mensch nicht aus einem einzigen „Ich" besteht, sondern daß mehrere sehr verschiedene Verhaltensweisen unter diesem Namen „Ich" auftreten. Am einfachsten läßt sich die Dreiteilung des „Ich" gemäß Transaktionsanalyse an Hand der menschlichen Entwicklung erklären.

Das Kind in den ersten Lebensmonaten und auch in den ersten Lebensjahren ist total hilfebedürftig, total liebesbedürftig, total abhängig, ohne Fremdunterstützung nicht überlebensfähig, ohne gleichzeitiger eigener Leistungserbringung für andere. Das für Kinder typische „ich will", wie wir es von Säuglingen und Kleinkindern kennen sobald ein Wunsch auftritt (nach Nahrung, Spielzeug, Aufmerksamkeit), verlangt sofortige Wunscherfüllung bzw. versucht, diese Wunscherfüllung normalerweise durch Schreien etc. möglichst sofort durchzusetzen. Da

Kinder hilflos sind und auch noch als unzurechnungsfähig für ihre Taten gelten, sind sie auch in einem gewissen Maß wegen dieser ihnen zugesprochenen geistigen Unfähigkeit und Unzurechnungsfähigkeit straffrei. Wenn das Kind-Ich der Transaktionsanalyse umsorgt wird, keine Verantwortung übernehmen muß, nicht gestraft wird, und die Dinge tun darf, die es will, dann ist es zufrieden. Dieses Kind-Ich prägt nach dem Modell der Transaktionsanalyse zu 100 % den Säugling, läßt dann aber im Laufe des Heranwachsens immer weiter nach. Wie weit das Kind-Ich nachläßt, auf 80 % oder auf 50 % oder auf 5 % des ursprünglichen 100 %-Kind-Ichs, ist von Individuum zu Individuum verschieden.

Das Eltern-Ich entwickelt sich schon in den ersten Lebensjahren langsam, wird dann in der Pubertät sehr deutlich. Das Eltern-Ich wird etwa durch folgendes charakterisiert: Es sorgt für Kinder, es hat Wissen und hat Recht, es weiß um das Rechte und straft für das Unrechte. Es weiß und belehrt daher. Es wünscht sich Macht, um Recht zu haben und Recht zu behalten. Es kann fürsorglich sein.

Das Erwachsenen-Ich steht für das dritte „Ich" der Transaktionsanalyse. Dieses Erwachsenen-Ich ist das „Ich" der „gereiften" Persönlichkeit. Das Erwachsenen-Ich ist interessiert an Informationen, bereit, unter Berücksichtigung von Informationen zwischen eigenen Wünschen und den Interessen der anderen Beteiligten abwägend zu entscheiden; es ist nicht voreilig, nicht andere dominierend, es wirkt nicht emotionsgetrieben, Wünsche müssen nicht sofort befriedigt werden.

So wie es Abb.20.1-1 und Abb. 20.1-2 zeigen, hat jede Person zu jedem Lebensalter ein bestimmtes Transaktionsanalyse-Profil.

In der Anlage am Ende finden Sie einen Bezugsnachweis für eine TA-Auswertung, die Sie selber vornehmen können.

PHÄNOMEN KONFLIKT

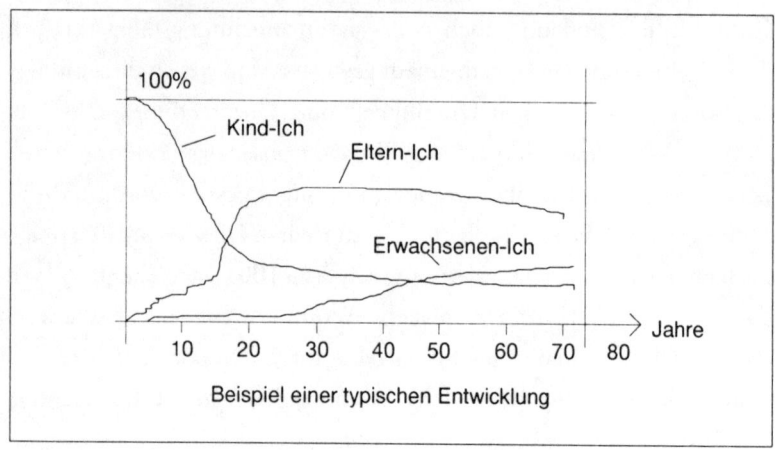

Abb. 20.1-1: Transaktionsanalyse: Die Entwicklung der drei Ichs

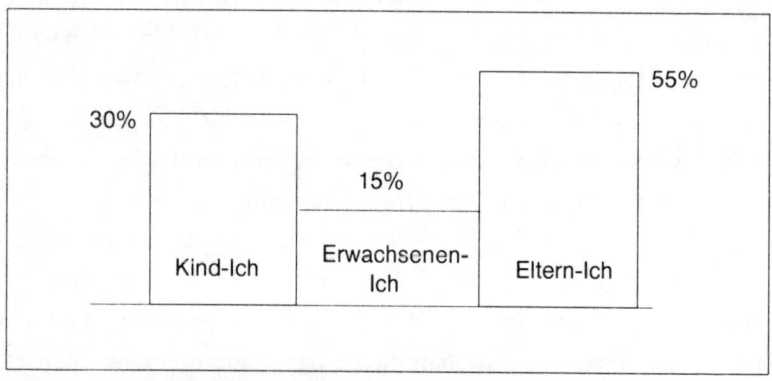

Abb. 20.1-2: Beispiel für ein TA-Profil

Legen wir z. B. in Abb. 20.1-1 beim Alter von 40 Jahren einen senkrechten Schnitt, so erhalten wir etwa 30 % Kind-Ich, 55 % Eltern-Ich und 15 % Erwachsenen-Ich, dargestellt in Abb. 20.1-2. Bei diesem Profil müßten wir annehmen, daß die dargestellte Person an erster Stelle ausgeprägtes Elternverhalten zeigt, an zweiter Stelle immer noch erkennbar oft Kindverhalten und erst an dritter Stelle, vergleichsweise selten, das sogenannte Erwachsenen-Verhalten.

Personen mit einem stark dominierenden Eltern-Ich, wie hier im Beispiel aus Abbildung 20.1-2, zeigen in typischer Weise eine dominante Haltung anderen Menschen gegenüber. So neigen sie dazu, ihre Kinder zu reglementieren, Tiere zu dressieren, nach Bestrafung von Sündern zu rufen und ihre Vorstellung von Recht und Ordnung durchsetzen zu wollen. Das Kind-Ich kommt bei Personen mit einem solchen dominanten Eltern-Profil z. B. dann durch, wenn das Eltern-Ich in einer Situation keine Chance hat sich durchzusetzen, z. B. gegen eine Person mit einem noch stärkeren Eltern-Ich und dazugehöriger Macht. Dann kann eine solche Person schlagartig vom Dominanz versuchenden Eltern-Ich überspringen in das Kind-Ich. Das Kind ist schwach und kann nunmehr den Kinderschutz in Anspruch nehmen, ist also in gewissem Maß dagegen gesichert, daß sich die andere Eltern-dominante Person allzu aggressiv ausläßt. Nun darf der andere in der Elternrolle rechthaben, und als Kind kommt man auf der Ebene von wenig Verantwortung und Unwissen billig davon. (Vielleicht erinnern Sie sich jetzt an betriebliche Verhaltensweisen von Mitarbeitern oder Vorgesetzten, die Ihnen schon aufgefallen sind?) Das Erwachsenen-Ich wird bei einem solchen Profil nur sehr selten auftreten, z. B. in entspannter Situation mit einer anderen Person, die ebenfalls gerade im Erwachsenen-Ich leben möchte.

20.2 Transaktionsanalyse zur Betrachtung der Wechselwirkung zwischen zwei Personen

Betrachten wir nun zwei Personen in Wechselwirkung (also in Transaktionen). Nehmen wir an, daß die erste Person ein Profil habe, wie das in Abb. 20.1-2 dargestellte. Dann ist für die Wechselwirkung mit einem Partner folgendes anzunehmen: Zu dem hohen Wert des Eltern-Ichs (der bei manchen Menschen noch wesentlich höher ist!) paßt sehr gut eine

Person mit einem hohen Wert des Kinder-Ichs. Dann spielt dieses Paar (auch wenn beide Personen inzwischen 40 oder 70 Jahre alt sind) weiter das Spiel Eltern-Kind. Häufig findet man das in Ehen, bei denen der Mann das Sagen hat und die Frau sich unterwirft. Typisch bei solchen Verhältnissen ist dann z. B. der Sprachausdruck. Nehmen wir also an, daß Er mit seinem starken Eltern-Ich kraftvoll auf Sie einwirkt. Um dann ihr Kind-Ich herauszustellen, wird bei ihr erkennbar die Stimme in die Höhe gehen. Achten Sie darauf, wie häufig Frauen, insbesondere gegenüber Männern, von diesem Mittel Gebrauch machen und damit elegant negativen Konfliktfolgen ausweichen, bzw. einer Wunschbefriedigung näherkommen.

Probleme bzw. Konflikte treten auf, wenn z. B. zwei Personen mit einem starken Eltern-Ich (z. B. zwei Personen wie in Abb. 20.1-2) zusammenkommen. Beide streben dann meist dem anderen gegenüber das Elternverhalten an. Nur: der andere weicht als Elterntyp vorhersehbar nicht so leicht in die Kind-Ich-Rolle aus. Dies bedeutet, daß bei hohen Eltern-Ich-Werten beider Partner Konflikt in der Luft liegt. Zwei solche Eltern-Typen können allerdings miteinander wieder eine Eltern-Koalition bilden, indem sie sich z. B. eine andere Person aussuchen, die in die Kind-Rolle zu drängen ist bzw. die diese Kind-Rolle auch zu übernehmen gewillt ist.

So entfalten sich die Möglichkeiten, mit Hilfe der TA menschliches Verhalten und insbesondere Konflikte zu beschreiben. Die TA (37, 38, 39, 40, 41) kennt eine Reihe von typischen Kind-, Erwachsenen- und Elternverhaltensweisen und die typischen Wechselwirkungen, die zwischen diesen Verhaltensweisen auftreten können. In die deutsche Öffentlichkeit getreten ist die TA vor 40 Jahren durch ein Buch (38) von Eric Berne: „Die Spiele der Erwachsenen" („Games People Play").

Ich empfehle Ihnen, entweder dieses Buch von Eric Berne oder ein anderes TA-Buch zu kaufen und zu studieren. Sie werden sehr viele

Einsichten in die Verhaltensweisen Ihrer Umwelt, aber auch Ihrer Familie entdecken, und Anregungen finden, wie man damit umgeht. Zu empfehlen ist auch das Buch von Dudley Bennet: „Im Kontakt gewinnen" (40).

Als wünschenswert gilt in der TA, daß im Laufe der Jahre das Erwachsenen-Ich den höchsten Wert erreicht und dabei deutlich höher liegt als Kind-Ich und Eltern-Ich. Ein solches „reifes" Profil ist in Abb. 20.2-1 dargestellt.

Beachten Sie, daß ein solches TA-Profil nicht eine bestimmte Art von reifer Persönlichkeit beschreibt. Reife im Sinn von Transaktionsanalyse heißt, daß an erster Stelle „Erwachsenen-Verhalten" gezeigt wird. Ich habe mit vielen Gruppen gearbeitet, in denen sämtliche Teilnehmer solche „reifen" Profile hatten. Trotzdem waren die persönlichen Unterschiede bezüglich Lebenserfahrung, Einstellungen zu Führungsstilen etc. groß. „Reife Persönlichkeit" nach der TA ist also keine fest beschreibende Etikette, sondern wirklich nur als ein starker Hinweis auf die Art des Rollenverhaltens zu verstehen.

Verständlich ist, daß eine Gruppe, die nur aus Personen mit „reifen TA-Profilen" besteht, besonders konfliktarme Arbeitsmöglichkeiten hat.

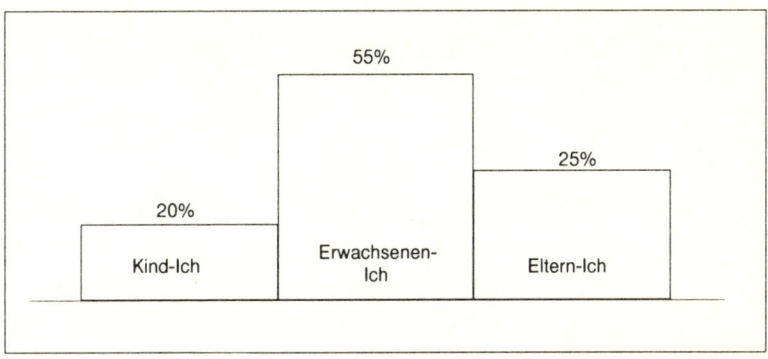

Abb. 20.2-1: „Reife Persönlichkeit" nach der TA mit ausgeprägtem „Kopf-Schulter-Profil"

20.3 TA-Typen und ihr Konfliktverhalten

Insgesamt ist die TA zu umfangreich, um hier auch nur halbwegs vollständig wiedergegeben zu werden. Daher ein vereinfachender Ausschnitt mit den wichtigsten Informationen. In Abb. 20.3-1 habe ich das typische, für Konflikte relevante Denken/Fühlen/Verhalten der drei Typen notiert. In Abb. 20.3-2 stelle ich dann besonders konfliktgefährdete TA-Typ-Konstellationen vor.

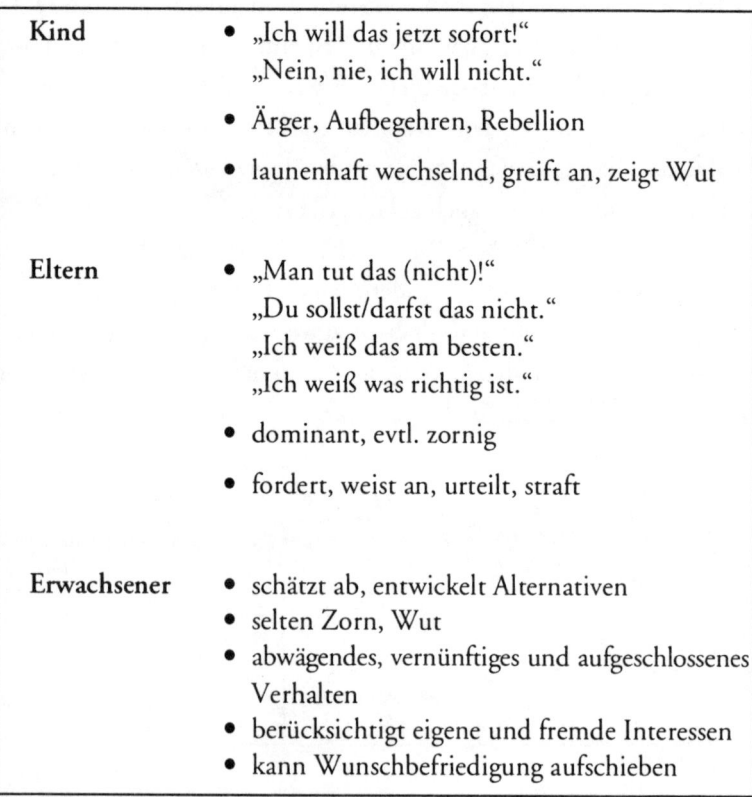

Kind	• „Ich will das jetzt sofort!" „Nein, nie, ich will nicht." • Ärger, Aufbegehren, Rebellion • launenhaft wechselnd, greift an, zeigt Wut
Eltern	• „Man tut das (nicht)!" „Du sollst/darfst das nicht." „Ich weiß das am besten." „Ich weiß was richtig ist." • dominant, evtl. zornig • fordert, weist an, urteilt, straft
Erwachsener	• schätzt ab, entwickelt Alternativen • selten Zorn, Wut • abwägendes, vernünftiges und aufgeschlossenes Verhalten • berücksichtigt eigene und fremde Interessen • kann Wunschbefriedigung aufschieben

Abb. 20.3-1: Konfliktrelevante Eigenschaften der drei TA-Typen

KOMPLEXERE KONFLIKT-MODELLE

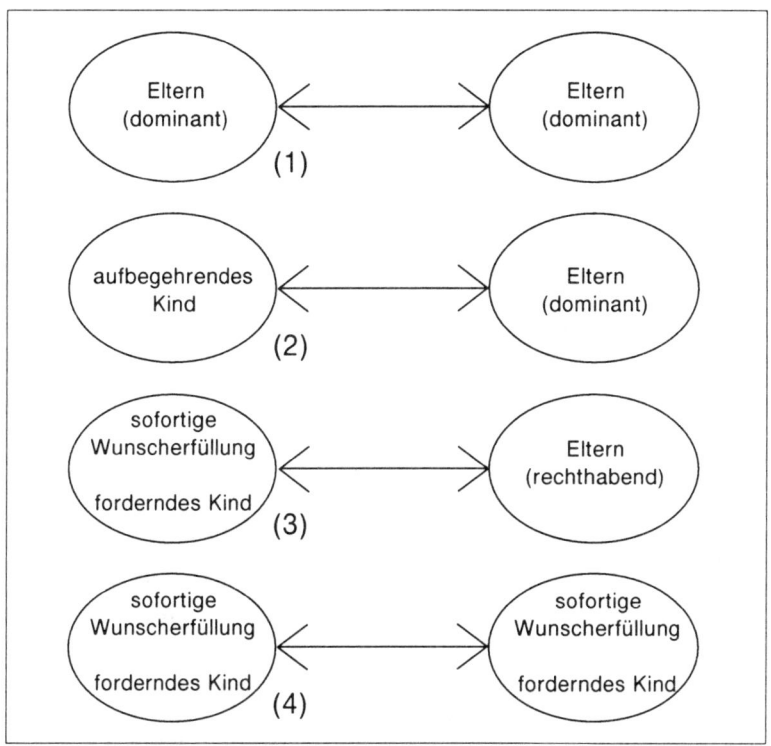

Abb. 20.3-2: Typische Konfliktkonstellationen im TA-Modell

Zur Erläuterung ein Beispiel zu (2) in Abb. 20.3-2. Stellen Sie sich folgende Situation vor: ein patriarchaisch dominanter Familienunternehmer sitzt im Flugzeug und will sich nicht anschnallen. Die Stewardeß, ein junges und zierliches Mädchen, fordert ihn auf sich anzuschnallen. Er weigert sich. Sie wiederholt, nun lauter und bestimmter, ihre Aufforderung. Er wird wütend und schreit sie an: „Von Ihnen lasse ich mir überhaupt nichts sagen!"

Solches Verhalten ist mit Hilfe der TA leicht diagnostizierbar, und damit liegen auch sofort die für die Stewardeß empfohlenen Verhaltensweisen vor. Der Rat der TA an die Stewardeß könnte zwei Verhaltensvorschläge beinhalten. Aber vorher die TA-Diagnose: „Der Herr vom dominanten Elterntyp betrachtet den Widerspruch der Stewardeß dagegen, daß er sich nicht anschnallen will, vermutlich als das Verhalten eines aufmüpfigen Kindes. Er als Familienchef und Unternehmenschef hat es nicht nötig, sich von einem jungen Mädchen Befehle geben zu lassen!" Nun die beiden TA-Verhaltensvorschläge:

1. Die Stewardeß geht demonstrativ in die Rolle des kleinen Kindes, dem man helfen muß. Sie läßt ihre Stimme kindlich werden, reißt die Augen auf wie ein Baby und piepst: „Aber das können Sie mir doch nicht antun! Ich bekomme solchen Ärger, wenn Sie sich nicht anschnallen." Sie spekuliert darauf, daß der ältere Herr nun vom dominanten Elterntyp in den fürsorglichen Elterntyp wechselt – und ihr hilft, indem er den Gurt anlegt.

2. Die Stewardeß wechselt wiederum ihre Rolle, nun aber in die des hochdominanten Elternteils. Sie sagt in korrektem Ton mit klarer Stimme: „Wenn Sie sich jetzt nicht anschnallen, muß ich den Flugkapitän informieren. Dann wird Sie in etwa 10 Minuten die Flughafenpolizei holen." Sie erwartet, daß der Fluggast den bisher dominanten Erwachsenen angesichts der demonstrierten Machtfülle und der Schmach einer polizeilichen Abführung fallenlassen und in die Rolle des folgsamen Kindes wechseln wird.

Im Führungsbereich und im Service-Bereich, z. B. bei Airlines, sind schon viele tausende Mitarbeiter mit TA auf ein bewußtes, gezieltes Konfliktverhalten vorbereitet worden. TA ist dann besonders geeignet zu helfen, wenn der Konflikt im wesentlichen in der Situation eines verbalen Austausches stattfindet, die keiner der Beteiligten verlassen kann.

Übrigens ist interessant, daß viele psychologische Schulen – aus welchen Gründen auch immer – die TA übersehen.

21. Denkstil-Konflikte

So wie schon in zahlreichen bisherigen Modellen die Menschen in Konflikt-Typen eingeteilt wurden, so auch hier. Beim HDI sind es mentale Eigenschaften, die zur Typenbildung verwendet werden.

21.1 Denkstilanalyse nach dem Verfahren HDI von Ned Herrmann

Ein zunächst bei General Electric von Ned Herrmann entwickeltes Instrument, das HDI (engl: HBDI, Herrmann Brain Dominance Instrument – deutsch: HDI, Herrmann [Hirn-] Dominanz Instrument), beschreibt Denkstile und erlaubt es, persönliche Denkstile über Fragebögen zu messen. Das HDI ist heute das wichtigste (und einfachste) Mittel, z. B. um schnell Auskunft über das „innovativ/kreative Potential" eines Menschen zu gewinnen, wie auch für viele andere Fragen. Es ist in vielfältiger Weise im Human Ressources Bereich nutzbar und liefert einen Beitrag zu Konfliktverständnis und Konflikt-Management. Das HDI (29, 42) wurde inzwischen weltweit über eine Million Mal eingesetzt. Das HDI ist ein im wissenschaftlichen Sinn faktoranalytisch validiertes Instrument, anders als das nicht validierte Struktogramm.

Ned Herrmann hat in seinem 4-Quadranten-Modell die aus der Hirnforschung stammenden Modelle von Sperry und MacLean kombiniert. Er kennt LINKS/RECHTS-hirniges Denken sowie OBEN (CORTEX)/UNTEN (LIMBISCH). Das Modell des dreigeteilten Gehirns nach MacLean (Cortex, Limbisches System, „Reptilienhirn") ist schon bei dem in Kapitel 10 erläuterten Struktogramm vorgestellt geworden. Das HDI bezieht sich, anders als das Struktogramm, nicht auf das Stammhirn.

Das deutsche Wort, das sich zur Beschreibung der vier Denkformen am meisten durchgesetzt hat, ist „Denkstil". Im Modell von Ned Herrmann verfügt der Mensch über vier Denkstile. Jeder ist durch mehrere Adjektive beschrieben.

A	B	C	D
mathematisch	*geplant*	*emotional*	*Synthesen bildend*
rational	*sequentiell*	*musikalisch*	*einfallsreich*
logisch	*organisiert*	*kommunikativ*	*konzeptionell*
Problemlöser	*kontrolliert*	*mitfühlend*	*künstlerisch*
analytisch	*konservativ*	*spirituell*	*ganzheitlich*
technisch	*administrativ*		

Jedem Quadranten wird auf der Basis des ausgefüllten Fragebogens ein Wert zugeordnet. Für die in Abb. 21.1-1 dargestellte Person sind dies A = 50, B = 42, C = 87, D = 136 oder in Kurzform (50, 42, 87, 136). Die den einzelnen Quadranten zugewiesenen Werte liegen meistens zwischen etwa 20 und 145, niedrigere und höhere Werte treten selten auf. Was bedeutet nun z. B.: „A gleich 61", was soll man darunter verstehen und daraus ableiten?

KOMPLEXERE KONFLIKT-MODELLE

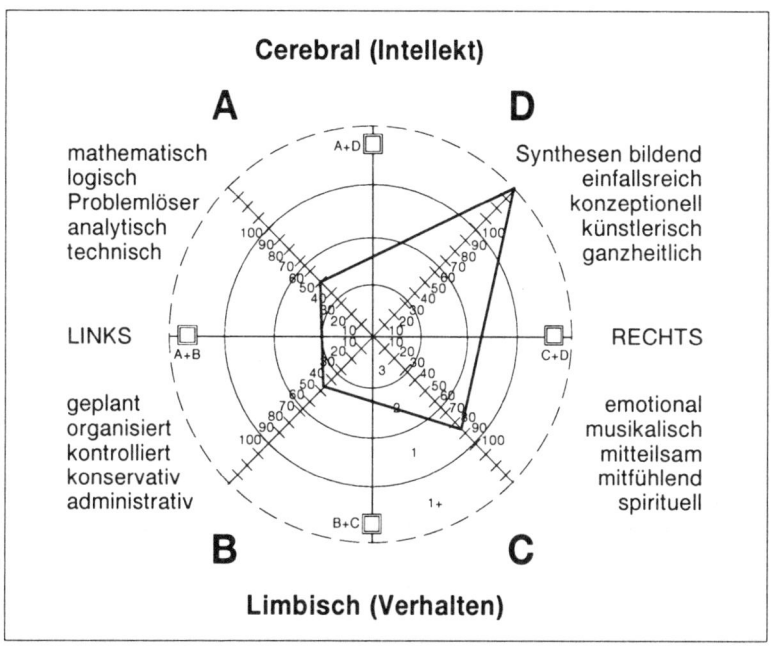

Abb. 21.1-1: Die vier Quadranten des HDI, deren Bedeutung und ein Profil

Im vorigen Abschnitt hatte ich eine Reihe von Adjektiven angegeben, die die zu den Quadranten A, B, C, D gehörigen Denkformen beschreiben. Ich möchte diese Adjektive noch besser erläutern, da sonst leicht Mißverständnisse auftreten können.

Bedeutungen zu A (cerebral links):

mathematisch: Die Neigung, mit Zahlen, Daten und Berechnungsvorschriften umzugehen.

logisch: Nach Gesetzmäßigkeiten im Rahmen von Ursache/Wirkung folgerichtig und schlüssig denken.

Problemlöser: Bezieht sich auf das Lösen von „problems", also insbesondere sogenannte „eingekleidete Aufgaben", deren Lösung analytische, logische und mathe-

169

	matisch-rechnerische Schritte beinhaltet, und bei denen oft auch verallgemeinert werden muß – z. B. durch Reduktion auf ein einfaches Gleichungssystem (vom Dreisatz aufwärts).
analytisch:	Situationen, Objekte oder Ideen in Teile zerlegen. Diese Teile und gegebenenfalls deren Verknüpfung untersuchen.
technisch:	Neigung zum Umgang mit Geräten und Maschinen, Verständnis und Interesse für deren Funktionieren. Konstruieren. Spaß an neuen Konstruktionen. Auch: Neigung, nicht primär technische Dinge, z. B. die Führungsbeziehungen in einem Unternehmen, wie technische Dinge zu betrachten.

Bedeutungen zu B (limbisch links):

geplant:	Abläufe in der Außenwelt vorher festlegen. Dafür eintreten, daß alles nach Plan abläuft.
organisiert:	Menschen, Dinge und Abläufe in definierte Strukturen bringen. Zustimmung, in solchen Strukturen und nach festgelegten Regeln zu leben und zu arbeiten.
kontrolliert:	Verhalten zeigen gemäß Vorschriften, Regeln, Plänen. Für solches „kontrolliertes Verhalten" eintreten. Auch: andere kontrollieren/steuern, so daß sie gefordertes Verhalten zeigen.
konservativ:	Neigung, am Hergebrachten festzuhalten. Mißtrauen gegenüber Neuem. Bewahren von erwiesenen Werten.
administrativ:	Personen, Situationen, Objekte mit den Mitteln der Verwaltung behandeln. Verwenden von Listen,

Anwenden von Regeln. Für Ordnung und Detail sorgen.

Bedeutungen zu C (limbisch rechts):

emotional: Gefühlsbezogen sein, Gefühle haben, die leicht erregt werden können; dies auch zeigen.

musikalisch: Musik selber spielen und/oder öfters/gern Musik hören. Tanzen.

kommunikativ: Gern mit anderen Menschen sprechen. Sich mitteilen. Auch: Anderen zuhören. Sich durch Worte, aber auch durch Gesten, Körpersprache ausdrücken. Durch den Klang der Stimme Nuancen vermitteln und verstehen.

mitfühlend: Bei der Wahrnehmung der Situation/Gefühle anderer Menschen selber Gefühle haben bzw. die Situation der anderen Menschen durch eigene Gefühle wahrnehmen. Kann auch Mitleiden beinhalten, muß es aber nicht.

spirituell: Offen sein für einen geistig-seelischen Bereich des Lebens. Diesen als real nehmen, auch wenn er sich anderen Menschen gegenüber nicht als „real" beweisen läßt. Akzeptieren, herbeiwünschen, erleben von religiösen/transzendentalen Erfahrungen. Hat nichts mit Religion im Sinn von Dogmengläubigkeit und kirchlichen Formen zu tun.

Bedeutungen zu D (cerebral rechts):

Synthesen bildend: Aus Einzelbereichen, -lösungen, -interessen ein neues Ganzes erfinden/entwickeln. Dabei auch: Gegensätze überwinden und eine neue Ebene des Ganzen finden.

einfallsreich:	Zu Situationen/Aufgaben/Problemen tauchen ohne besondere Anstrengung „Ideen" zu Lösungen, Möglichkeiten, Handlungsalternativen auf. Diese Ideen können von praktischem Wert bis zu Phantasterei reichen.
konzeptionell:	Selber und selbständig etwas entwerfen, geistig entwickeln, aufschreiben bzw. darstellen. Entwickeln von Konzepten für materielle und immaterielle Problemlösungen. Schaffen von neuen Begriffen und Begriffsfeldern. Als Beispiele: (1) Erstellen von Konzepten für das Besorgen von Eigenkapital für ein Haus. (2) Entwickeln einer Marketing-Strategie für die Positionierung eines neuen Produkts. (3) Dantes Konzept der sieben Schichten von Himmel und Hölle. (4) Erhardts Konzept der Marktwirtschaft. (5) Heisenbergs Konzept der Unschärferelation und der Quantenmechanik. (Einen Plan oder ein Dogma könnte man als das eingefrorene Ergebnis eines Konzepts ansehen.)
künstlerisch:	Vorliebe/Talent zum malen, zeichnen, bildhauen, schriftstellerischer Arbeit. Neigung zu ästhetisch-künstlerischer Gestaltung in verschiedenen Lebensbereichen.

Die vier Denkstile A, B, C, D beschreiben als Faktoren im Sinn der Faktoranalyse vier verschiedene mentale Grundtypen. Sie können als die Komponenten einer vier-dimensionalen Intelligenz aufgefaßt werden. Profile, wie das in Abb. 21.1-1, können einseitig eine starke Dominanz aufweisen, sie können aber z. B. auch zwei bzw. drei Dominanzen oder ein Quadrat zeigen. Ausführliche Informationen finden Sie in (29, 42).

21.2 Beispiele konfliktrelevanter Profile

Im folgenden stelle ich die vier HDI-Profile dar, die als lebensnahe Grundtypen aufzufassen sind. Die Profiltypen A, B, C, D sind in Abb. 21.2-1 dargestellt. Ich zitiere hierzu aus (29).

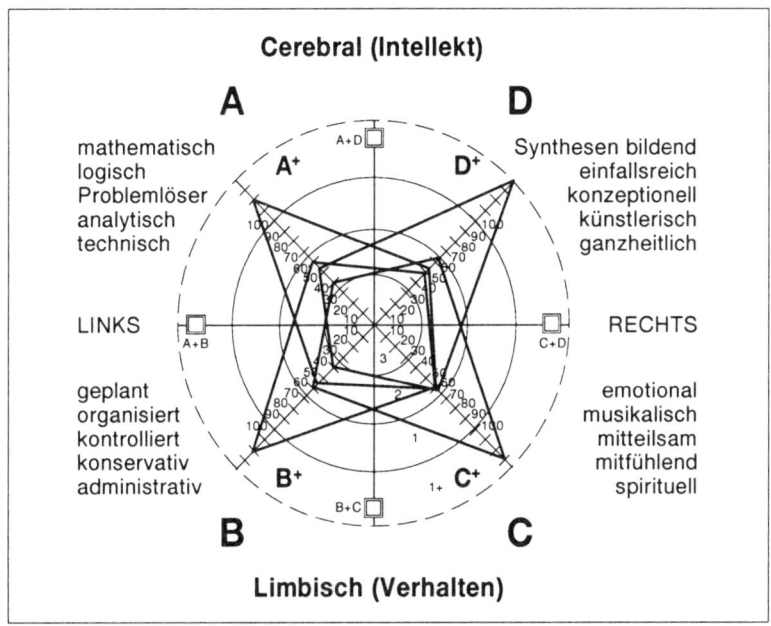

Abb. 21.2-1: Die vier konträren Profiltypen A+, B+, C+ und D+

Noch ein Hinweis zum Verständnis der Abbildungen. Gehen Sie bitte zu Abb. 21.1-1 zurück. Dort sehen Sie im Profilbild drei Kreise. Diese drücken den Grad der Dominanz der jeweiligen Denkstile aus.

- innerhalb des Kreises bei 33 Punkten (Bereich 3): *Vermeidung dieses Denkstils,*
- innerhalb des Kreisrings zwischen den Kreisen bei 33 und 66 Punkten (Bereich 2): *Nutzen des Denkstils, ohne Vorliebe oder Abneigung,*

- außerhalb des Kreises ab 67 Punkten (Bereich 1): *Bevorzugung des Denkstils,*
- außerhalb des Kreises ab 100 Punkten (Bereich 1+): *starke und sehr starke Bevorzugung.*

Die in Abb. 21.1-1 dargestellte Person zeigt also in der Reihenfolge der Denkstile (A, B, C, D) die Ausprägungsstärken (2, 2, 1, 1+) mit den Profilwerten (50,42,87,136).

21.2.1 A-Quadranten-Denken

Zum Verständnis stelle ich Ihnen nun in Form eines Briefes etwas ausführlicher Herrn A mit dem Profiltyp (1+, 2, 2, 2) vor. Die Profilwerte könnten sein: 118,55,55,55. Dieser Profiltyp tritt in der männlichen Bevölkerung seltener als 3 % auf, bei Frauen fast nie.

Sehr geehrter Herr A,

Ihr Profil ist das einer ganz klar logischen, analytischen, mathematischen und rational orientierten Person. Es ist ein oben links einfach dominantes Profil im Bereich 1+. Alle drei anderen Quadranten zeigen Werte im Bereich 2. Damit stehen Ihnen, allerdings ohne besondere Vorlieben, die dazugehörigen Denk- und Verhaltensweisen zur Verfügung:

In Quadrant B das Kontrollieren, Planen, Organisieren; in Quadrant C das Gefühls- und Personenbezogene; in Quadrant D das Ganzheitliche und Konzeptbildende.

Dieser Profiltyp findet sich in unserer technisch-wissenschaftlich-juristischen Welt relativ häufig; er ist meist für Studium und Beruf mit technischen und betriebswirtschaftlichen sowie juristischen Fachrichtungen geeignet und in seinen Auswirkungen von Vorteil in der Wirtschaft. Die starke Orientierung auf Fakten (Quadrant A) entspricht einer weitverbreiteten Forderung von Wirtschaft und Wissenschaft. Das Auftreten aller anderen Werte im Bereich 2 erlaubt Ihnen, auch im Bereich des Formalen (Quadrant B), des Gefühlsbezogen-Musischen (Quadrant C) und der Phantasie (Quadrant D) ansprechbar und handlungsfähig zu sein – also in allen vier Denkstilen, die das HDI kennt, dabeizusein.

Der hohe Wert in A bringt Vorteile: die starke Neigung zu differenziertem Fachwissen und zu argumentativen Diskussionen. Aber auch Risiken: einseitige Bevorzugung von Faktendenken, scharfes Beurteilen, auf Logik und Rationalität begründete Intoleranz, die Neigung, alles berechnen und konstruieren zu wollen.

Berufe, die typisch für Ihre Profilgruppe sind: Chemiker, Finanzfachleute, Techniker, Ingenieure, manche Mathematiker, Juristen und Wirtschaftswissenschaftler in wissenschaftlicher Tätigkeit sowie Manager im finanziellen und technischen Bereich.

Personen mit sehr hohen Werten in A (ab A=100 aufwärts) werden oft als „Faktenmenschen", als „Intellektuelle" oder auch als „übermäßig kritisch" beschrieben.

Soweit das A+ Profil.

21.2.2 B-Quadranten-Denken

Ich gebe Ihnen hier als weiteres Beispiel eine Beschreibung zu dem Profiltyp (2, 1+, 2, 2). Profilwerte könnten z. B. sein: 60,120,55,55. Dieser Profiltyp tritt ebenfalls mit weniger als 3 % auf.

Sehr geehrter Herr B,

Ihr Profil ist einfach stark dominant im linken unteren Quadranten. In allen anderen drei Quadranten zeigt Ihr Profil die Stufe 2. Personen mit Ihrem Profil planen, organisieren und administrieren sehr gern und halten sich gern in Umgebungen auf, in denen Kontrolle ausgeübt wird. Insgesamt ist bei Ihnen auch eine konservative Einstellung zu erwarten sowie die Neigung und Bereitschaft, genau zu sein und mit Details zu arbeiten. Es bereitet Ihnen jedoch auch keine Schwierigkeiten, in entsprechenden Situationen logisch-analytisch, kreativ-ganzheitlich oder gefühlsbezogen-zwischenmenschlich zu denken und zu handeln – aber eben auf einer „Stufe 2" im Vergleich zu dem dominanten Quadranten B. Mit diesem Profil können Sie in unserer industriell-administrativen Welt viel anfangen, insbesondere, da die Verfügbarkeit der Komponenten in den übrigen Quadranten A, C und D Ihnen erlaubt, „nach allen Richtungen ein Stück weit offen" zu sein.

Personen mit Ihrem Profil finden sich typischerweise unter Sekretärinnen, Managern im Bürobereich, Vorarbeitern, Personen in der Produktion sowie bei mittleren und gehobenen Verwaltungsangestellten und Beamten in Industrie und Behörden. Die zu diesem Profil am besten passenden Tätigkeiten erfordern hochgradig geplante, organisierte, wohlstrukturierte und detailbezogene Arbeitsaktivitäten, die zu genau beschriebenen Arbeitsergebnissen führen sollen.

Der Wert im Quadranten C auf Stufe 2 weist auch auf die Möglichkeit von Tätigkeiten im mittleren Management hin, bei denen nicht nur Fachkompetenz, sondern auch personenbezogene Führungselemente wichtig sind. In konservativen Produktionsbetrieben zeigen auch höhere Führungskräfte ein solches Profil.

21.2.3 C-Quadranten-Denken

Nun zur Beschreibung dieser Denkform der Brief an Frau C mit dem Profil (2,2,1+,2) bzw. den Profilwerten: 40,60,128,62.

Sehr geehrte Frau C,

Ihr Profil zeigt eine einfache Dominanz unten rechts im Quadranten C. Personen mit Ihrem Profil bevorzugen üblicherweise unübersehbar das Zwischenpersönliche, Emotionale, Musische und die religiös-spirituellen Aspekte. Die anderen Quadranten zeigen bei Ihnen die Ausprägungsstufe 2. Personen mit Ihrem Profil sind also üblicherweise leicht erkennbar „gefühlsorientiert", „menschenbezogen" und oft musikalisch, auch gute Sprecher, aber gleichzeitig doch auch balanciert und handlungsfähig in den Bereichen des logischen, analytischen, faktenbezogenen Denkens im Quadranten A; organisiert, administrativ und kontrolliert im Quadranten B und schließlich auch beweglich im visuell-kreativen, ganzheitlichen Denken des Quadranten D. Personen mit Ihrem Profil haben typischerweise als Beruf: Krankenschwester, Sozialarbeiter, Musiker, Lehrer, Verhaltenstrainer, Lebensberater, Psychologe, Pfarrer oder Sekretärin.

Jedoch auch sehr kundenbezogen denkende Techniker sowie Personen, die technische Produkte bei nichttechnischen Kunden einschulen, gehören gelegentlich zu diesem Typ.

21.2.4 D-Quadranten-Denken

Zum vierten Denkstil nun die Beschreibung für Herrn D mit dem Profil (2,2,2,1+) bzw. den Profilwerten: 55,40,62,138.

Sehr geehrter Herr D,

Ihr Profil ist im rechten oberen Quadranten einfach dominant. Personen mit Ihrem Profil bevorzugen deutlich die Eigenschaften und Formen kreativen, imaginativen, ganzheitlichen Denkens. Meist ist dabei die synthesenschaffende Qualität die am meisten bevorzugte Denkform. Die übrigen drei Quadranten stehen Ihnen auf Stufe 2 zur Verfügung.

Dies erlaubt Personen mit Ihrem Profil, auf unübersehbare Weise imaginativ, intuitiv, experimentierorientiert, innovativ und risikofreudig zu sein. Aber bei entsprechenden Situationen mit anderen Anforderungen auch handlungsfähig und gut ausbalanciert zu sein, da logisches, analytisches, tatsachenorientiertes Denken links oben im Quadranten A zur Verfügung steht und ebenso die Denkstile des linken unteren Quadranten B mit den Bereichen der Organisation, Verwaltung und Kontrolle. Schließlich sind Sie ebenso bereit, mit zwischenpersönlichen und emotionalen Situationen umzugehen, die zu dem rechten unteren Quadranten C gehören. Sie sind also primär stark ideenorientiert und sekundär offen für „Fakten, Formales und Gefühle". Und Sie sind auch für Risiken und für den Umgang mit unsicherer Information ausgesprochen offen.

Typisch für Personen mit Ihrem Profil sind Unternehmer, strategische Planer, Ratgeber, manche Unternehmensberater, vertriebsorientierte leitende Angestellte, innovative Entwickler, strategische Planer und Künstler. Außerdem „facilitators", also Personen, die durch ihre Eigenschaften wie Katalysatoren und Mittler wirken und durch deren Einsatz sonst schwer mögliche Abläufe oder Kooperationen zustande kommen. Und viele Freiberufler.

Werte über 100 in D, insbesondere Werte über 120 in D, weisen auf besondere Neigung zu Unternehmertum hin. In dieser Gruppe werden insbesondere auch graphisch-malerisch Tätige, Künstler und Hochproduktive in der Technik sowie in Forschung und Entwicklung gefunden.

Männer mit dem Profiltyp (2,2,2,1+) zeigen u. a. Hobbies wie Drachenfliegen und bevorzugen oft buntere Kleidung.

21.3 Typische Denkstilkonflikte

In den Abschnitten 21.2.1 bis 21.2.4 haben Sie sehr unterschiedliche Persönlichkeiten bzw. Persönlichkeitstypen kennengelernt. Sie kennen den allgemeinen Begriff der Mentalitätsunterschiede und der Mentalitätskonflikte. Nun – aus der Sicht des HDI – die ziemlich präzise beschriebenen typischen dazugehörigen Denkstilkonflikte.

Abb. 21.3-1 zeigt zunächst in einer Übersicht, wie die verschiedenen Profiltypen übereinander denken (Ergebnis einer Seminararbeit):

	stur	Dubel (= schwachsinniger Idiot)	
	Technokrat	Traumtänzer	
	vernagelt	Chaot	
	„kalter Fisch"	Phantast	
A	Alleswisser	Spinner	D
	Besserwisser	Exzentriker	
	Zahlenmensch	Luftikus	
	beinhart	bunter Vogel	
	(C gegen A)	(B gegen D)	
	Korinthenkacker	Bliss Nini (am.) Blumenkind in	
	Spießer	Glückseligkeit	
	Tüpflischeißer	Gefühlsdusel	
	Ideenkiller	Weichling	
B	borniert	Händchenhalter	C
	kleinkariert	Softie	
	Hierarch		
	autoritärer Siech		
	(D gegen B)	(A gegen C)	

Abb. 21.3-1: Die Denkstilkonflikte in der Übersicht

In den Quadranten der Abbildung steht jeweils, was Personen des gegenüberliegenden Quadranten über den anderen Typ denken. In A steht also, was C+-Typen über A+-Typen denken, etc. Beachten Sie, wie gnadenlos die „mental Andersartigen" beschrieben werden. Hier steht jeder gegen jeden – das ist das Grundmuster der Denkstil-Konflikte.

21.3.1 Der B-D-Konflikt

Abb. 21.3.1-1 stellt die Profile des B-D-Konflikts gegenüber. Dieser Konflitktyp beschreibt ein ganzes Spektrum von Konflikten:

Traditionelle Kräfte	–	Innovative Kräfte
Sicherheitsstreben	–	Risiko
Kontrolle	–	Experimentieren
detailorientiert	–	überblicksorientiert
Detailplanung	–	Strategie
abwickeln	–	erfinden
Bürokratie	–	Innovation
konstruieren	–	entwerfen
Ordnung bewahren	–	Gestalten
Konservative	–	Progressive
Feste Regeln	–	Flexibilität

die auf unterschiedlichen Ebenen auftreten können:

- **Intrapersonell**: Wenn eine Person z. B. ein B-D-Rautenprofil hat (z. B. 45,105,45,100) und damit den B-D-Konflikt in sich trägt. Dies führt z. B. dazu, daß eine Person in einer Besprechung oder Beschlußfassung für innovative/unternehmerische D-Ideen eintritt – dann aber, wenn es zur Ausführung und zum Geld ausgeben kommt, zu einer konservativen und sicherheitsorientierten Verhaltensweise umklappt. Dieses intrapersonelle Verhalten birgt hohe Risiken in sich; es kann auch leicht zu Konflikten mit dem

KOMPLEXERE KONFLIKT-MODELLE

Umfeld führen. Deswegen ist die intrapersonelle Integration bei diesem B-D-Typ ein wichtiges Ziel.

- **Interpersonell**: Wenn zwei Personen vom B- und vom D-Typ aufeinandertreffen und damit zwei Personen mit sehr unterschiedlichen Wertesystemen aufeinandertreffen wie in Abb. 21.3.1-1. (Siehe dazu: „Duale Tugenden" in Kapitel 12.3.)

- **Intra-Gruppenkonflikt**: Wenn z. B. eine Person mit einem D+-Profil in eine Arbeitsgruppe eingebracht wird, die überwiegend aus B-Typen besteht, also ein B-Typ-Gruppenprofil zeigt. Auch hier ist ein Konflikt vorgezeichnet, der im Regelfall mit einer „Immunreaktion" endet, also der Abstoßung des D-Fremdkörpers aus der B-Gruppe.

- **Inter-Gruppenkonflikt**: Wenn eine B-Gruppe und eine D-Gruppe aufeinandertreffen, z. B. in einem firmeninternen Ausschuß.
  Übrigens: Der ehemalige DDR-Staat war geprägt von einer B-Gruppe, die (u. a. mit Hilfe der Stasi) in einem radikalen Konflikt gegen „Systeminnovatoren", also D-Typen, kämpfte – und diesen Krieg verlor, nachdem Gorbatschow in der UdSSR als Vertreter einer D-Gruppe die traditionelle B-Gruppe der „Stalinisten" besiegt hatte.

Die Breite der Anwendung der HDI-Konzepte für Verständnis und Beschreibung von Konflikten (hier zunächst am B-D-Konflikt dargestellt), macht das HDI-Instrument zu einem faszinierenden Werkzeug. Das HDI liefert auch Handlungsanweisungen zur Überwindung der beschriebenen Konfliktpotentiale – dies jedoch später bei der Methodik der Konfliktbehandlung.

PHÄNOMEN KONFLIKT

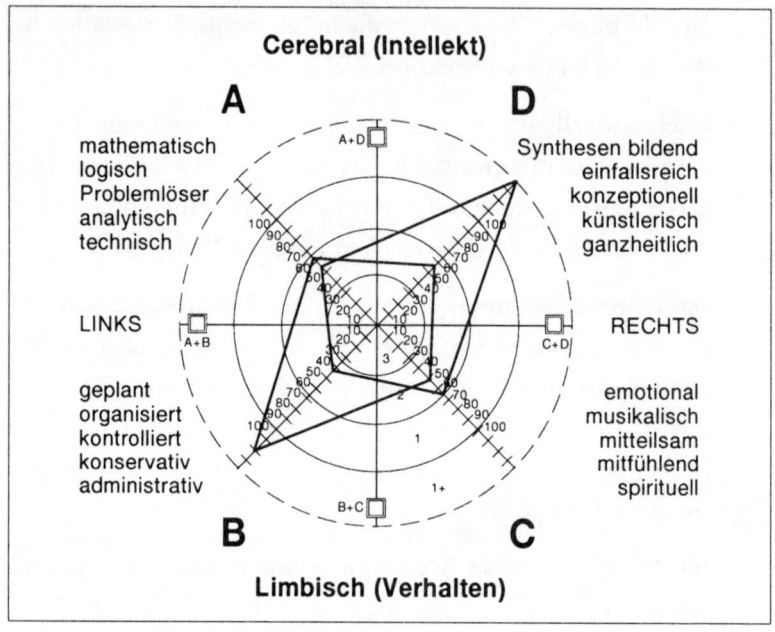

Abb. 21.3.1-1: Der B-D-Denkstilkonflikt

Nun in geraffter Form die weiteren drei Konflikttypen.

21.3.2 Der A-C-Konflikt

Für den A-C-Konflikt finden wir u. a. folgende konfliktfördernden Paare:

Nützlichkeit	–	Bequemlichkeit
kalkulieren	–	fühlen
harte Maßnahmen	–	weiche Maßnahmen
Verstand	–	Herz
Verstand	–	Gefühl
kühl/kalt sein	–	emotional sein
be-/verurteilen	–	vergeben
Ratio	–	Intuition

als Ausgangspunkt von Konflikten. Ich empfehle Ihnen zur Belebung Ihres Verständnisses eine Übung: Gehen Sie durch jedes der vorstehenden Paare hindurch und erfinden Sie dazu einen Konflikt zwischen entsprechenden B-/D-Personen bzw. Gruppen.

21.3.3 Der A-D-Konflikt

Der A-D-Konflikt ist (ebenso wie der B-C-Konflikt) mit weniger Energie ausgestattet als die diagonalen A-C- und B-D-Konflikte. Die Konflikt-Paare sind hier:

konstruieren — entwerfen
berechnen — Vision
validieren — erfinden
optimieren — neu gestalten

Wir finden entsprechende Situationen oft im Bereich der Berufswelt, wenn z. B.:

- Experten (mit Fakten aus der Vergangenheit) die Ideen von Erfindern beurteilen (und oft abwürgen),
- wenn eine Entscheidung ansteht, ob eine alte Technologie noch einmal optimiert oder statt dessen eine neue Technologie eingeführt werden soll.

Der B-D-Konflikt sorgt z. B. in Unternehmen dafür, daß die „Technokraten" gegen die „Visionäre und Innovatoren" auftreten (und umgekehrt). Oder dafür, daß die kaufmännische Seite weniger Investitionsrisiko eingehen will als eine zukunftsorientierte Leitung von Forschung & Entwicklung oder Marketing es sich wünscht. Manches Unternehmen hat durch diese Konflikte schon Schaden genommen. Viele staatliche Forschungsmilliarden sind schon in den Sand gesetzt worden, weil Experten nicht für stärker innovative Ideen gestimmt haben, sondern als A-Typen die Weiterentwicklung von schon Bestehendem bevorzugt haben.

21.3.4 Der B-C-Konflikt

Der B-C Konflikt wird z. B. durch folgende duale Paare beschrieben:

strafen	–	verzeihen/trösten
Ordnung	–	Kooperation
planen	–	vereinbaren
korrekt	–	zwischenmenschlich
konservativ	–	einfühlsam

Es ist zu erkennen, daß auch hier die dualen Paare sich nicht so hart gegenüberstehen wie beim A-C- und B-D-Konflikt.

Ein typisches Beispiel für einen interpersonellen Konflikt dieser Art ist der Streit zwischen dem ordnungsbewußten, strengen Vater und der sanften, eher verzeihenden Mutter über die Erziehungsmethode für die Kinder.

21.4 Das HDI als Mittel zur Erkennung von Konflikt-Potentialen auf Grund heterogener mentaler Präferenz und zur Vorhersage „natürlicher" homogener und konfliktarmer Gruppen

Das HDI sagt voraus – dafür gibt es genügend Experimente –, welche Menschen miteinander „natürliche Gruppen" bilden; z. B. wenn einander Unbekannte auf einer Party zusammentreffen. Ähnlichkeit der HDI-Profile weist darauf hin, daß die dazugehörigen Personen auf einer Party schnell beieinander stehen werden und daß die dazugehörigen Personen/Gruppen voraussichtlich leichter miteinander umgehen können. Je heterogener die HDI-Profile sind, umso höher ist zunächst das „natürliche" Konfliktpotential der zusammentreffenden Personen.

KOMPLEXERE KONFLIKT-MODELLE

Der Personalbereich hat von diesem inzwischen mit dem HDI näher erforschten Zusammenhang Gebrauch gemacht. „Am besten werden Arbeitsgruppen homogen zusammengesetzt..." – so lautet eine alte Regel der Personalwirtschaft. Dem steht eine andere moderne Einsicht gegenüber: Heterogene Leistungsanforderungen führen zur Forderung nach mental heterogenen Gruppen. Das Fazit: mit dem aus Leistungsgründen stattfindenden Aufbau (mental) heterogenerer Gruppen steigt auch das Konfliktpotential in den Gruppen und damit das Team-Risiko. Das HDI warnt vor solchen Konflikt-Konstellationen und weist auch auf Techniken zum Abbau des Konfliktpotentials hin.

Ein Bezugsnachweis für das HDI befindet sich in Anhang 2.

Teil 4
Rationale Modelle für Konflikte und Konfliktabläufe

Teil 4 befaßt sich mit Modellen, die auf die rationalen Aspekte äußerer Konflikte (zwischen Individuen bzw. Gruppen) eingehen.

22. Wann ist ein Konflikt ein Konflikt – und was ist ein Konflikt?

Ich habe bisher vermieden, diese Fragen konkret anzusprechen. Der Begriff des Konflikts ist so vielfältig, wie Sie ja aus den bisherigen Kapiteln gesehen haben, daß es schwerfällt, eine geeignete kurze Definition zu geben.

Ich gebe hier eine lexikalische Definition (36):

1. Schlacht, Streit,
2. Kontroverse, Auseinandersetzung
3. Antagonismus oder Opposition zwischen Interessen und Prinzipien: ein Konflikt der Ideen,
4. ein Aufeinanderstoßen, Kollision,
5. Inkompatibilität oder unerwünschte Einflußnahme auf Ereignisse und Abläufe.

Auch hier wird die große Bandbreite des Begriffs sichtbar.

In der Literatur findet man entsprechend im allgemeinen das Vorgehen, zuerst die Fülle der Konflikte in Gruppen nach irgendwelchen Kriterien aufzuteilen und dann – falls überhaupt – Definitionen für die Teilbereiche zu geben. Hierzu ein Beispiel aus (1). Dort werden zunächst zwei Hauptarten unterschieden:

a: intrapersonelle/endogene und
b: äußere Konflikte.

Dann werden z. B. die intrapersonellen Konflikte aus (a) wiederum unterschieden in:

a1: Entscheidung zwischen zwei positiven Möglichkeiten,

a2: Entscheidung zwischen zwei negativen Gegebenheiten,

a3: Entscheidung zwischen zwei Alternativen, die sowohl positive wie negative Aspekte enthalten.

Hier werden gewertete Entscheidungssituationen, also eigentlich Fälle aus der Spiel- und der Entscheidungstheorie, zur Kategorisierung verwendet.

Wenige Seiten weiter werden in (1) dann die sozialen Konflikte, eine Untergruppe der äußeren Konflikte, auf folgende Weise definiert: „Ein sozialer Konflikt ist eine soziale Beziehung, in der:

c1: zwei oder mehr Beteiligte sind,

c2: die voneinander abhängig sind,

c3: mit Nachdruck versuchen,

c4: gegensätzliche Handlungspläne zu verwirklichen,

c5: und sich dabei ihrer Gegnerschaft bewußt sind."

Auch dies ist wieder ein spieltheoretischer Ansatz (c1 und c2), in dem die Beteiligten ein Spiel spielen (c3 und c4) und dabei außerdem noch „bewußte Gegenspieler" sind.

RATIONALE MODELLE FÜR KONFLIKTE UND KONFLIKTABLÄUFE

Die Konfliktliteratur ist voll solcher rational/spieltheoretisch/entscheidungstheoretisch basierter Ansätze. Ehe ich zu einer Wertung komme, zunächst eine Beschreibung der Strukturen dieser Verfahren.

22.1 Konflikte als Spiele

Als im zweiten Welkrieg, insbesondere in England und den USA, die mathematischen Methoden ihren Einzug in die Berechnung optimaler Kriegseinsätze hielten, entstand mit einem berühmten Schlüsselwerk (49) die Spieltheorie. Konfliktgegner wurden verallgemeinernd als „Spieler" beschrieben, die nach bestimmten Regeln spielen, Einsätze machen, auf definierte Gewinne hoffen und – je nach Spielverlauf – mehr oder weniger gewinnen oder verlieren. Hierzu im folgenden ein Anfang der 50er Jahre erfundenes und berühmt gewordenes Spiel, das verdeutlicht, um was es beim Ansatz „Konflikt als Spiel" geht.

Das Spiel „Prisoner's Dilemma" („Dilemma der Untersuchungshäftlinge") spielt in den USA mit den Spielregeln der US-Justiz. Es gibt drei Spieler: A und B sind wegen des dringenden Verdachts der gemeinsamen Durchführung eines Raubes inhaftiert und in getrennte Zellen geschlossen worden. Der dritte Spieler C, der Staatsanwalt, sucht nach hinreichenden Beweisen für eine Verurteilung. Er weiß, daß A und B keine Freunde, sondern eher Konkurrenten sind, die üblicherweise nicht zusammenarbeiten. Der Staatsanwalt beschließt „sein Spiel" zu machen, indem er den beiden Verdächtigen A und B folgende Spielsituation präsentiert. Er sagt zu A und zu B, die dazu einzeln vorgeführt werden, dasselbe:

1. Wenn einer von Euch gesteht, so wird er nach dem Prozeß als Kronzeuge entlassen, der Verurteilte erhält sechs Jahre.

PHÄNOMEN KONFLIKT

2. Wenn beide gestehen, wird auf die Höchststrafe verzichtet und jeder erhält ohne Bewährung vier Jahre.
3. Wenn keiner gesteht, so werden beide wegen unerlaubten Besitzes von Waffen zu je zwei Jahren verurteilt.

Anschließend läßt der Staatsanwalt beide in ihre Zellen bringen, ohne ihnen die Gelegenheit zu einer Aussprache zu geben.

Die Spieltheorie geht nun von rationalem Verhalten aus: daß Spieleinsätze/Verlustquoten/Ereignis-Wahrscheinlichkeiten das Verhalten von A und B bestimmen – also NICHT so irrationale Dinge wie Freundschaft, Ehrenkodex, religiöse Glaubenssätze oder einfach Ärger. Mit diesem Konzept geht die Spieltheorie an ihren formalen Ansatz zur Beschreibung des Prisoner's Dilemma, der in Abb. 22.1-1 dargestellt ist:

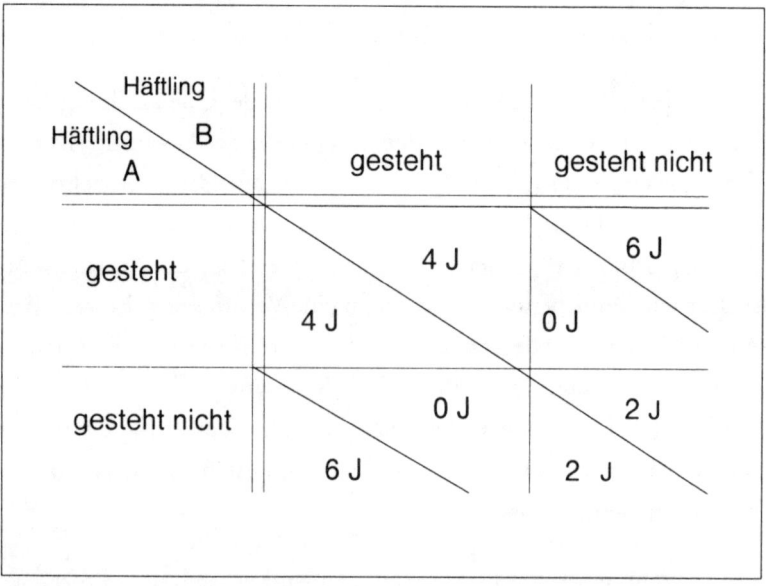

Abb. 22.1-1: Der spieltheoretische Ansatz in Prisoner's Dilemma

Schauen Sie sich die Gewinn-Matrix an: was würden Sie als A oder B tun? Ich empfehle Ihnen über Ihre Lösung nachzudenken – das verdeutlicht Ihnen den rationalen Spielansatz im Konflikt.

Beide Spieler stehen nun in einem intrapersonalen Konflikt:
- gestehen als die Entscheidung, bei der jeder hofft, den eigenen Nutzen zu maximieren,
- nicht gestehen in der Hoffnung auf eine Kooperation, in der der eigene Schaden minimiert wird.

An dieser Stelle geht es nicht um die tiefere Philosophie dieses Spiels, sondern um die Erläuterung der Methode, mit der das Thema angefaßt wird.

Wählt man solche entscheidungstheoretischen/spieltheoretischen Konzepte der Konfliktbeschreibung, so folgen diese einem festen Grundmuster, nämlich:
- benennen der Beteiligten,
- beschreiben der alternativen Gewinn- und Verlust-Situationen,
- beschreiben der Spielregeln und Wahrscheinlichkeiten,
- rationale Lösungssuche.

Übrigens, so einfach und rational das Prisoner's Dilemma als Spiel aussieht: bis heute gibt es keine allgemein akzeptierte Lösung... Ein Hinweis, daß bei aller Rationalität diese spieltheoretischen Ansätze nicht so einfach sind, nicht einmal für die Spezialisten...

22.2 Nullsummenspiele

Nullsummenspiele sind eine spezielle Klasse von Spielen, bei denen die eine Seite exakt das gewinnt, was die andere Seite verliert. Als Beispiel: Zwei Kinder raufen um einen Apfel.

Das doppelte Problem bei den Nullsummenspielen ist:
- es wird nie in der Auseinandersetzung etwas Zusätzliches erreicht, sondern nur Vorhandenes verteilt,
- die Konfliktkosten werden dabei im Regelfall nicht in Rechnung gestellt – wenn also z. B. beim Kampf um den Apfel ein Kind so auf den Boden gestoßen wird, und sich einen Zahn ausschlägt.

Noch risikoreicher sind diese Nullsummenspiele z. B., wenn es in einem Hirschrudel um die Balzauseinandersetzung zwischen den männlichen Hirschen geht. Mancher Hirsch hat schon das Nullsummenspiel um die zu befruchtenden Hirschkühe gewonnen und ist dann wegen der Entkräftung, die er sich in den vielen Kämpfen zugezogen hatte, nicht durch den Winter gekommen.

Nullsummenspiele sind also trügerisch und risikoreich, obwohl sie für die rationalen Konflikttheoretiker geliebte Rechenbeispiele sind. Watzlawick hat entsprechend vor einigen Jahren die Nullsummenspiele als eine der unsinnigsten weil tödlichsten Verhaltensweisen bezeichnet.

22.3 Die für rationale Ansätze notwendigen Voraussetzungen

Spieltheoretisch-entscheidungstheoretische Ansätze sind nur unter bestimmten Annahmen sinnvoll:
- wenn beide (alle) Parteien im Konflikt glauben, daß sie selber und alle anderen rationale Spieler sind,
- wenn alle Parteien – zum Beweis ihres rationalen Verhaltens – sich „vorhersehbar" verhalten, d. h. wenn ein (statistisch begründetes oder darstellbares) Vertrauen aller Beteiligten untereinander aufgebaut worden ist,
- wenn alle Parteien die Kosten/Nutzen/Chancen des Spiels zumindest ähnlich einschätzen.

Wir können erkennen, daß diese Situation in der großen Zahl der Fälle nicht gegeben ist, jedenfalls nicht im Sinn der Voraussetzungen für eine „objektive Konfliktkalkulation". Reaktive Verhaltensweisen sind nur sehr schwer, wenn überhaupt in diesem Modelltyp zu berücksichtigen.

Wichtig ist dieser Modelltyp jedoch überall dort, wo z. B. in langen Verhandlungen ein Kompromiß zu suchen ist. Als Beispiel: Die Verhandlungen Japans mit der UdSSR/Rußland über die Rückgabe der im zweiten Weltkrieg verlorenen Kurilen-Inseln. Hier geht es darum, ein „ausgewogenes Paket von Nutzen und Nachteilen" zu schnüren – also müssen Spieleinsätze, Spielziele, etc. über längere Zeit stabil erhalten bleiben, um überhaupt langwierigen Verhandlungen eine Basis zu geben.

22.4 Um subjektive Komponenten erweiterte rationale Konfliktmodelle

Schon Neumann-Morgenstern (49) führten subjektive Wahrscheinlichkeiten ein, um die für rationale Entscheidungen fehlenden Daten duch Schätzung zu gewinnen. Das Ergebnis war der „rationale Wettquotient", der als subjektiver Schätzwert in das rationale Kalkül aufgenommen wird.

Der Versuch, in einem rationalen Modell objektive Konfliktdaten und subjektives Verhalten zu integrieren, hat zu einer Fülle von Literatur geführt, in der psychologische und soziologische Zusammenhänge in spieltheoretische Ansätze einbezogen werden. Für diese Literatur benötigt man starkes Fachinteresse und eine gewisse wissenschaftliche Vorbildung. Für Leser, die an diesen Themen interessiert sind, einige Literaturhinweise (3, 49, 50, 51).

22.5 Die Grenzen rationaler Konfliktbetrachtung

Rationale Konfliktbetrachtung hat zwei Hauptgrenzen:

- die **Komplexität** der rationalen/mathematisch basierten Konzepte, für die das nötige Hintergrundwissen fast nur Fachwissenschaftlern zur Verfügung steht. Nicht-Fachleute haben dann die Neigung, oberflächlich die entsprechenden Begriffe etc. zu verwenden – nicht zum Vorteil der Problemlösung. Nur Fachleute, z. B. in Außenministerien und in den Stäben riesiger Unternehmen, können versuchen, solche Techniken für die Praxis einzusetzen,

- nur selten erfüllen Konfliktpartner die in Kapitel 22.3 genannten idealisierenden Bedingungen. Meist sind daher idealisierende Überrationalisierung und damit schwere Modellverfälschung die Folge.

22.6 Wann und inwieweit sind spieltheoretische/rationale Konfliktmodelle sinnvoll?

Ich bin zu dem Schluß gekommen, daß im Hinblick auf Spielabläufe zu benutzende Modelle meist nur nützlich sind:

- wenn das Modell so einfach ist, daß es ein Prinzip oder einen typischen Ablaufmechanismus darstellt,
- wenn es dazu dient, Fakten zu sammeln und darzustellen, also
  - Konfliktziele zu beschreiben,
  - mögliche Konfliktergebnisse zu beschreiben,
  - wirksame Kräfte zu beschreiben,
  - Gewinne/Verluste/Kosten/Chancen zu beschreiben,
  - Spielregeln und Bedingungen zu beschreiben (evtl. Szenarios).

Der weitergehende Gedanke, „Konflikte rational kalkulieren zu können", ist letztlich illusionär. Sogar das so einfach erscheinende Prisoner's Dilemma aus Abschnitt 22.1 ist noch ohne allseits akzeptierte Lösung – obwohl der rationale Ansatz so glatt wirkt. Für technokratische Denker ist dies enttäuschend – aber was hilft es?

22.7 Also: was ist ein Konflikt?

Am Anfang dieses Kapitels haben Sie einige Definitionsversuche gelesen – aber wie vorhersehbar zeigten sie nur, daß der Versuch rational-scharfer Definition nicht zu allgemein gültigen und brauchbaren Aussagen führt. Akzeptieren Sie, daß ich statt weiterer Definitionsversuche wieder dazu übergehe, weitere Modelle vorzustellen, die nützlich sind.

Die weiteren Modelle im Teil 4 werden zwar im Wesentlichen rational konzipiert sein, aber sie versuchen keine allgemeingültige Definition, sondern sind eine heuristische Darstellung/Erklärung/Anleitung.

Ich habe bisher in meinem gesamten Text keinen eigenen Versuch unternommen, Konflikt zu definieren. Die beste Definition, die ich versuchen kann: „Ein Konflikt besteht aus den Gedanken, Gefühlen, Worten und Handlungen, die aufgrund von unterschiedlichen Wünschen, Zielen und Werten der beteiligten Parteien entstehen." Aber damit kann man auch nicht viel anfangen.

23. Die Konflikt-Intensitätsskala

Dies ist das **vierundzwanzigste Basis-Modell.**

Ich halte auch wenig davon solche Einteilungen zu treffen, wie: „Ein Konflikt ist dann ein Konflikt, wenn die eine Partei gegenüber der anderen etwas unternimmt." Gemeint wäre bei dieser Definition: Ein

Konflikt ist solange kein Konflikt, wie er nicht nach außen sichtbar ausgelebt wird. Solche Definitionen sind zwar einfach und operationalisierbar, stellen aber z. B. gegenüber der lexikalischen Definition aus Kapitel 22 gleichzeitig erkennbar unzulässige Über-Simplifizierungen dar. Ich schlage statt dessen vor, die in Abb. 23-1 dargestellte Konfliktskala zu benutzen und alles, was auf diese Konfliktskala paßt, als Konflikt zuzulassen.

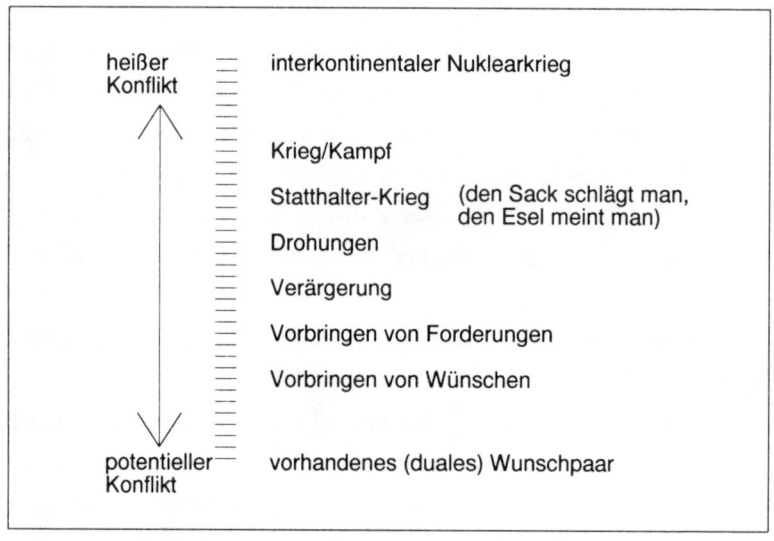

Abb. 23-1: Die Konflikt-Intensitäts-Skala

In dieser Skala habe ich eine Polarität zwischen „potentieller Konflikt" und „heißer Konflikt" gewählt. Die unterste oder niedrigste Wertung auf der Skala könnte z. B. heißen: Ein duales Wunsch-Paar (oder mehrere) ist vorhanden. Die oberste: Einsatz zahlreicher interkontinentaler Nuklearraketen.

Hinter diesem Vorgehen steht die Einsicht, daß „Konflikt" meist aus einer potentiellen Gegebenheit in eine immer heißere Aktivität überführt werden kann.

RATIONALE MODELLE FÜR KONFLIKTE UND KONFLIKTABLÄUFE

Dieses Skalen-Modell ist natürlich für jeden einzelnen Anwendungsfall neu zu erstellen. Z. B. könnte man das Konflikt-Feld eines EDV-Leiters im Zusammenhang mit einem Altlasten-Bestand von 75 % betrachten und untersuchen, durch welche Stufen einer Skala sich dieses Konflikt-Feld entwickeln könnte. Dies könnte z. B. von nicht öffentlich geäußerten Unzufriedenheiten in den Fachabteilungen (unteres Skalenende) bis zur Einberufung einer Vorstands-Krisensitzung zum Thema EDV durch einen wütenden Produktions- oder Verwaltungsvorstand (oberes Skalenende) oder gar bis zum Outsourcing reichen.

In der praktischen Arbeit an Konfliktstrategien für längere Zeit andauernde Konflikte spielt die für den aktuellen Konflikt zu erstellende Intensitätsskala eine große Rolle. Betrachten wir den Konfliktspieler A, z. B. den EDV-Leiter. Er befindet sich aktuell auf einem bestimmten Punkt der Intensitätsskala. Wenn er den Konflikt eskaliert: welches sind der Reihe nach die nächsten noch intensiveren Ereignisse/Situationen auf der Intensitätsskala? Und wenn A den Konflikt herunterspielen will, welches sind die auf der Skala nächstniedrigeren Ereignisse/ Situationen?

– Offenbar enthält die Intensitätsskala alle im Spiel grundsätzlich möglichen Konfliktsituationen – eine wunderbare Informationsquelle zur rationalen Abwägung von strategischen Zielen bzw. Zwischenzielen.

24. Aspekte von Sachkonflikten

Sachkonflikte zeichnen sich dadurch aus, daß es am Anfang „zur Sache" geht, daß also:

- gegensätzliche Wünsche, Meinungen und Ziele offen erkennbar und meist auch angesprochen/ausgesprochen sind.

Sachkonflikte können – dies ist einer der möglichen Fälle – tatsächlich auch auf der Sachebene (Kapitel 11) ausgetragen werden. Aber auch sogenannte Sachkonflikte sind nicht so „sachlich" wie es auf den ersten Blick scheint.

In der folgenden Abbildung habe ich einige Gruppen von Sachkonflikten bzw. ihre Ursachen zusammengestellt. Auch Sachkonflikte haben im Regelfall Komponenten aus unterschiedlichen Bereichen, die zusammentreffen können.

Bei Sachkonflikten denkt man zunächst an inhaltliche Themen, also z. B. an die Frage, ob man bei einer Zweigniederlassung entweder die Auflösung betreiben soll oder ob man erneut investieren soll. Die eine Gruppe sieht mehr Argumente für die erste Lösung, die andere Gruppe sieht mehr Argumente für die zweite Lösung. Dies ist die Ebene der Sachkonflikte, die z. B. mittels Spieltheorie nach Kosten-/Nutzen-Abwägung und Wahrscheinlichkeiten analysiert werden können.

Aber die Inhalte sind nur in vergleichsweise seltenen Fällen halbwegs so quantifizierbar und bewertbar, als daß man bei Sachkonflikten von „objektiven" Betrachtungsweisen reden könnte.

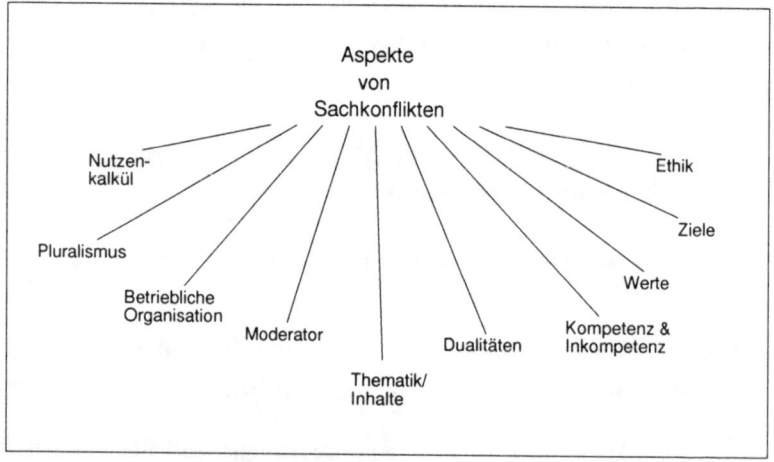

Abb. 24-1: Aspekte von Sachkonflikten

RATIONALE MODELLE FÜR KONFLIKTE UND KONFLIKTABLÄUFE

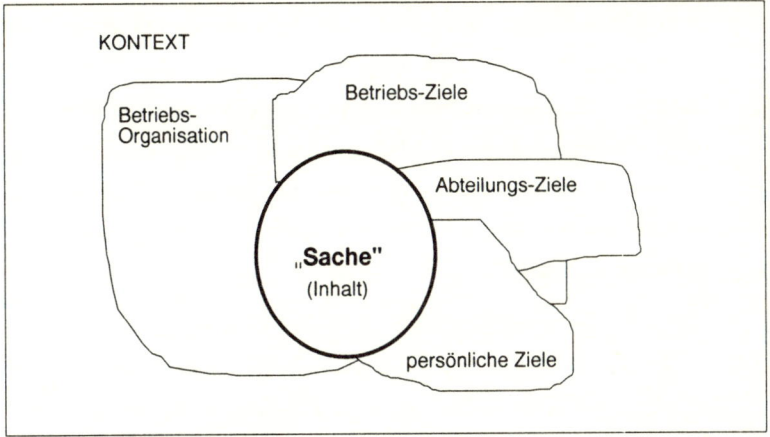

Abb. 24-2: Sachkonflikte – Inhalte und Kontext

Andere Faktoren spielen de facto eine große Rolle:
- ethische Werte und Verhaltensregeln, die von Gruppe zu Gruppe und von Mensch zu Mensch variieren;
- Ziele, die zwar an der Oberfläche zunächst objektiv formulierbar erscheinen mögen, hinter denen sich jedoch oft sehr unterschiedliche Wertsysteme und persönliche Ziele der Beteiligten verbergen;
- Kompetenz bzw. Inkompetenz der Konflikt-Beteiligten, die in vielen Fällen weder alle verfügbare Information heranholen noch neutral genug sind, diese Information sachlich zu nutzen;
- der weiter zunehmende Pluralismus von unterschiedlichen Gruppenzielen und Gruppenwerten, die es immer häufiger erforderlich machen, einen Sachkonflikt in einen pluralistischen Kontext zu stellen. Dieser pluralistische Kontext kann in sich wiederum beachtliche Konflikt-Potentiale bergen, so daß die Sachaspekte sogar überdeckt werden können. Nehmen Sie als Beispiel den Lohnstreit zwischen Arbeitgebern und Arbeitnehmern, von dem beide Seiten behaupten, daß die jeweils geforderte Lösung gesamtwirtschaftlich nicht vertretbar sei...;

- betriebliche Ablauf- und Führungsorganisationen stellen oft Teile des Sachaspekts von sogenannten Sach-Inhalten dar. Viele sogenannte Sach-Konflikte beruhen, wenn man sie auf ihre Lösungsmöglichkeiten analysiert, auf Organisationsschwächen im Ablaufbereich. Wobei diese Organisationsschwächen im Ablaufbereich sich wiederum oft auf Führungs- und Ausbildungsschwächen zurückführen lassen;
- die Rolle des Moderators, der auch bei Sach-Konflikten wichtig ist. Die Rolle des Moderators in Sach-Konflikten beweist, daß selbst die Art einer sachlichen Konflikt-Bearbeitung so viele Freiheitsgrade zuläßt, daß eine professionelle Moderation wesentliche Beiträge leistet bzw. oft die Behandlung des sogenannten Sach-Konflikts überhaupt erst ermöglicht.

Halten wir also fest, daß um jeden Sachkonflikt herum ein umfangreicher Kontext von Aspekten besteht, die nicht allein durch das Wort „sachlich" beschrieben werden können bzw. außerhalb „der Sache" liegen.

Wer einmal betriebs-interne Konflikte moderiert hat, wird festgestellt haben, daß selbst ausgesprochene Sach-Konflikte bei jedem Lösungsansatz in den Kontext eindringen müssen. Selbst so sachlich erscheinende Fragen wie: ob beim Versand eine Lieferung besser verspätet oder unsauber zusammengestellt hinausgeht, führt über das systemanalytische Problem deutlich hinaus. Bei solcher praktischen Konflikt- und Problemlösungsarbeit habe ich festgestellt, daß etwa die Hälfte der Zeit bei der Bearbeitung stark sachbezogener Themen für tatsächlich enthaltene Sachthemen nötig ist, während die andere Hälfte dem Kontext und der Beziehungsseite zu widmen ist.

Es gibt jedoch auch andere Typen von sogenannten Sachkonflikten. Hinter manchem „Sachkonflikt" stehen Motivationsketten, die zutiefst irrational sind und am besten durch die Modelle aus Teil 1 und Teil 2 erklärt werden. Nehmen wir als Beispiel den wiederholten Fall, daß Ausländerfeinde einer türkischen Familie das Haus anzünden und dabei mehrere Morde begehen.

Wie lange müssen wir nach den ersten öffentlichen Verurteilungen solcher Taten darauf warten, bis die ersten Politiker sich diesem „Sachkonflikt" widmen – nämlich der Frage, ob nicht doch schon zu viele Ausländer da sind. „Sachlich" mit diesem sogenannten Sachkonflikt umzugehen heißt dann, die offenkundigen Gruppenkräfte für die eigenen Interessen (siehe Teil 2) zu nutzen. In solchen Fällen ist die Benutzung der Etikette „Sachkonflikt" eher purer Hohn oder der gezielte Versuch der Täuschung.

Halten wir also fest, daß der auf der Sachebene (Kapitel 11) ausgetragene Sachkonflikt bestimmt weniger als 25 % aller sogenannten Sachkonflikte ausmacht. „Sachkonflikte" sind oft eine irreführende Erfindung, um irrationale Motive und nicht gesellschaftsfähige Aktivitäten mit dem notwendigen Mantel an rationalen Argumenten zu versorgen. Hierzu zwei Sprichworte, die diesen Zusammenhang betreffen: (1) „Den Sack schlagen und den Esel meinen", (2) die aus dem frühen Marxismus-Leninismus stammende dialektische Anleitung zum Umgang mit falscher Sachlichkeit: „Auf eine Scheinfrage eine Scheinantwort geben".

Hüten Sie sich also bei Konflikten, die sich als Sachkonflikte darstellen, ohne genaue Untersuchung „zur Sache zu gehen".

25. Das Kahnsche Modell des Eskalations-Managements

Dies ist das **fünfundzwanzigste Basis-Modell.**

Der amerikanische Militärberater Kahn war der Vater der nach ihm benannten Eskalations-Spirale des Nuklearzeitalters, also der 60er und 70er Jahre. Abb. 25-1 zeigt die von ihm – bezogen auf kriegerische Ost-West-Ereignisse – aufgestellte Eskalations-Skala.

Eskalation
- interkontinentale Nuklear-Raketen
- interkontinentale Kriege mit taktischen A-Waffen
- überregionale Kriege mit taktischen A-Waffen
- regionaler Krieg mit taktischen A-Waffen
- regionaler Krieg, konventionell
- anhaltender Grenzkonflikt, konventionell
- befristeter Grenzkonflikt, konventionell
- aktive Militärhilfe im Statthalterkrieg
-
-
- Kalter Krieg
  - Sabotage-Aktionen
  - Agenten-Krieg
  - Teil-Embargos
  - Handelsbeschränkungen
  - Reisebeschränkungen

Abb. 25-1: Das Kahnsche Modell der Eskalations-Spirale

Wie schon im Kapitel 23 zur Konflikt-Intensitäts-Skala dargestellt, skaliert Kahn die aufeinander folgenden Stufen von eskalationsfähigen Konflikten. Die Idee besteht darin, möglichst genau zu analysieren, welches bei einer gegebenen Konflikt-Situation der nächste Schritt in die nächstmögliche verstärkte Konflikt-Situation ist. Also z. B. der Übergang von gelegentlichen lokalen Grenz-Konflikten in einem Grenzbereich zu gelegentlichen lokalen Grenz-Konflikten in verschiedenen, weit auseinander gelegenen Grenzbereichen (typisch für den Status zwischen der Sowjetunion und China von 1960-85).

Die Kahnsche Idee war, daß beide Konflikt-Partner sich mit äußerster Sachlichkeit im Prinzip völlig einig darüber werden, wie die gemeinsame Eskalations-Skala aussieht. Dies bedeutet dann, wenn z. B. A von Stufe 44 auf Stufe 45 eskaliert, dann hat B die Möglichkeit, nicht mitzueskalieren und einen geringen Nachteil zu erleiden, oder aber B eskaliert von 45 auf 46. Daraufhin soll – nach Kahnscher Theorie – wiederum A von 46 auf 47 eskalieren bzw. eine neue Gesprächsrunde um De-Eskalation beginnen.

Im Prinzip ist also das Kahnsche Eskalations-Management ein Verfahren der wohldosierten Drohgebärde und der ebenso wohldosierten Gewaltanwendung. Durch die rational durchgeplante „wohldosierte" Eskalation will man erreichen, daß einem nicht die Kontrolle über das Konflikt-Spiel entgleitet, indem z. B. schlagartig statt von 40 nach 41 von 40 nach 55 gesprungen wird, womöglich aus Unkenntnis über die in der Eskalation enthaltenen Spielmöglichkeiten und Risiken. Diese Art des Konfliktmanagements setzt voraus, daß intensive Konfliktkommunikation – und sei es über ausdrucksvolle Drohgebärden – stattfindet. Nur so kann die stillschweigende oder gar offizielle Einigkeit über die Eskalationsskala gewonnen werden. Eine typische Drohgebärde des

Kalten Kriegs war die jährliche Truppenparade anläßlich der Oktoberrevolution in Moskau.

Hinter diesem Kahnschen Modell steht der Glaube daran, daß zwei rationale Konflikt-Partner – noch dazu unter der Drohung des allgemeinen nuklearen Untergangs – sehr vorsichtig und sachlich mit dem Konflikt umgehen würden.

Dieses Modell des Konflikt-Managements ist insofern interessant, als das Ziel keineswegs das aktive Erreichen einer möglichst konfliktfreien Situation ist. Vielmehr geht es darum, einen Konflikt möglichst kontrolliert zu führen und dabei die Gewinne bzw. Verluste möglichst kalkuliert zu halten und den anderen Konflikt-Partner von einer unüberlegten Eskalation abzuhalten.

Dieses Kahnsche Modell war im Prinzip während des gesamten Kalten Krieges von Eisenhower bis Reagan das militärische Dogma, das über die USA auch von der NATO übernommen worden war. Schauen wir heute im Jahr 1993 zurück, so mutet uns dieses Modell überholt an. Aber es hat, wenn wir zurückschauen, in der Situation des Kalten Krieges (also einer schon eskalierten Konflikt-Situation) über Jahrzehnte gute Dienste geleistet.

Am Kahnschen Eskalations-Management wird deutlich, mit wieviel Nachdenken, Strategie und Planung Konflikt-Aktionen überlegt, gestaltet bzw. potentiell vorbereitet werden können, wenn die Konfliktpartner dazu mental in der Lage sind.

26. Detaillierte Konfliktablauf-Modelle

Das Kahnsche Modell ist eigentlich ein Konfliktablaufmodell, das nur die lineare Auf- und Abbewegung auf der Eskalations-Skala kennt und auf dieser Ebene die Konfliktstrategien formuliert. Konfliktabläufe

RATIONALE MODELLE FÜR KONFLIKTE UND KONFLIKTABLÄUFE

können – z. B. bei den „Sandkastenspielen" des Generalstabs – als komplexe Ablaufplanungen entworfen werden, mit noch offenen, situativ zu treffenden Alternativentscheidungen etc.

Abb. 26-1 zeigt ein ausgesprochen rationales psychologisches Modell, das mit der Methode der Ablaufplanung ähnlich den Generalstabsplanungen für individuelles Konfliktverhalten entworfen wurde (1). Wir sehen in der Abbildung eine Vielzahl von alternativen Ablaufgeflechten. Dieses aus psychologischer Sicht bestimmt berechtigte Modell zeigt seine rationalistische Konzeption, wenn Sie z. B. in der Abb. 26-1 den mit x1 und x2 eingegrenzten Teilablauf betrachten. Dort wird die Frage gestellt: „Kann Aggression gegen den Auslöser gerichtet werden?" (*1), und im Fall der Entscheidungsalternative „ja" findet der „Streit mit dem Konfliktauslöser" statt.

Es ist klar, daß solche Modelle für Personen mit dominant reaktivem/ limbischem/engrammatischem Verhalten keinerlei Hilfe bieten. Gleichzeitig versäumen solche Modelle – so rationalistisch sie sind –, sich über so wichtige Aspekte wie Intensitätsskala und Eskalationsmanagement zu informieren. Auch ein Konfliktkosten-Kalkül ist nicht zu entdecken.

Von solchen Modellen können nur zwei Menschengruppen profitieren:

- professionelle Konfliktmoderatoren, die versuchen, mögliche Abläufe vorherzusehen, um gezielte Interventionen einzubringen – die dabei aber gut beraten sind, zusätzliche Modellelemente (s.o.) einzubeziehen,
- professionelle Konfliktspieler von den früher beschriebenen Typen:
  – cerebral
  – bewußt
  – zielorientiert
  – erwachsen im Sinn der Transaktionsanalyse.

PHÄNOMEN KONFLIKT

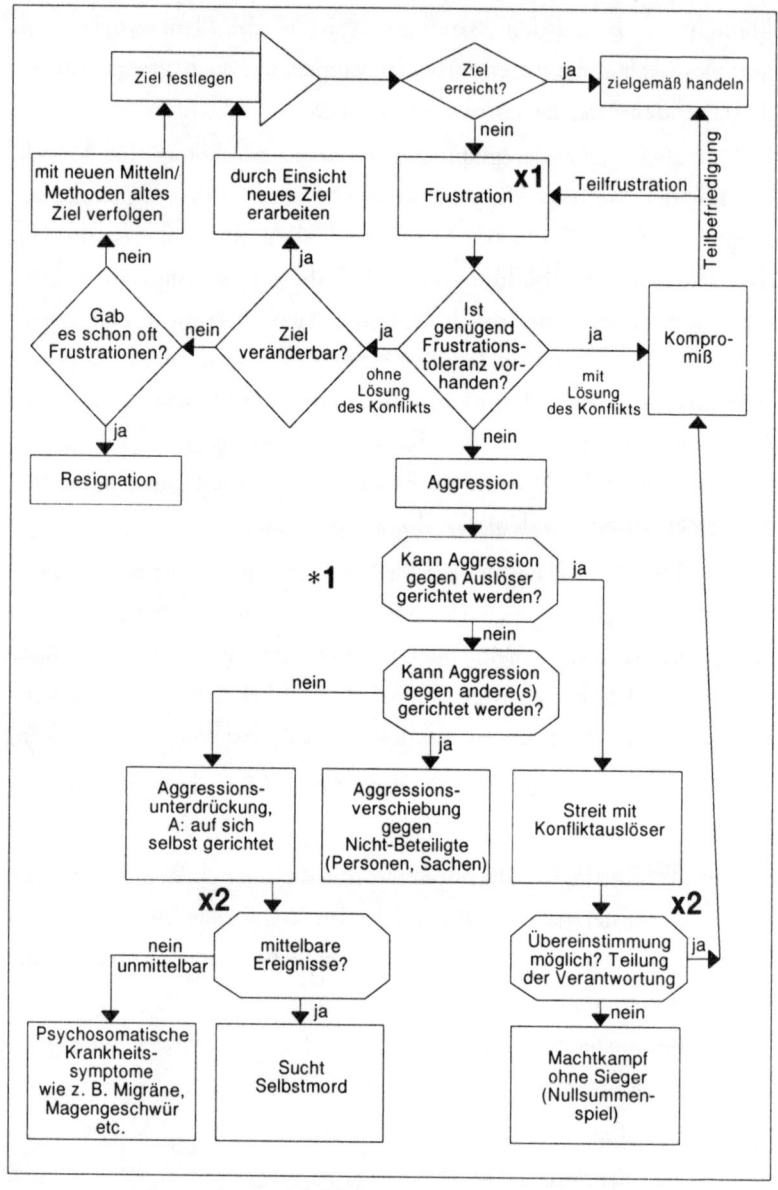

Abb. 26-1: Konfliktablauf als Ablaufdiagramm nach (1)

Die zweite genannte Gruppe der Professionellen gibt es sehr wohl, aber ich habe bisher nur vergleichsweise wenige Menschen kennengelernt, die auf dieser Ebene des Spiels als rationale Ziel-Spieler arbeiten und gleichzeitig als bewußte Schauspieler in ihrem eigenen Stück mitspielen.

27. Die Modelle zyklischer und linearer Konflikte

Dies ist das **sechsundzwanzigste Basis-Modell**.

Es gilt zwei weitere grundlegende Konflikt-Typen zu unterscheiden: die linearen Konflikte und die zyklischen Konflikte.

Lineare Konflikte werden beschrieben durch Ketten von Konflikt-Verhalten bzw. durch Abläufe, die sich auch wie ein Baum in größere Zahlen von parallelen Konflikt-Handlungen verästeln können. Dies wird in Abb. 27-1 dargestellt.

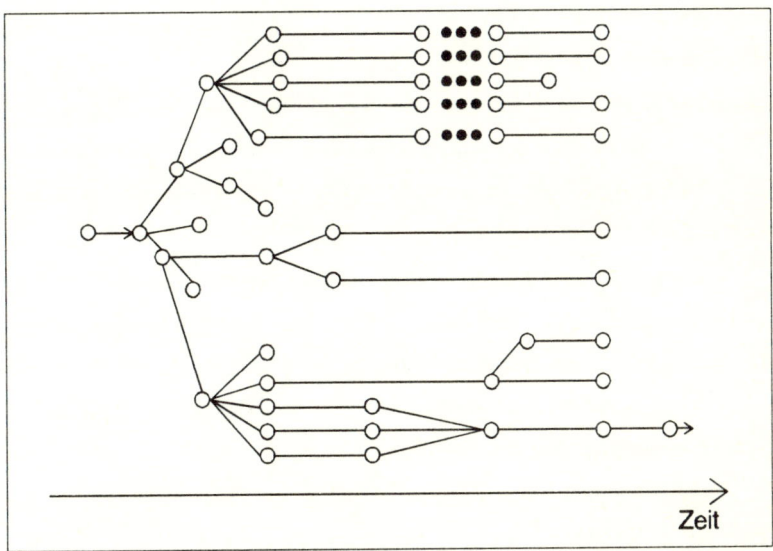

Abb. 27-1: Lineare Konfliktverläufe

Lineare Konflikte können am besten als Graphen über einer Zeitachse dargestellt werden. Dabei können z. B. die Knoten Konflikt-Handlungen sein wie z. B. ein Konflikt-Gespräch, ein unfreundlicher Wirtschaftsakt, das Starten eines Grenzkonfliktes, das Starten eines lokalen Krieges, eine Preissenkung etc. Größere Konflikte können Tausende oder Millionen von einzelnen Konflikt-Handlungen beinhalten. Das Kriterium für lineare Konflikte heißt, daß es zwar ähnliche Ereignisse geben kann (z. B. das Einreichen von Klagen bei Gericht wegen unlauteren Wettbewerbs), daß aber im Ablauf des linearen Konflikts nicht bestimmte Konflikt-Situationen so gut wie identisch immer wieder durchlaufen werden. Graphen-theoretisch ausgedrückt: daß keine geschlossenen Kreisläufe auftreten.

Zyklische Konflikte, nicht zu verwechseln mit den zirkularen Mustern aus Kapitel 12.2, sind hingegen in ihrem Kern durch einen „loop" beschrieben. Eine bestimmte Abfolge von Situationen wird immer wieder durchlaufen. Als Beispiel dazu das Ehepaar aus Abbildung 27-2, das in ziemlich regelmäßigen Abständen durch den Zustand A: „er prügelt sie" geht und dann jeweils nach einigen Stunden, Tagen oder Wochen wieder im Zustand B: „er und sie machen Liebe" ankommt. Worauf – einige Tage oder Wochen später – wiederum der Zustand A („er prügelt sie") erreicht wird.

Solche zyklischen Konflikte treten viel häufiger auf als wir es normalerweise annehmen. Meistens ist die Aufmerksamkeit der Konflikt-Beteiligten bei zyklischen Konflikten so sehr auf das augenblicklich aktuelle Geschehen gerichtet, daß das Strukturmerkmal der zyklischen Wiederkehr schlichtweg übersehen wird.

Zyklische Konflikte werden im Regelfall sehr klar durch ein duales Paar (siehe Kapitel 31) beschrieben. In unserem Beispiel ist es „Zuneigung – Abneigung". Jedoch ist in diesem Fall ein „Umklappen" der

Bevorzugung des jeweils gewählten Pols das Zentrum der zyklischen Struktur. Lineare Konflikte leben dagegen vom Aufrechterhalten der Dualität.

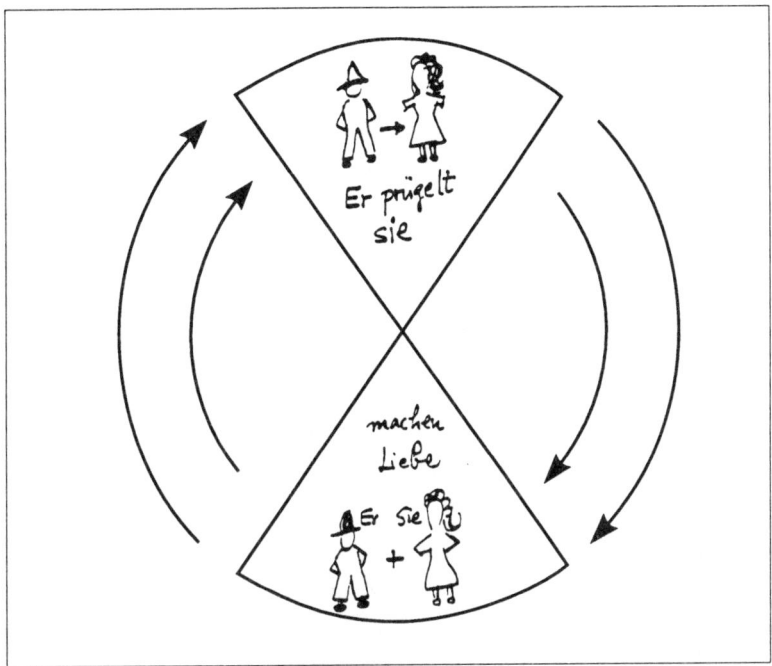

Abb. 27-2: Zyklische Konflikte

Das Verhalten des „Umklappens" wird auch „Polarity reversal" genannt. Ein beachtlicher Teil der Menschen zeigt diesen „Polarity reversal" als eine häufige persönliche Verhaltensweise. Hat in einem Paar X-Y nur eine Person X diese Eigenschaft, bleibt meist alles vergleichbar „normal", wenn Y lernt, sich nicht durch die Reversals von X irritieren zu lassen. Haben aber in einem Paar X-Y beide Personen diese Eigenschaft, so sind zyklische Konfliktabläufe geradezu vorprogrammiert.

Zyklische Konflikte sollte man als Schlichter meiden. Beginnt in unserem Beispiel ein Schlichter nach dem Konflikt-Ereignis A: „er prügelt sie", so wird zunächst vermutlich für einige Stunden oder Tage eine anhaltende feindliche Spannung zwischen den beteiligten Parteien bestehen. Üblicherweise wirft jede Partei der anderen Mißverhalten vor und beschuldigt sie für Fehlverhalten. Auf einer solchen Basis kann ein Schlichter – zunächst einmal wohlmeinend und von beiden Seiten gerufen – tatsächlich zu arbeiten beginnen. Allerdings nur so lange, bis die Abstoßungskräfte zwischen dem Paar (Dualität: Anziehung – Abstoßung) in Anziehung umschlagen. Von diesem Augenblick an ist für die beiden nicht mehr einsichtig, wieso sie noch einen Schlichter haben sollten.

Zyklische Konflikte können im Regelfall von den Beteiligten nicht bearbeitet oder gar gelöst werden. In fast allen Fällen ist professionelle Hilfe der einzige Weg aus der zyklischen Konflikt-Situation. Allerdings ist es für die Beteiligten meist sehr schwer, eine Therapiesituation aufrechtzuerhalten, da diese Therapiesituation ja ebenso wie der Schlichter als überflüssig erscheint, sobald wieder die angenehme Seite des Zyklus durchlaufen wird, also z. B. beide Parteien wieder im Bereich der Anziehung sind.

Mit NLP (als Schnelltherapie eingesetzt) können Polarity Reversals als persönliche Verhaltensweise gut erkannt und auch mit guter Erfolgsaussicht behoben werden. Damit ist der zyklische Zweipersonen-Konflikt eher Sache eines (z. B. NLP-) Therapeuten als Sache eines Schlichters. Der Helfer muß allerdings schnell vor dem nächsten Umklappen zum Ergebnis kommen.

Auch Konflikte am Arbeitsplatz, die zum Arbeitsplatzwechsel oder evtl. sogar zur Kündigung führen, haben oft einen solchen zyklischen Konflikt-Charakter.

RATIONALE MODELLE FÜR KONFLIKTE UND KONFLIKTABLÄUFE

Ich kann jedermann, der sich ernsthaft mit der Behandlung von Konflikten befassen will, nur empfehlen, bei einem Begegnen mit einem neuen Konflikt zunächst auch danach zu forschen, ob in diesem Konflikt zyklische Elemente enthalten sind. Erinnern Sie sich z. B. an die deutsch-französische Geschichte, in der es über einige Jahrhunderte geradezu Sitte war, alle 20-70 Jahre wieder einen nationalen Krieg zu führen. Auch dies scheint ein zyklisches Modell zu sein. Die anscheinend zyklische Konflikt-Situation zwischen Deutschland und Frankreich wurde erkennbar jedoch erst behoben, nachdem zwei Konflikt-Schlichter aus beiden Konflikt-Parteien zusammenkamen (Adenauer und de Gaulle) und beschlossen, den gesamten Kontext der Begegnung der beiden Nationen grundsätzlich zu verändern. So könnte man meinen, daß das Schaffen des neuen Kontexts von NATO und EG es schließlich erreicht haben, den alten zyklischen Prozeß zu beenden.

Trotz der sichtbar periodischen Wiederkehr der deutsch-französischen Kriege muß man für den deutsch-französischen Konflikt das lineare Konflikt-Modell annehmen. Als Schlüssel für diese Betrachtungsweise läßt sich das Wort von der „deutsch-französischen Erbfeindschaft" heranziehen. Diese Erbfeindschaft beschreibt eine Dualität. In einem linearen Modell ist das dann zu interpretieren als die Aussage: über viele Jahrhunderte ist das duale Paar, das als Erbfeindschaft bezeichnet wurde, erhalten geblieben. Erst Adenauer und de Gaulle haben dieses duale Paar aufgelöst. Ein typischer Polarity-Wechsel ist jedenfalls in der deutsch-französischen Geschichte nicht auszumachen – und wenn, dann erstmals nach 1950.

Beachten Sie, daß das erste Beispiel von dem sich prügelnden und später liebenden Paar klar den zyklischen Aspekt als alleinige Struktur herausstellt. Hier ist auch der Polarity-Wechsel deutlich zu erkennen.

Teil 5
Führungs- und Kooperationskonflikte

Eine wichtige Gruppe von Führungskonflikten hatte ich schon in Kapitel 14, insbesondere mit dem Alpha-Beta-Omega-Verhalten besprochen. Die hier vorgestellten Konflikte sind zusätzlich zu dem Grundmodell aus Kapitel 14 in fast jedem Unternehmen zahlreich vorhanden. Die Inhalte von Kapitel 14 und die von Teil 5 ergänzen sich.

28. Der Begriff des Aktionsraums

Den Begriff des Aktionsraums habe ich als eine Formulierung des amerikanischen „give (deny) space" entwickelt. Mit diesem Konzept lassen sich viele elementare Führungsprobleme beschreiben, die leicht zu Konfliktauslösern werden. Bei Führungskonflikten hat sich diese Technik als sehr nützlich erwiesen, sowohl für die Analyse wie auch für das Entwerfen von konfliktlösenden Aktionen.

Dies ist das **siebenundzwanzigste Basis-Modell**.

28.1 Aktionsraum als Konfliktherd

Zahlreiche vorhergehende Beispiele enthielten einen Bezug auf das Auftreten von „Aktionsspielraum" oder „Handlungsspielraum" der Beteiligten.

Als Beispiel dazu: Ein selbstbewußter Mitarbeiter mit Branchenkenntnis, der zu wissen meinte, was er in Erfüllung seiner Aufgabe zu tun habe. Die branchenfremde neue Vorgesetzte hatte jedoch nicht den Eindruck, daß unser selbstbewußter Mitarbeiter die Dinge tat, die sie für wichtig hielt. Als die neue Vorgesetzte ihn schließlich unter Ausnutzung ihres Handlungsspielraums anweist bestimmte Dinge zu tun, stellt er seine alte Arbeitsform ein (die zumindest für ihn selbständiges Arbeiten mit dazugehörigen Freiräumen bedeutete). Er „mauerte", wie die Führungskraft später sagte. Dieses Mauern ist nichts anderes als die Demonstration, daß man den (verminderten) Aktionsraum, den einem der andere zugedacht hat, nicht einnehmen will – und deswegen eben nicht mehr aktiv mit eigenen Aktionen tätig wird.

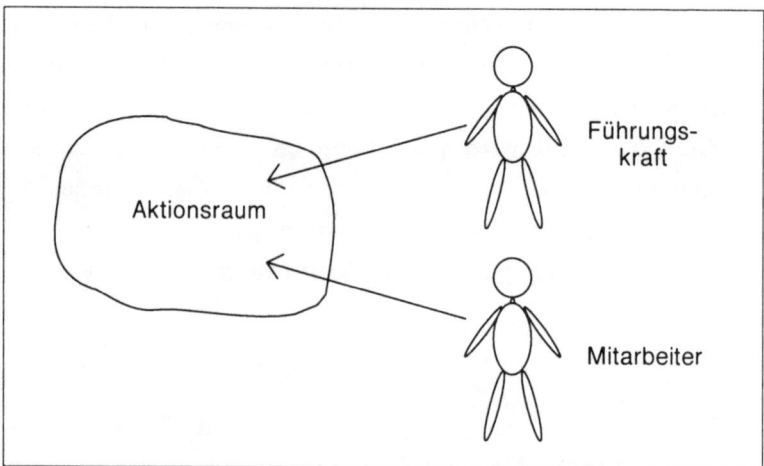

Abb 28.1-1: Aktionsraum von Führungskraft und Mitarbeiter

Ich habe z.b. bisher keine einzige Problem-Situation mit sogenannten selbstbewußten Mitarbeitern vorgetragen bekommen, die sich nicht in Kernfragen mit dem Modell der Aktionsräume analysieren ließe.

Ich führe deswegen hier das Modell der Aktionsräume als grundlegendes Arbeitsmittel im Umgang mit Konflikten (natürlich auch solchen mit selbstbewußten Personen) ein. Wegen des hohen Lösungsbeitrages benutze ich dieses Arbeitsmittel in meinen Seminaren immer wieder. Ein Beispiel für eine verunglückte Kombination von Arbeitsräumen ist in Abb. 28-2 dargestellt. Die dazu mögliche Geschichte: Ein selbstbewußter Mitarbeiter hat den gesamten Aktionsraum an sich gerissen. Der Vorgesetzte hat dem gegenüber nur noch einen sehr geringen Aktionsraum.

Ein weiteres Beispiel: Eine Führungskraft weiß, daß ein Mitarbeiter mehr von sich selbst überzeugt ist und dies auch verkauft, als daß es seiner Leistung wirklich entspricht. Trotzdem stellt diese Führungskraft die Frage, ob sie nicht durch „zuviel führen" den Mann um seine Kreativität etc. bringt. – In solchen Fällen ist anzunehmen, daß die Führungskraft (aus welchen Gründen auch immer) auf einen größeren Teil ihres Aktionsraumes verzichtet hat, bzw. verzichten will. Solches Führungskraft-Verhalten funktioniert natürlich nur im Zusammenspiel mit Mitarbeitern, die sich aktiv Aktionsraum nehmen bzw. zu nehmen versuchen. Solche Paare von FK und MA können durchaus „eingespielte Teams" sein. Probleme werden dann auftreten, wenn der Mitarbeiter z. B. anläßlich eines Vorgesetztenwechsels auf eine Führungskraft stößt, die einen größeren Aktionsraum für sich in Anspruch nimmt. Oder: die neue Führungskraft würde Probleme haben, wenn sie auf Mitarbeiter stößt, die gemäß dem Führungsverhalten des Vorgängers überhaupt keinen Aktionsspielraum für sich in Anspruch nehmen wollen – dies nun aber tun sollen.

PHÄNOMEN KONFLIKT

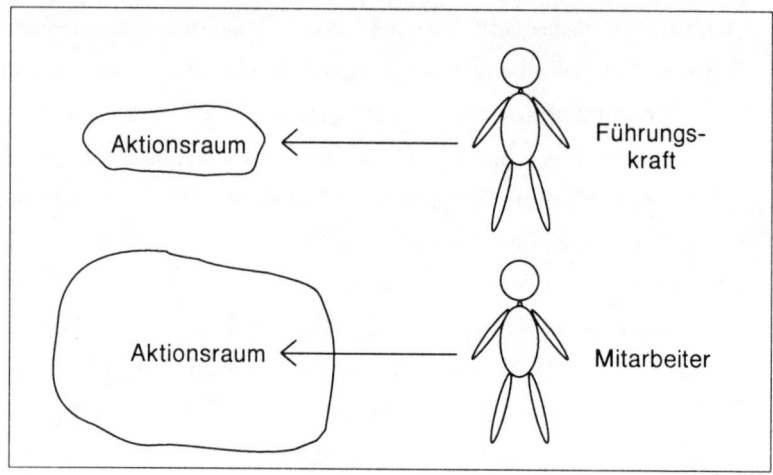

Abb. 28.1-2: Die Führungskraft hat ihren Aktionsraum verloren

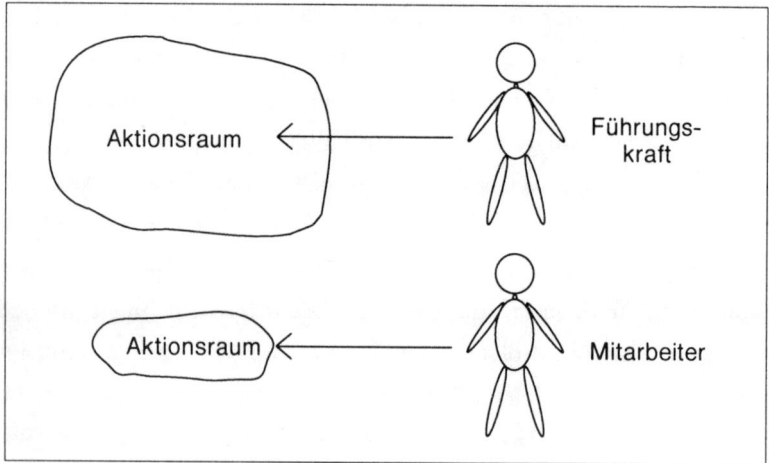

Abb. 28.1-3: Der Mitarbeiter hat seinen Aktionsraum verloren

In Abb. 28.-3 habe ich den Fall dargestellt, in dem die Führungskraft den ziemlich unumschränkten Herrschafts-Anspruch für das gesamte Geschehen für sich reklamiert hat. Für den Mitarbeiter ist nur ein sehr

FÜHRUNGS- UND KOOPERATIONSKONFLIKTE

kleiner Aktionsraum übriggeblieben. Diese Verhältnisse treten z. B. dann auf, wenn eine Führungskraft einem Mitarbeiter durch eine Serie von Anweisungen den vorher besessenen Aktionsraum wegnimmt und dramatisch verkleinert. Dann tritt z. B. das „mauern" auf.

Sobald selbstbewußte Mitarbeiter oder selbstbewußte Führungskräfte auftreten, besteht immer die Möglichkeit einer Auseinandersetzung um die jeweiligen Aktionsräume. Wir können übrigens hier im Zusammenhang mit den Aktionsräumen einen vorsichtigen Versuch einer Definition von „selbstbewußt" machen: „Hält sich für qualifiziert, mit einem größeren Aktionsraum umzugehen und fordert diesen größeren Aktionsraum auch an." Eine solche Definition hat den Vorteil, daß sie objektiv analysiert werden kann. Man kann analysieren, welche Entscheidungsspielräume für wen und was potentiell bestehen und welche Teile des Entscheidungsraums von wem für sich reklamiert und de facto genutzt werden. So ermittelt man auch die Infrastruktur eines potentiellen bzw. akuten Konflikts.

Der Idealfall besteht darin, wenn Führungskraft und Mitarbeiter gemeinsam und mit dem Ziel des Einverständnisses ihre voneinander abhängigen Aktionsräume gestalten können und dies auch situativ tun. D. h., daß je nach Art der anstehenden Aufgaben, Aktionsräume zwischen Führungskraft und Mitarbeiter auch dynamisch veränderlich aufgeteilt werden können. Besteht diese Möglichkeit auf Grund der beteiligten Persönlichkeiten, so wird ein beachtlicher Anteil der Aktionsraum-Konflikte gar nicht erst entstehen.

Dies setzt jedoch auch kommunikative Erfahrungen und Fähigkeiten in konfliktnahen Situationen voraus.

28.2 Aktionsraum und Führungskonflikte bei traditionellem Führungsverhalten

Traditionelles Führungsverhalten bzw. hierarchie-bezogenes Führungsverhalten (Kapitel 14) besteht wesentlich darin, ohne Rücksichtnahme auf Situationen bestimmte Aktionsräume für sich zu beanspruchen. Liegen solche traditionellen Führungsformen vor, bei denen ein Vorgesetzter bestimmte Aktionsräume für sich beansprucht (z. B. grundsätzlich die Entscheidungen darüber, wer sich wie fortbilden darf), so wird die Größe der Aktionsräume für die Mitglieder der Gruppe weiter begrenzt. Hier scheiden sich bezüglich der Selbstbewußtheit oft die Geister: wirklich selbstbewußte und qualifizierte Mitarbeiter verlassen diese Art von Arbeitsumgebung. Weniger standhafte, zunächst selbstbewußte Mitarbeiter resignieren und fügen sich unter Leistungsverlust in den ihnen zugestandenen limitierten Aktionsraum ein. Auch Resignation ist ein Konfliktergebnis.

Wir erkennen hier ein wichtiges karriere-bezogenes Merkmal: traditionelle Führung schränkt den Aktionsraum des Geführten so ein, daß dieser im Regelfall wenig Chancen hat, im Aktionsraum der vorgesetzten Führungskraft Erfahrung zu sammeln. Ein Mitarbeiter, dessen Selbstbewußtsein nicht so stark ist, daß er trotzdem über die Schranken des ihm gesetzten Aktionsraums sich „hinausfrißt", hat damit auch wenig Chancen, sich die Qualifikationen eines Vorgesetzten zu erarbeiten. (Dies ist natürlich eine elegante Methode von Alphas, eventuelle Omegas auf niedrigem Qualifikationsniveau und uninformiert zu halten.)

Daraus entsteht für einen selbstbewußten Mitarbeiter letztlich die Notwendigkeit, in welcher Form auch immer, den gesetzten Aktionsraum zu erweitern. Grundsätzliche Führungs- und Aufstiegskonflikte zwischen traditionell führenden Führungskräften und selbstbewußten Mitarbeitern sind also vorprogrammiert.

28.3 Der Umgang mit Aktionsräumen zwecks Minimierung von Konfliktrisiken

Bisher hatte ich nur die Größe der Aktionsräume von Führungskraft und Mitarbeiter besprochen. Wir können jedoch auch dynamische Abläufe des Wechselspiels zwischen Führungskraft und Mitarbeiter bezüglich des Aktionsraums darstellen.

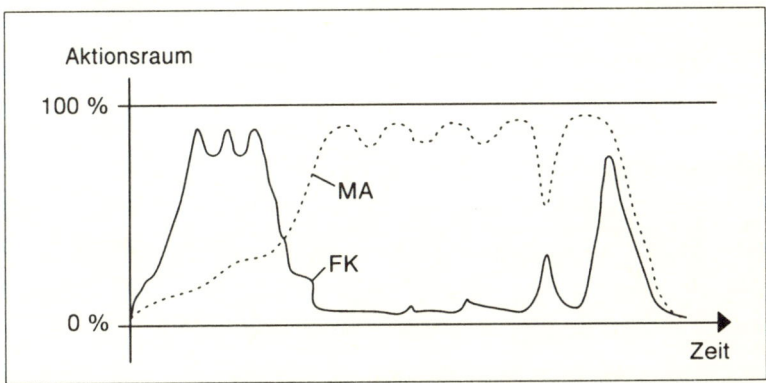

Abb. 28.3-1: Das Wechselspiel zwischen Führungskraft und Mitarbeiter bei dynamischer Aktionsraum-Aufteilung

Abb. 28.3-1 stellt im zeitlichen Ablauf dar, wie eine Führungskraft einem Mitarbeiter eine Aufgabe überträgt. Am Anfang ist die Führungskraft, von der in diesem Beispiel auch die Aufgabe kommt, stark gestaltend tätig. Sie gebraucht entsprechend über eine kurze Zeit hinweg vergleichbar viel Aktionsraum. Nach der Übertragung der Aufgabe übernimmt jedoch der Mitarbeiter einen entsprechend großen delegierten Aktionsraum bis zum Ende der Arbeit, wo mit der Arbeit auch der Aktionsraum verschwindet. Mit dem Ende der Arbeit wird der Vorgesetzte noch einmal aktiv, indem er mit dem Mitarbeiter eventuell nötige weitere Aktionen durchspricht, also noch einmal als Führungskraft zwecks Qualitätssicherung von seinem Aktionsraum

Gebrauch macht. In der Abbildung wird dann gezeigt, daß in diesem Beispiel mit der Abschlußbesprechung die Aufgabe im wesentlichen beendet ist. Beachten Sie, daß in der dargestellten Form in der Abschlußbesprechung sowohl die Führungskraft wie die Mitarbeiter einen beachtlichen Aktionsraum einbringen können.

28.4 Problematischer Umgang mit Aktionsräumen

Ein völlig anders verlaufendes Wechselspiel stelle ich Ihnen in Abb. 28.4-1 dar.

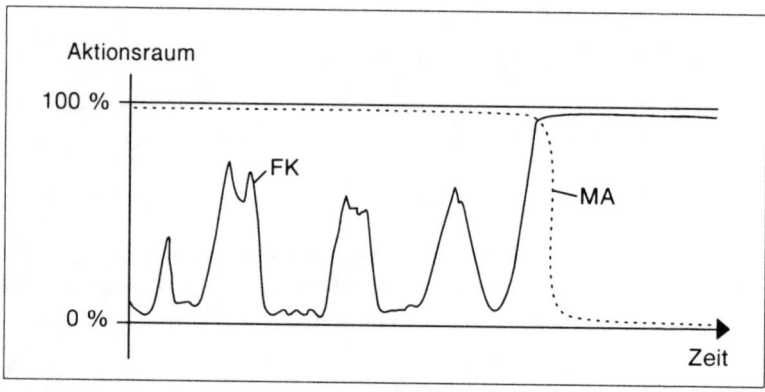

Abb. 28.4-1: Die Führungskraft übernimmt die totale Kontrolle

Dies ist die visuelle Darstellung des zeitlichen Ablaufs der schon am Anfang von Kapitel 28.1 erzählten Geschichte der Führungskraft (weiblich), die eine Abteilung übernimmt und dort den selbstbewußten und bis zu diesem Zeitpunkt selbständig handelnden Mitarbeiter findet. Zunächst versucht sie durch einzelne Einflußnahmen ihn dazu zu bewegen, das zu tun, was sie möchte. Er hält jedoch an seinem Aktionsraum fest und tut weiter was er tun möchte. Dann beschließt die Führungskraft, endgültig die Kontrolle zu übernehmen und durch strikte Anweisungen zu regieren. Sie schiebt damit ihren Aktionsraum auf 100 %. Nun hält der Mitarbeiter nicht mehr an seinem großen Aktionsraum fest, sondern als Spiegel für die totale Übernahme des Aktionsraumes durch die Vorgesetzte reduziert er seinen Aktionsraum auf Null. Die Führungskraft interpretiert dies als mauern.

28.5 Die Analyse des zeitlichen Verlaufs des Aktionsraumes als Technik der Konfliktanalyse

Ich halte dieses Modell der möglichst detailgenauen Visualisierung des zeitlichen Verlaufs der reklamierten Aktionsräume für ein sehr einfaches aber sehr wirkungsvolles Mittel, um Führungskonflikte zu beschreiben. Wenn ein Konfliktmoderator mit den Konfliktpartnern diese Methode anwendet, hat er gute Chancen, die Situation verständlich machen und behandeln zu können.

28.6 Eine Übung

Nun **Übung 12**. Bitte erinnern Sie sich an das Blatt mit Ihrer Konfliktgeschichte aus Übung 5A in Kapitel 5.2. Erinnern Sie sich noch einmal, und gehen Sie in Gedanken „den ganzen Film" durch.

Wenn Sie die Geschichte komplett haben, tragen Sie bitte in Abb. 28.6-1 den Zeitverlauf der Geschehnisse im Aktionsraum ein. Für viele Konfliktfälle wird dies zu einer Einsicht führen.

PHÄNOMEN KONFLIKT

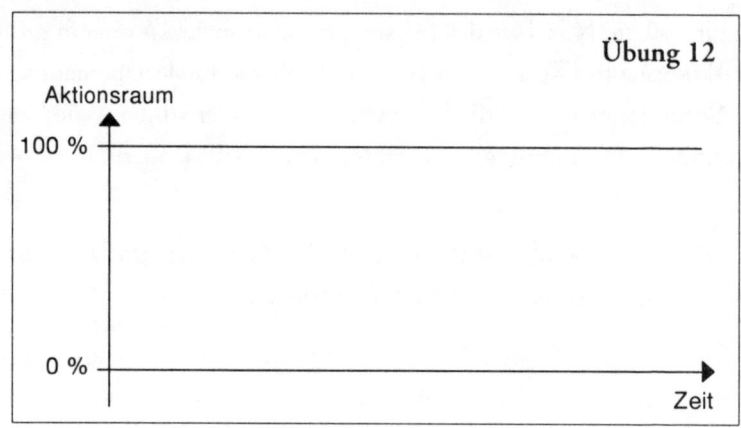

Abb. 28.6-1: Das Wechselspiel der Beteiligten in Ihrer Geschichte

28.7 Selbstbewußtsein, Aktionsraum, Territorium, Konflikte

Ich möchte noch einige für Konflikt und Kooperation wichtige Zusammenhänge zwischen dem Verhalten von Führungskräften und Mitarbeitern darstellen.

Offenbar besteht die Kunst für eine Führungskraft darin, Aktionsraum zu geben, so daß ein Mitarbeiter über eigenen Aktionsraum verfügen und ihn verantwortlich nutzen kann, aber andererseits gleichzeitig trotz des Gebens von Aktionsraum den eigenen Aktionsraum als Führungskraft nicht dauerhaft zu verlieren.

Viele Führungskräfte haben Angst, daß sie einen einmal gegebenen Aktionsraum nicht wieder zurückholen können. Um das gar nicht erst auftreten zu lassen, verweigern sie den Mitarbeitern den Aktionsraum oder nehmen vorher vorhandenen Aktionsraum weg, wenn sie als Vorgesetzte auf Mitarbeiter mit Aktionsraum treffen.

Selbstbewußte Mitarbeiter wiederum haben oft die Neigung, ihren Aktionsraum als persönliches Dauerterritorium zu verstehen, das unabhängig von Situationen zu verteidigen bzw. sogar weiter auszudehnen ist. Führt Selbstbewußtsein über das eigene Potential zu solchem Verhalten des Geführten, so muß eine Führungskraft beginnen ihren Aktionsraum zu reklamieren, wenn sie ihn nicht auf Dauer weitgehend einbüßen will.

Aktionsraum einer Person ist etwas ähnliches wie ein physisches Territorium. Wir wissen, daß Menschen ihr Territorium, wenn sie sich dieses einmal zugeeignet haben, gern verteidigen. Andere wollen andauernd ihr Territorium vergrößern. Das Reklamieren von Territorium kann dabei sehr schnell gehen.

So können wir in einer ersten Näherung Aktionsraum als Territorium verstehen, das ununterbrochen im Sinn von Territoriumskämpfen verteidigt oder vergrößert wird. Es sei denn, in einer aufgeklärteren und zivilisierteren Umgangsform gelingt es, situativ mit Territorien umzugehen, also auch z. B. – um in den Bildern zu bleiben – Territorium auf Zeit zu verpachten, es dauerhaft zu verkaufen oder zu verschenken.

Nachdem wir wissen, wie hart und blutig die vom Reptiliengehirn ausgelösten Territoriumskämpfe sind und welche Energien dauerhaft dabei freigesetzt werden, können wir uns vorstellen, wie es um die Konfliktpotentiale rund um die Aktionsräume bestellt ist. Was wir lernen müssen ist, Konfliktpotentiale nicht traditionell durch Konflikt auszuleben, sondern zu versuchen, zivilisiertere Verhaltensweisen zu finden.

29. Selbstorganisation versus Führung durch Anweisung – der Kampf um die Unternehmenskultur

Dies ist das **achtundzwanzigste Basis-Modell.**

In Abb. 29-1 stelle ich das Kontinuum der Führungsstile nach (52, 53) dar. In der Abbildung werden für die beiden Pole des Führungsverhaltens „autoritärer" bzw. „kooperativer" Führungsstil genannt – Worte, die auch heute noch den Kampf um den richtigen Führungsstil bzw. die richtige Unternehmenskultur beschreiben. Kaum ein Konflikttypus ist in der Wirschaft so hartnäckig und weit verbreitet – d. h. in fast jedem Unternehmen zu finden. Zur Abbildung noch ein vorsorglicher Hinweis. In der Feineinteilung der Konflikte ganz rechts bei „demokratisch" habe ich einen * angebracht, der darauf verweist, daß seit den 60er Jahren in der Begriffsbildung eine Veränderung stattgefunden hat. Was zunächst als demokratisch (also: im Rahmen von individuellen Grundrechten „mitentscheidend") betrachtet und verfochten wurde, ist dem Begriff der Selbstorganisation (der Geführten) gewichen, der wesentlich sinnvoller ist.

Je weiter zwei Führungsstile auseinanderliegen, umso höher ist das Konfliktpotential zwischen den Anhängern der jeweiligen Konfliktstile.

FÜHRUNGS- UND KOOPERATIONSKONFLIKTE

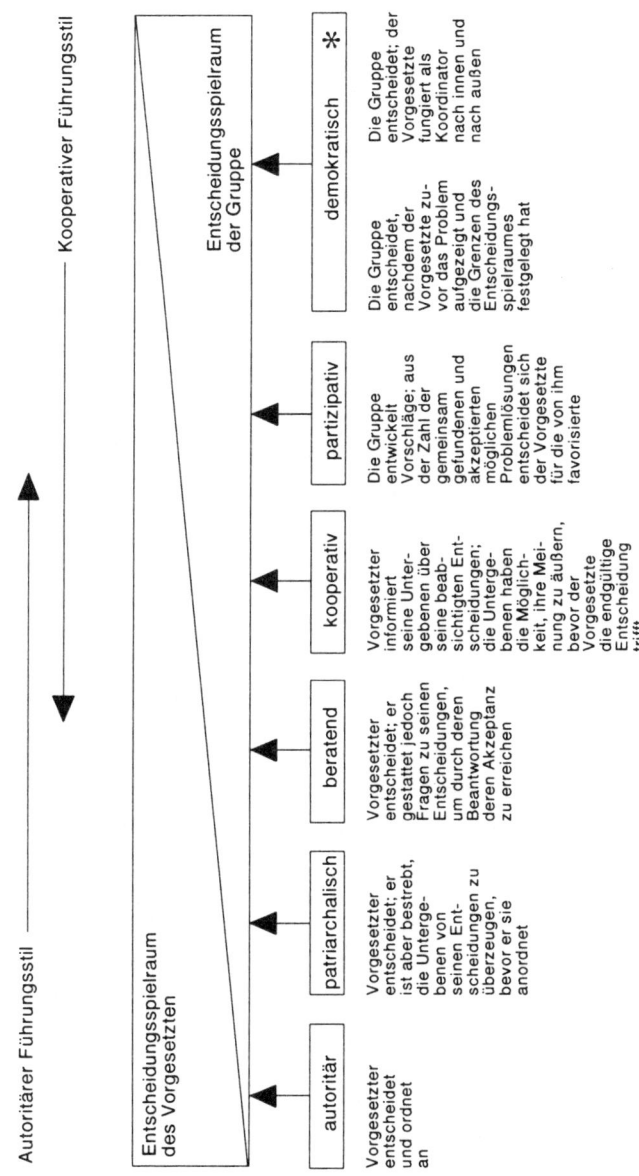

Abb. 29-1: Die Polarisierung der Führungsstile aus (53) nach (52)

PHÄNOMEN KONFLIKT

Konfliktpotential
Konfliktintensität

autoritär – selbstorganisierend
autoritär – partizipativ
patriarchalisch – selbstorganisierend
.
.
.
beratend – partizipativ
beratend – patriarchalisch
beratend – kooperativ
kooperativ – partizipativ
.
.
.
selbstorganisierend – partizipativ

Abb. 29-2: Die Konflikt-Intensitäts-Skala für Führungskonflikte

Will man diese Konfliktpotentiale nach Höhe des Konfliktpotentials bzw. der Konfliktintensität ordnen, so erhält man Abb. 29-2.

Personen haben eine meist deutlich ausgeprägte Präferenz für bestimmte Führungsstile, sowohl als Führer wie als Geführte. Sobald zwei Personen zusammentreffen, die auch nur zwei Führungsstile auseinanderliegen, ist mit offenen Reibereien zu rechnen, die auf Dauer zu einer Beziehungsverschlechterung führen und damit für das zusätzliche Entstehen reaktiver Konfliktpotentiale sorgen.

Eine der ältesten Regeln des Personalwesens, „Arbeitsgruppen aus möglichst gleichartigen Individuen aufzubauen", also auch aus Individuen mit gleicher Führungsstilpräferenz, erweist sich unter diesem Blickwinkel geradezu als Frieden schaffende Maßnahme.

Historisch – also zur Zeit des fast rein autoritären/patriarchalischen Führens – mochte dies halbwegs funktionieren. Heute sind jedoch die wirtschaftlichen Grundbedingungen in Richtung auf vielfältige (technische, marktbezogene, regionale, politische, wirtschaftliche, ...) Einflußfaktoren so kompliziert geworden, daß Pluralität der Fähigkeiten, insbesondere gepaart mit aktiver Flexibilität, im Vordergrund steht. Dies sprengt in diesen Jahrzehnten die alten Führungsstrukturen. Und dies bedeutet: auf der Skala in Abb. 29-2 rutschen die meisten Firmen durch den Zwang der Verhältnisse mehrere Positionen nach oben – und damit in einen verstärkten betriebsinternen Konflikt um Führungsstil und Unternehmenskultur.

Dieser konfliktauslösende Veränderungsprozeß wird seit Jahren in der Literatur ausgiebig beschrieben, z. B. in (54, 55, 56, 57, 58).

30. Führungskonflikte im Modell der Situativen Führung

Das in Kapitel 29 dargestellte Wissen aus den 50er und 60er Jahren (das nach wie vor gültig ist!), wurde nach den berühmt gewordenen Ohio-Studien zur „Situativen Führung" (5) weiterentwickelt. Das „Situative Führen" erlaubt die Beschreibung des Zusammenspiels von Führer und Geführten in einem Konzept, das nicht mehr nach dem „richtigen" (versus dem falschen) Führen fragt. Dadurch bietet das Situative Führen eine subtilere und damit auch umfangreichere Einsicht in Führungssituationen und dazugehörige Konflikte.

30.1 Das Konzept des Situativen Führens

Ich möchte Ihnen im folgenden das mit dem Grid Management nach dem äußeren Eindruck nahe verwandte Verfahren der „Situativen Führung" bzw. das „4-S-Verfahren" vorstellen (5). Es ist – wenn man es einmal verstanden hat – eine sehr wertvolle Denk-und Arbeitshilfe. Das von P. Hersey und Kenneth H. Blanchard als „Situational Leadership" („Situationsbezogenes Führen") bezeichnete Analyse- und Führungsmodell wurde über viele Jahre hinweg weiterentwickelt und in der Praxis ausgetestet. Es geht von einem zentralen Grundsatz aus:

> Es gibt (im Sinn von Führung) keinen besten Weg, um Menschen (bezüglich ihrer Arbeit) zu beeinflussen. Welchen Führungsstil ein Führer bezüglich einer Gruppe benutzen sollte, hängt von der Bereitschaft der Mitarbeiter ab, die der Führer beeinflussen möchte.

Diese Grundaussage macht Schluß mit solchen Aussagen wie: „... die richtige Führungskraft macht das ... so und so ..." Wir sollten auf diesen „one best way" zu führen in unserem Denken in Zukunft verzichten. Situatives Führen bedeutet: je nach Situation mit unterschiedlichen Führungsstilen zu führen. Das bedeutet: situatives Führen fordert eine gewisse Analyse- und Diagnosefähigkeit auf der Seite des Führers – und zusätzlich die Fähigkeit, eine Reihe von unterschiedlichen Führungsstilen einzusetzen. Situative Führung ist eine präzise Beschreibung der Herausforderung an die moderne Führungskraft. Führungskräfte, die „Situative Führung" ernsthaft studieren, erkennen, daß sie nicht alle Führungsstile des 4-S-Modells beherrschen und dadurch auch für spezielle Führungskonflikte anfällig sind. Dies ist auch für Führungskräfte die Gelegenheit genauer zu definieren, welche Art von „Führungskräfte-Entwicklung" sie selbst benötigen.

FÜHRUNGS- UND KOOPERATIONSKONFLIKTE

Das Konzept des situativen Führens ist auch in den Konzepten von „One Minute Management" (59, 60) und „One Page Management" (6), zwei in den USA sehr populären Konzepten, eingearbeitet. Ein Bezugsnachweis zu One Page Management findet sich in Anhang 2.

Der im vorstehenden Kasten stehende Leitsatz benutzt zwei Schlüsselbegriffe: „Führen" und „Bereitschaft der Mitarbeiter". Dies sind die beiden Grundvariablen der Situativen Führung. Diese beiden Variablen sind miteinander verknüpft. Sie bilden ein SYSTEM DES FÜHRENS UND GEFÜHRT WERDENS. Ich gebe hier die beim 4-S-Modell zugrundeliegenden Definitionen wieder.

> **Führen:** ist die Tätigkeit des Beeinflussens von Menschen dahingehend, daß diese sich willentlich um Gruppenziele bemühen. (Dargestellt durch Führungsstile S1 bis S4.)

und:

> **Bereitschaft:** beschreibt, wie weit eine Person fähig UND willig ist, eine gegebene Aufgabe zu bearbeiten. (Dargestellt durch die Bereitschaftsgrade R1 bis R4.)

Diese zwei Aussagen beschreiben auch den Schmerzpunkt des Verhältnisses zwischen Führern und Geführten: es gibt keine wirksame Führung, wenn niemand bereit ist dem Führer zu folgen...

Beachten Sie, daß das Konzept des Situativen Führens bisher das einzige Führungsmodell ist, das Führerverhalten und Geführten-Verhalten in einem gemeinsamen System darstellt. Führer und Geführte werden „Partner im Team-Spiel" und im unglücklichen Fall Partner im Führungskonflikt-Spiel. Es ist das erste im Konzept wirklich moderne Führungsmodell, das auf der Wechselwirkung von Führer und Geführten aufbaut und erwiesen gültig ist.

Das Grundmodell des 4-S-Verfahrens stelle ich in Abb. 30.1-1 dar. Sie sehen dort die vier Führungsgrundstile mit S1, S2, S3, S4 eingezeichnet und beschrieben.

hohe Kommunikation & niedriger Aufgabenbezug **S3**	hoher Aufgabenbezug & hohe Kommunikation **S2**
niedrige Kommunikation & niedriger Aufgabenbezug **S4**	hoher Aufgabenbezug & niedrige Kommunikation **S1**

Abb. 30.1-1: Die Führungsstile der Situativen Führung nach (5)

Ich stelle die Kurzbeschreibungen noch in folgender Liste dar:

S 1:
- Anweisungen geben,
- engmaschig die Ausführung überwachen,

S 2:
- vom Führer getroffene Entscheidungen den Mitarbeitern erläutern,
- Gelegenheit zur Klärung von Fragen geben,

S 3:
- Ideen mitteilen und austauschen,
- bei Entscheidungsprozessen seitens des Führers Hilfestellung geben,

S 4:
- die Verantwortung für Entscheidungen und Ausführung weitergeben.

Die vier Führungsstile stehen in einem Quadrat, das unter der Überschrift „Verhalten des Führers" von den beiden Achsen:
- Aufgaben- und Zielbezogenheit des Führers,
- zwischenmenschliche Orientierung (Ausmaß zwischenmenschlicher Interaktion)

aufgespannt wird.

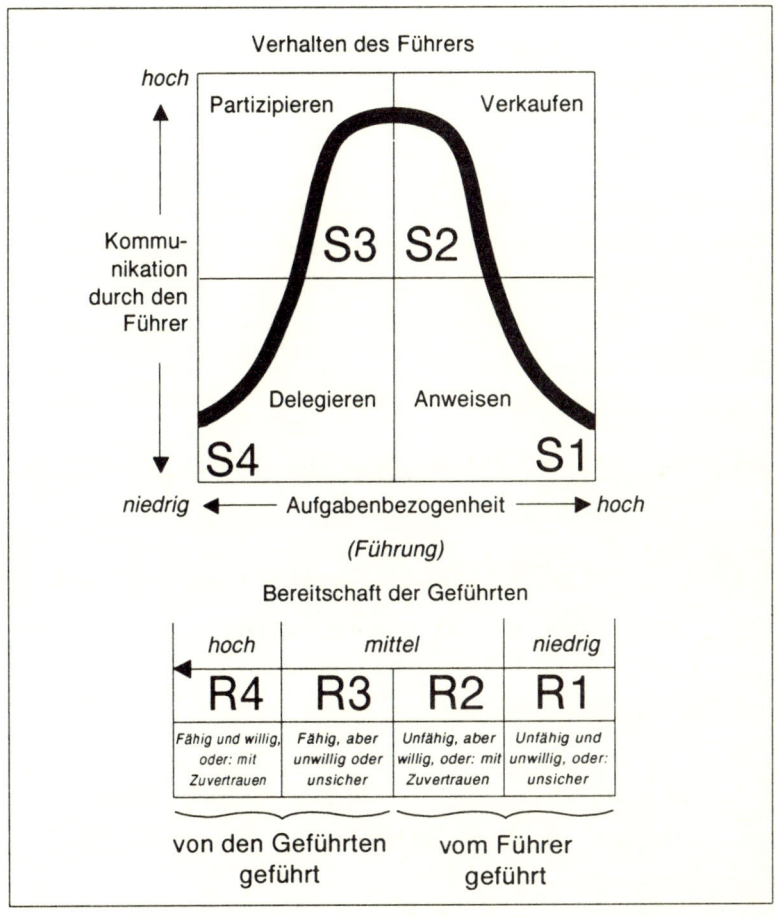

Abb. 30.1-2: Das Grundmodell der Situativen Führung nach (5)

PHÄNOMEN KONFLIKT

Das Verhalten des Führers auf diesen beiden Achsen, das an sich kontinuierlich von Null (niedriges Ende) bis maximal oder „hundertprozentig" reicht (hohes Ende), wurde der vereinfachten Diskussion wegen jeweils in zwei Bereiche eingeteilt, in NIEDRIG und HOCH. So entstehen dann die Quadranten S1 bis S4. Hierzu Abb. 30.1-2.

Vorsorglich noch ein Hinweis. Diese Abbildung 30.1-2 wird oft in textlich modifizierter Form als Erläuterung zum „Grid Management" präsentiert. Was dabei meist falsch wiedergegeben wird: Der Stil S2 („viel Aufgabenorientierung und Zielbezug /viel zwischenmenschliche Orientierung") ist im Konzept der Situativen Führung keineswegs DER ideale Führungsstil bezüglich Teamkooperation und Teamleistung, wie oft fälschlich erläutert wird. Es geht beim Situativen Führen NICHT darum, einen angeblich optimalen Führungsstil anzustreben, z. B. S2 – sondern situationsadäquat den situativ optimalen Führungsstil zu finden. Optimal im Sinn von Hersey und Blanchard heißt dabei: den produktivsten möglichen Führungsstil, der der Bereitschaft der Geführten entspricht.

30.2 Typische Konflikte innerhalb des Situativen Führungsmodells

Es gibt drei Haupttypen von Konflikten innerhalb dieses Modells:
1. eine Differenz in den seitens des Führers und der Geführten gewünschten Führungsstilen (Sx contra Sy),
2. eine Differenz des Führungsstils des Führers und der Bereitschaft der Geführten (Sx contra Ry),
3. den Konflikt von Führungskräften mit unterschiedlichen Führungsstilen Sx und Sy innerhalb einer Organisation über die richtige Führung.

Im folgenden gebe ich dazu zwei Beispiele.

30.2.1 Führungskonflikt „gezeigter Stil Sx contra gewünschter Stil Sy"

Beispiel: S3 (Geführte) contra S2 (Führer)
Die Geführten sind sich **unabhängig von ihrer wirklichen Bereitschaft Rx** darüber einig, daß sie anliegende Probleme miteinander durchsprechen und aufbereiten wollen. Die FK soll nach Meinung der Geführten Informationen einbringen und bei anstehenden Entscheidungen die Geführten hören ehe gemeinsam entschieden wird. Die Geführten wünschen also den Führungsstil S3.

Die FK fühlt sich dagegen als ausführendes Organ ihrer Vorgesetzten und möchte letztlich, daß das Team tut, was seine eigenen Vorgesetzten als Vorgaben einbringen und was er sich als Lösung vorstellt. Er wünscht also den Führungsstil S2.

Die FK versucht daher, schon von ihr getroffene Entscheidungen „zu vermitteln" und zu verkaufen, evtl. auch durch manipulative Halb- und Fehlinformationen.

Die Geführten sind zunehmend unzufrieden. Sie fühlen ihre von sich selbst angenommene Kompetenz mißachtet und ihre Leistungsbereitschaft nicht gewürdigt.

Es gibt hier zwei Hauptabläufe des Konflikts:
1. versuchter Aufstand gegen den Führer, mit vorweggehenden Versuchen ins Gespräch zu kommen, und oft erst nach erfolglosem Bemühen,
2. Resignation und Leistungsabfall.

Beispiel: S3 (Geführte) und neue Führungskraft mit S1
Der vorgenannte Konflikt wird härter, wenn z. B. ein Team einen Führer mit Stil S3 hatte und reibungsfrei auf der Ebene S3 zusammenarbeitete. So ist bei den Geführten Gewöhnung an S3 entstanden. Wird

nun, z. B. durch Versetzung, eine neue FK mit dem Stil S1 vorgesetzt, so ist ein offener Führungskonflikt binnen 30 Tagen vorhersehbar. Mit an Sicherheit grenzender Wahrscheinlichkeit wird nicht nur die Leistung zusammenbrechen, sondern ein Teil der Geführten wird die Arbeitsgruppe verlassen.

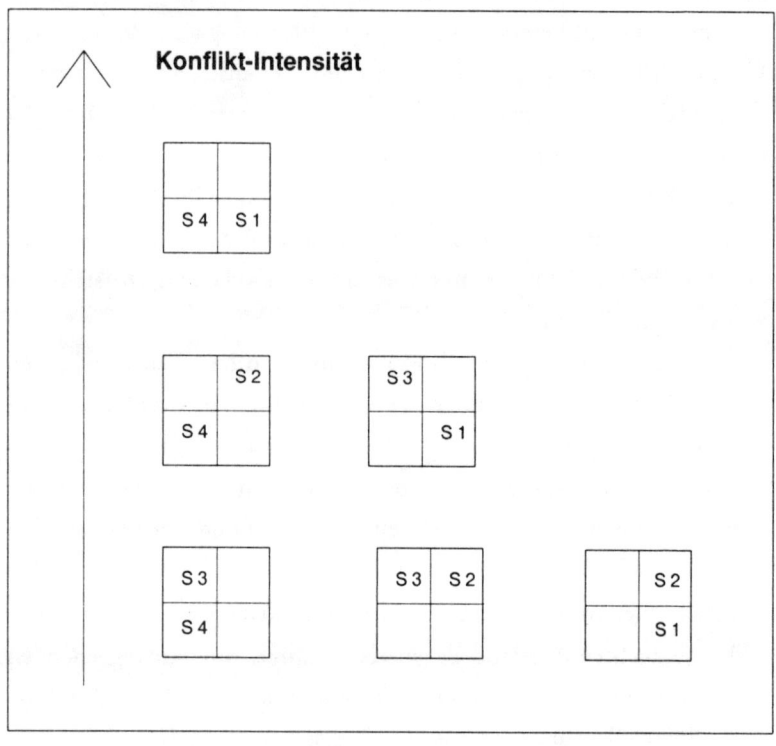

Abb. 30.2.1-1: Der Zusammenhang zwischen Mismatch gezeigter und erwarteter Führungsstile und der dabei resultierenden Konfliktintensität

Wichtig ist bei diesem Konflikttyp, daß bei den Geführten der gewünschte Führungsstil (z. B. S3) nicht mit der eigenen Bereitschaft (z. B. R1) übereinstimmen muß. Es geht bei diesem Typus oft darum, daß Geführte eine **Illusion** über ihr eigenes Potential haben und daraus

Forderungen ableiten. Aus dieser Einsicht lassen sich dann die notwendigen Maßnahmen leicht ableiten.

30.2.2 Konflikte bei gezeigtem Führungsstil Sx und Bereitschaft der Geführten auf der Höhe Ry

Die Konflikte unter diesem Blickpunkt sind ganz anderer Natur als die aus Abschnitt 30.2.1. Ich gebe ein Beispiel.

Beispiel S4 contra R2:

Der Führer ist selbst ein erfahrener, einfallsreicher Mann, der sich immer selbständig um Lösungen und Lösungswege bemüht. Das erwartet er selbstverständlich auch von seinen Mitarbeitern. So erwartet er, daß einige Zeit nach einer Besprechung jeder der Geführten mit seinen Beiträgen kommt, wobei er davon ausgeht, daß die Geführten ihre Beiträge schon untereinander abgeglichen haben, ehe er ins Gespräch einbezogen wird. Er arbeitet inzwischen an seinen eigenen Schwerpunkten weiter.

Die Geführten auf der Ebene R2 sind zwar gutwillig und zuversichtlich, aber im fachlichen Sinn sind sie noch unfähig, da ihnen notwendiges Wissen und Erfahrungen fehlen.

Was bei der nächsten Besprechung geschieht: die Führungskraft entdeckt, daß nichts geleistet wurde und wird ärgerlich. Die Geführten fühlen sich ungerechtfertigt behandelt – der Führer war ja nicht einmal bereit, sich auch nur im geringsten um sie zu kümmern. So entsteht Minderleistung, Frustration und allmählich ansteigender, zunächst noch schwelender Konflikt.

Es läßt sich wie in Abb. 30.2.1-1 ein Bezug zur Intensitätsskala herstellen. Ersetzen Sie hierzu in Gedanken in Abb. 30.2.1-1 in den Paaren Sx/Sy jeweils ein S durch ein R.

30.3 Zur Lösung: der „situativ mehrsprachige" Führer als Konflikt-Minimierer

So wie nach dem „richtigen Führer" (gemäß den Eigenschaftstheorien für gutes Führen) wird immer wieder nach dem allgemein-richtigen Kommunikationsstil und Führungsstil gesucht. Diesen gibt es nicht. Gute Führungskommunikation ist, genau wie Führung, ebenfalls situativ.

Für viele Führungskräfte, die ihren Führungsstil und damit auch ihren dazugehörigen Kommunikationsstil haben, stehen Probleme bevor. Man wird Führungskräfte zunehmend danach bemessen, wie viele Kommunikationsstile und Führungsstile sie situativ-flexibel beherrschen. Flachere Hierarchien fordern mehr Flexibilität der Führer und eine Verschiebung des praktizierten Stils mehr nach S3 und S4.

Der Führungsstil S1 wird immer mehr zum Konflikt herd. Aber auch S2-Führer sind bei innovativen Aufgaben, bei flexibel laufenden Projekten immer häufiger überfordert.

Beachten Sie: neue Arbeitsgruppen starten oft bei der Bereitschaft/Willigkeit/Fähigkeit R1. Das heißt: beim Aufbau von Arbeitsgruppen beginnt die Entwicklung mit Stil S1, führt über S2/R2 dann zu Arbeit in S3/R3 und evtl. sogar in S4/R4. Will ein Führer z. B., weil er ein ideologischer S3-Typ ist, eine neue Gruppe auf dem Bereitschaftsniveau R1 sofort so behandeln als sei sie schon bei R3, so sind bestimmte Konflikte vorhersagbar. Dieser Führer vom Typ S3 sollte also möglichst auf R3/S3 arbeitende Teams übernehmen – und nicht ein Team mit Anfängern von R1 nach R3 entwickeln.

Im Sinn der Konfliktminimierung wäre also ein „situativ mehrsprachiger Führer" ideal. Er könnte je nach Bedarf jeden der Führungsstile S1 bis S4 einsetzen. Auch wenn es diesen Idealtypen in der Berufswelt nicht gibt, markiert er ein wünschenswertes Ziel.

30.4 Widerstände gegen die Änderung von Kommunikationskultur und Führungskultur – in Führungsinstrumenten zu berücksichtigen

Ich hatte schon in Abschnitt 14.3.3 auf das „Immunsystem" in den Unternehmen hingewiesen, das sich gegen „eingedrungene" Veränderer von Führungs- und Kommunikationsstil in Bewegung setzt.

Diese Widerstände sind vorhersehbar und daher einplanbar, da sie bei Angriffen auf bestehende Führungskulturen immer wieder ausgelöst werden.

Wichtig ist das vorsichtige und langsame Einbringen von Maßnahmen, die zunächst die Kommunikationsfähigkeit erhöhen. Erhöhte Kommunikationsfähigkeit kann erst dann allmählich gezielt genutzt werden, wenn Führungskräfte mehr über situatives Führen gelernt haben, also die Chancen annehmen. Das schönste Kommunikationstraining hilft nichts, wenn der Mitarbeiter oder die Führungskraft zurückkommt und im Unternehmen sofort unmißverständlich lernt, daß alles bleibt wie es ist.

Wird zu schnell verändert, so entstehen gemäß Abb. 29-2 bzw. Abb. 30.2.1-1 leicht heiße Abstoßungsphasen, die sehr schädlich sein können.

Teil 6
Dualität – zentrales Konzept in allen Konflikten

31. Dualität und Konflikt

Hier wird das **einunddreißigste Basis-Modell** behandelt.

Dieses Kapitel erläutert zunächst das Konzept der Dualität, des einzigen mir bekannten Aspekts, der in allen Konflikten an der Wurzel des Geschehens zu finden ist. Es hat bei mir auch viele Jahre gedauert, bis ich nicht nur die Trivialität der Aussage „Natürlich wird in jedem Konflikt immer um etwas gestritten, natürlich gibt es dabei immer dafür und dagegen" gesehen habe, sondern dahinter zentrale Grundstrukturen entdeckte. Grundstrukturen, die sich in pragmatische Analysetechniken umsetzen lassen (Kapitel 12.3. und 32.), die aber gleichzeitig den Blick auf den Konflikt als Teil einer Weltordnung eröffnen.

31.1 Überall sind duale Paare

In jedem Konflikt läßt sich wenigstens eine „Dualität" aufzeigen, häufig aber mehr als eine. Dualitäten sind Gegensätzlichkeiten, die sich auf Wünsche, Ziele, Gefühle, Preise oder was auch immer beziehen können.

Es gibt zahlreiche Literatur zu der Rolle spezieller Dualitäten im Zusammenhang mit Konflikt-Verhalten. Im folgendem werden eine Reihe solcher Dualitäten aufgezeigt:

Nähe – Distanz
sachbezogen – personenbezogen
zentral – dezentral
bezahlte Modifikation – gratis Nachbesserung
billig kaufen – teuer verkaufen
Freiraum geben – Freiraum nehmen
Recht haben – kein Recht haben
siegen – verlieren
wir – die anderen
konservativ – innovativ
genauso – anders
Yin – Yang
Liebe wollen – Liebe geben
besitzen – nicht besitzen
hungrig – satt
Macht – ohnmächtig
neugierig – Information als Besitzstand
stark – hilflos
Vorteil – Nachteil
Struktur – Freiheit

Sie sehen, daß jedes der genannten dualen Paare in viele unterschiedliche Lebenssituationen hineinpaßt. Jedes duale Paar kann der Ausgangspunkt eines Konflikts sein und es gibt keinen Konflikt, in dem nicht mindestens ein solches duales Paar im Ursachenbereich gefunden werden kann. Wenn Sie Konflikt-Geschichten schreiben wollen: fangen

DUALITÄT – ZENTRALES KONZEPT IN ALLEN KONFLIKTEN

Sie einfach mit einem dualen Begriffspaar an und erfinden Sie dazu eine Geschichte...

In Asien ist seit den alten Zeiten weit vor Hinduismus und Buddhismus das duale Paar von Yin und Yang ein Zentrum von Lebens- und Religionsphilosophie. Dort heißt es: es gibt nichts auf der Welt, was nicht in ein solches duales Paar hineinpaßt. Ohne Berge gibt es keine Täler, ohne Feinde nicht die Bedeutung der Freunde, ohne Mann nicht den Sinn der Frau, ohne heiß kein kalt, etc. Unsere westliche Welt kennt z. B. in der Physik diese Paare bestens: Elektron/Positron, Druck/Spannung, vorher/nachher, hohe/niedrige Temperatur, etc. Aber die westliche Gesellschaft und Wissenschaft beachtet diese Modellstruktur wenig.

Die über 3000 Jahre alte „Yin-Yang Philosophie", die auch von Aristoteles benutzt wurde (79,81), bringt in bezug auf Konflikte mehrere für uns immer noch sehr richtige und wichtige Aussagen, die bisher nie als falsch bewiesen werden konnten:

1. Alles, aber auch alles kann im Sinne der dualen Paare zu Konflikt-Auslösern werden, wenn Menschen diesen dualen Aspekt in Richtung auf einen Konflikt entwickeln, d. h. ihm Aufmerksamkeit und Energie geben.

2. Der alte Hinduismus und der Buddhismus lehren, daß alle Schöpfung zwischen den dualen Paaren von Yin und Yang stattfindet. Daß also die Spannung, die in der Dualität enthalten ist, auch gleichzeitig die Kraft der Schöpfung enthält. Als Beispiel: Ohne die Situation des Hungers besteht nicht der Antrieb zur Tätigkeit des Besorgens von Essen, das einen sattmacht. Ohne Kälte nicht der Wunsch nach einem geheizten Haus. Oder: ohne im Tal zu sein, kann es nicht den Wunsch geben, auf den Berggipfel zu gelangen. In der modernen Physik sind „Gradienten"

zwischen hohem und niedrigen Niveau für das Auslösen dynamischer Prozesse nötig.

3. Es gibt keinen Konflikt, an dem nicht eine oder mehrere Dualitäten beteiligt sind. Wer also die an einem Konflikt beteiligten Dualitäten erfaßt und begreift, hält einen wichtigen Schlüssel nicht nur zum Verständnis, sondern auch zur Behandlung des Konflikts in Händen. Hierauf lassen sich Techniken der Konfliktbehandlung aufbauen.

Aus diesem philosophischen Blickwinkel, dem wir kaum widersprechen können, sind Lebensgeschehen und Konfliktpotential aus ein- und demselben Grundstoff gemacht. Auf ideologische Weise Thesen zu vertreten wie „Konflikt ist gegen das Leben" ist aus dieser Betrachtungsweise unsinnig – denn Konflikt ist ein integraler Bestandteil des Lebens. Die Philosophie vom „mittleren Weg" bedeutet daher nicht, einen imaginären Nullpunkt zwischen den dualen Paaren zu suchen und sich dort einzunisten, sondern dynamisch möglichst entfernt von den Extremen um eine Mittellinie zu pendeln.

31.2 Für spezielle Umgebungen typische duale Paare

Manche Umgebung, z. B. die betriebliche Datenverarbeitung, zeigt spezielle duale Paare, die immer wieder als Ursache von Konflikten auftreten. Im Fall der betrieblichen Datenverarbeitung der letzten 10 Jahre sind dies vor allem folgende duale Paare:

zentral	–	dezentral
Großrechner	–	Micro- und Workstation-Rechner
Informatikbezug	–	Geschäfts(prozeß)bezug
Innovation	–	Altlasten
Zufriedenheit	–	Unzufriedenheit

Flexibilität   —   Inflexibilität
Kontrolle   —   Selbstorganisation
technik-interessiert —   innovations-interessiert

Mit diesen acht dualen Begriffspaaren läßt sich z. B. heute der größte Teil der grundlegenden Konfliktfelder rund um die betriebliche EDV weitgehend methodisch verstehen und systematisch angehen. Dieses Vorgehen kann auf jede praktische Situation angewandt werden, zur Prävention, zur Analyse und zur Behandlung.

Der Vorteil dieser Methode besteht auch darin, daß man durch Einzelaspekte / Argumente / Auseinandersetzungen bei der Analyse nicht mehr von den wenigen Zentralthemen auf „Nebenkriegsschauplätze" abgelenkt werden kann, weil man immer wieder systematisch auf die Zentralaspekte (Dualitäten) zurückkommen kann.

Die Einsicht in die dualen Paare hinter den Konflikten hat für die Konfliktbehandlung also großen Wert. Konfliktstrategen, erstklassige Konfliktschlichter und Konfliktmoderatoren haben die Fähigkeit, in Form der dualen Paare die zentralen Kraftquellen einer Konfliktsituation zu erfassen, ob sie dies nun intuitiv oder methodisch tun. Diese Technik benutzt auch Schulz von Thun (Kapitel 12.3.).

31.3 Duale Paare suchen – ein Mittel der Konfliktanalyse

Ich empfehle also, bei jedem Konflikt als erstes die Frage zu stellen, welche dualen Paare eigentlich letzten Endes hinter diesem Konflikt stehen. Die Erfahrung zeigt, daß es meistens sehr lange Geschichten sind, in die man immer wieder einhaken muß, bis schließlich das eigentliche duale Konflikt-Potential in Form weniger dualer Paare wirklich auf der Tafel steht. Dabei gibt es auch immer wieder interessante Schichtungen von dualen Konflikt-Paaren.

PHÄNOMEN KONFLIKT

Zu dieser **Schichtung von dualen Konflikt-Paaren**, die man sozusagen im archäologischen Verfahren freilegen muß, ein Beispiel: die Firma A startet eine Marktkampagne gegen die Firma B. Das ganze läuft unter aggressivem Marktverhalten von A, wozu sich A auch intern bekennt. Wie es so üblich ist, benutzt A im Rahmen dieser Kampagne teure Incentives für die eigene Vertriebsmannschaft, gibt viel Geld in eine Werbekampagne aus und macht außerdem für den Zwischenhandel Preiszugeständnisse. Zu erkennen ist also, daß A bereit ist, viel Geld für einen Sieg über B zu investieren (Dualität: Siegen-Verlieren).

Jetzt im Rahmen der archäologischen Freilegung von dualen Schichten die 1. Frage: Wieso will A über B siegen? Nimmt A an, daß nach dem Besiegen von B in dieser Kampagne der Konkurrent nicht mehr da ist? Wenn wir mit rein sachbezogenen Betrachtungen das Verhalten von A analysieren, können wir oft zu dem Schluß kommen, daß A sich wirtschaftlich gerechnet nicht sachlich verhält. Es scheint, als ob ab einem gewissen Punkt der Konkurrenz eine Konflikt-Phase erreicht ist, die heißt: „Siegen!" Im Sinn der Dualitätsmodelle hieße dies, daß das duale Modell „Siegen-Verlieren" gespielt wird. Auch wenn betriebswirtschaftliche Gründe dann zur äußeren Rechtfertigung der Kosten des Feldzuges herangezogen werden, handelt es sich im Sinne des Modells ohne irgendeine Wertung einfach darum, daß eine bestimmte Dualität Auslöser des Konflikts ist.

Wird nun weiter geforscht, z. B. wieso das duale Paar „Siegen-Verlieren" gespielt worden ist, könnte man auf ganz andere Dinge stoßen. Als Beispiel: Man ist im Unternehmen A eigentlich gar nicht daran interessiert, ob das betroffene Produkt für den Kunden attraktiver ist als das der Konkurrenz, oder ob es nach Art, Leistung und Gestalt attraktiver gemacht werden könnte. Es soll einfach in größerer Zahl verkauft werden und dabei behindert einen der Konkurrent B. In

DUALITÄT – ZENTRALES KONZEPT IN ALLEN KONFLIKTEN

letzteren Sätzen sind zumindest zwei duale Paare enthalten: „attraktiver – weniger attraktiv", „mehr Umsatz – weniger Umsatz". Dies sind zwei duale Paare auf der zweiten Schicht.

Aber auch das müssen noch nicht die auf der tiefsten Schicht liegenden dualen Paare sein. Z. B. könnte die Entwicklungsleitung im Unternehmen A wenig produkt-innovativ sein (Dualitätspaar: „produkt-innovativ – nicht produkt-innovativ"). Dies könnte dazu führen, daß von dem Unternehmen Produkt-Innovationen erst übernommen werden, wenn sie von anderen Anbietern auf dem Markt auftauchen und erfolgreich sind. (Duales Paar: „reaktive Produktgestaltung – aktive Produktgestaltung"). Ist nun die Produktentwicklungs-Abteilung der Überzeugung, daß sie eben nicht zu den Produkt-innovativen Abteilungen der Branche gehört, bzw. akzeptiert das Unternehmen A eine solche Abteilung, so haben wir den Hinweis auf ein neues duales Paar („ich bin kreativ – ich bin nicht kreativ"). Dies sind nun die dualen Paare der dritten und vierten Schicht. Siehe hierzu Abb. 31.3-1.

Was Sie hier gesehen haben, war eine Analyse der Hierarchie der dualen Paare, die mit einem Konflikt zu tun haben. Mit einer gewissen Übung entsteht daraus eine schnelle Arbeitsmethodik. Jede Ebene oder Schicht von dualen Konflikt-Paaren als Konflikt-Begründungen hat ihre eigenen Arten des Konflikt-Verlaufs, der Konflikt-Ziele und Konflikt-Ergebnisse.

Würde das Unternehmen A z. B. die Konflikt-Analyse soweit treiben, daß sie nicht auf der ersten Schicht im Rahmen der normalen Konkurrenz am Markt schon aggressiv gegen den Umsatz-Konkurrenten zum Handeln übergeht, sondern würde A in der Situationsanalyse bis zu dem Konflikt-Paar der 3. Schicht „ich bin produkt-kreativ – ich bin nicht produkt-kreativ" vorstoßen, so würden sich völlig andere Verhaltens-Alternativen ergeben. Man könnte also z. B. das in die Kampagne investierte Geld und die dazugehörige Bindung menschlicher Energien

245

auch in eine Aktion investieren, die in der eigenen Entwicklungs-Abteilung die Haltung „ich bin nicht produkt-kreativ" z. B. durch spezielle Entwicklungsmaßnahmen und gezielte Neueinstellungen verändert in „ich bin produkt-kreativ". Als nächster Schritt wäre dann in der Dualitäts-Hierarchie nach oben zu gehen, z. B. zu der Aussage „unsere Produkte sind attraktiver für den Kunden", also die nächsthöhere Dualität abzuarbeiten.

	Beispiel aus dem Wettbewerb
1. Schicht:	Siegen – Verlieren (Wettbewerb)
2. Schicht:	mehr – weniger (Umsatz)
	attraktiv – nicht attraktiv (Produkteigenschaft)
3. Schicht:	produktinnovativ – nicht produktinnovativ
4. Schicht:	ich bin kreativ – ich bin nicht kreativ

Abb. 31.3-1: Das schichtweise Ermitteln von Dualitäten

Hier wird deutlich, wie eng strategische Unternehmensgestaltung und Konflikt-Gestaltung miteinander verbunden sind. In unserem Beispiel zeigt sich das auch an den zu erwartenden Problemen, wenn z. B. die Unternehmensleitung einseitig Druck in Richtung auf „mehr Innovation" machen würde. Ich habe das Modell der dualen Paare auch deswegen entwickelt, weil es nicht nur Konflikte diagnostiziert, sondern gleichzeitig konstruktive Hinweise zur (strategischen und operationellen) Gestaltung gibt.

32. Konflikte und Marktwirtschaft – eine Anwendung des Dualitätsmodells

Wir erlebten in den letzten 50 Jahren den geschichtlichen Konflikt zwischen kommunistischem Ostblock und kapitalistischem Westblock. Wir konnten sehen, daß dieser Konflikt vom Ostblock verloren wurde. Der Westblock benutzte dabei an erster Stelle das Regelwerk der Marktwirtschaft, das zu dauerhafter wirschaftlicher Überlegenheit und ihren Konsequenzen führte.

Marktwirtschaft heißt, letztlich den Markt über Wert und Unwert (Dualität „Wert-Unwert") aus Kundensicht von Waren und Leistungen entscheiden zu lassen. Marktwirtschaft heißt also: Konkurrenz. Konkurrenz beinhaltet die beiden dualen Paare: „Dein Kunde – mein Kunde" und „Mein Umsatz – dein Umsatz".

Wir haben in der Marktwirtschaft also an oberster Stelle zwei duale Paare zum Prinzip des gesamten Wirtschaftgeschehens gemacht. Durchaus in Übereinstimmung mit der aus der Sanskrit-Zeit stammenden Yin-Yang Philosophie vertritt die westliche Wirtschaftsideologie die Ansicht, daß in diesen Dualitäten die (wirtschaftlichen) Lebenskräfte besonders aktiv spielen. Denn offenbar wird der durch Marktprinzipien verursachte Konflikt makroökonomisch als „positiv, unterstützend, wertschöpfend" eingeschätzt. Damit ist unser marktwirschaftliches System grundsätzlich ein Konflikte generierendes System. Per Definition wird bewußt auf Konflikthaftigkeit aufgebaut, und Konflikte als Teil des Systems sind grundsätzlich vorprogrammiert. Wir leben wirtschaftlich in einer „Konfliktgesellschaft", die sich im Rahmen der westlichen Demokratien diesen Kodex selber gegeben hat.

Wenn wir rückblickend die Entwicklung der Marktwirtschaft betrachten, so können wir zumindest in unserem geographischen Bereich (Westeuropa, Nordamerika) feststellen, daß die Marktwirtschaft mit ihrem Konflikt-Prinzip wesentlich besser in der Lage war, die Grundbedürfnisse der Menschen nach Ernährung und gesicherten Lebensverhältnissen zu befriedigen als die kommunistische Ideologie, die von der Vision einer himmelsähnlichen Harmonie auf Erden ausging und dabei allgegenwärtigen Mangel produzierte. Also: ein Konfliktkonzept als (bisher siegreiches) wirtschaftliches Erfolgsrezept.

Wir können – im Hinblick auf unseren wirtschaftsgeographischen Bereich – also feststellen, daß wir Marktwirtschaft mit dem Attribut „gut" in bezug auf ein allgemeines duales Paar „gut – schlecht" einklassifizieren.

Aber wir sprechen auch von einem „Nord-Süd"-Konflikt. Anders ausgedrückt: Was in dem einen wirtschafts-geographischen Rahmen als „gut" erkannt sein kann, mag in einem anderen wirtschafts-geographischen Raum durchaus als „schlecht" erscheinen.

Also auch das Einführen eines „guten Systems" der wünschenswerten Konflikthaftigkeit (z. B. innerhalb der EG) wird in einem größeren Rahmen (z. B. des Nord-Süd-Kontrasts) wiederum zu großflächigeren dualen Spannungen führen.

Unser von den Industrienationen der Nordregion vertretenes Marktwirschaftskonzept lebt zumindest teilweise davon, daß die Länder der Südregionen im Sinne der Marktwirtschaft inzwischen dazu gezwungen sind, billigst an den Norden zu verkaufen und damit eigentlich schon aus der Marktwirtschaft ausgeschieden sind. Abstrakt gesprochen: Da Marktwirtschaft von der Nordregion als „gut" bezeichnet wird, muß es im Rahmen einer Kontexterweiterung irgendwo und irgendwie die Dualität „schlecht" geben. Und die finden wir in den Südregionen und bei Minderheiten der Nordregionen.

Daraus wird deutlich: auch wenn die westlichen Konzepte mit ihrer konfliktorientierten Marktwirtschaft die osteuropäisch-sowjetischen

DUALITÄT – ZENTRALES KONZEPT IN ALLEN KONFLIKTEN

anti-marktwirtschaftlichen Anstrengungen besiegt haben, ist der Konflikttypus nicht verschwunden. Zur Zeit stehen die westlichen Marktwirtschafts-Nationen als wirschaftliche Sieger über den vielen Ländern des Ostens und der Südregionen. Marktwirtschaft, so praktiziert, zeigt ihre Wirkung als „Schöpfungsmechanismus von Siegern und Besiegten" und damit längerfristig vorprogrammierten Folge-Kontroversen. Diese inhärente Qualität der Konflikthaftigkeit ist Ludwig Erhard bekannt gewesen. Er forderte mit seinem Konzept der „sozialen Marktwirtschaft" eine Begrenzung der Konflikthaftigkeit der Marktwirtschaft zwischen den dualen Polen von „arm-reich" – also einen Weg der Mitte. Dieser auch heute noch halbwegs innerhalb der BRD wirksame Mechanismus ist aber nie auf die gesamte Welt übertragen worden im Sinn eines weltweit konzipierten Weges der Mitte.

Wir können eines daraus ablesen: Marktwirtschaft ist in diesem und im 21. Jahrhundert kein politisches Mittel um weltweiten Frieden herzustellen. Marktwirtschaft wird weiter Konflikte generieren. Der politische Ansatz der UNO, als „Hilfsmittel in Richtung weltweiten Friedens", erhält aus diesem Blickwinkel zumindest zwei interessante Perspektiven:

1. Die UNO als ein Mittel, die Intensität der Konflikte zu mindern und damit das weltweit herrschende System der Marktwirtschaft vor zu starken Erschütterungen zu bewahren. Hierfür spricht der Golfkrieg, insbesondere im Vergleich zur Behandlung der Jugoslawien-Konflikte.

2. Die UNO als Träger der Vision weltweiter Harmonie – also als Dualität z. B. zur konfliktgenerierenden Marktwirtschaft.

Halten wir hier noch einmal pragmatisch fest: Marktwirtschaft bedeutet vorprogrammierten Konflikt. Dieser Konflikt wird in dem Wertsystem der Marktwirtschaft als anregend und letztlich für jedermann als im Mittel positiv betrachtet. Marktwirtschaft wird als Form intensiver Lebensprozesse zwischen den uralten Yin-Yang-Polen verstanden. Diese grundsätzliche Polarität beinhaltet bzw. schafft dann als Folge viele andere Polaritäten wie arm-reich, Nord-Süd, Sieger-Verlierer.

Dasselbe aus einem anderen Blickpunkt: in makroökonomischer Sicht schafft Marktwirtschaft wünschenswerten, leistungsfördernden „Eustress", in mikroökonomischer Sicht wird dagegen der entstehende Konkurrenzkampf von der Mehrheit als „Distress" (Belastung) empfunden – die Dualität von „Eustress-Distress".

Gerade weil Marktwirtschaft als herrschendes wirtschaftliches und gesellschaftliches Paradigma so dual und damit konfliktfördernd aufgebaut ist, gewinnt seit dem 2. Weltkrieg eine andere Frage immer mehr an Bedeutung: WIE kann man mit Konflikten ANDERS umgehen – z. B. so, daß die Dualität „Sieger-Verlierer" aufgelöst und umgewandelt wird in „Gewinner-Gewinner" (WIN-WIN)?

Diesem Thema werden Kapitel 38 sowie spätere Kapitel gewidmet sein, die sich um neue Formen des Umgangs mit Konflikten – nicht mit der Abschaffung von Konflikten – befassen.

Teil 7
Dualität, Wertsysteme, Glauben und Weltordnung

Vorab einen Hinweis für den Leser. Dieses Kapitel behandelt weltanschauliche und religiöse Zusammenhänge des Konfliktthemas. Wer mehr für Pragmatisches ist, möge dieses Kapitel einfach überspringen. Es wurde für die mehr an philosophischen Blickpunkten und Grundmustern interessierten Leser geschrieben.

Konflikte haben schon immer grundsätzliche Fragen der Menschen herausgefordert. Sind Konflikte unumgänglich? Sind Menschen, die sich in Konflikten engagieren, böse? Können wir eine heile Welt schaffen? Gibt es die Konflikte nur deswegen, weil wir als Menschen grundsätzlich sündig sind?

Diese Fragen führen uns in Glaubens- und Wertsysteme, die jeder Mensch in der einen oder anderen Form in sich trägt. Und diese Wertsysteme bestimmen wesentlich unsere grundlegenden Verhaltensmuster in all den Situationen, in denen nicht unser reaktiver Verhaltenskomplex dominant ist.

Ich möchte hierzu ein Beispiel geben. Im ersten Welkrieg stand auf den Koppelschlössern der Soldaten ganz Europas derselbe Spruch: „Dieu avec nous", „God with us", „Gott mit uns". Die Kirchenvertreter segneten Koppelschlösser und Armeen aller kriegführenden Länder.

Zumindest zwei Wertsysteme standen dabei für einen intrapersonellen Konflikt bereit: die 10 Gebote mit ihrem „Du sollst nicht töten" und der kirchliche Waffensegen. Menschen können bei ein- und demselben Konflikt je nach Wertsystem extrem unterschiedliches Verhalten zeigen:
- Wehrdienstverweigerung (falls zulässig),
- Desertation,
- Selbstverstümmelung,
- heldenhaftes Kämpfen und Töten mit Tapferkeitsmedaillien und Beförderungen, geschickter Überlebenskünstler,
- Waffenhändler,
- etc.

Gibt es eine universelle Ordnung, die auf alle diese Fragen eine Antwort gibt?

33. Konflikte – gut oder böse?

Wie oft lesen wir, daß eine „gute Sache" bis zum Sieg ausgekämpft werden muß? Wer hat nicht schon den Gedanken gehabt, daß dem Massaker im ehemaligen Jugoslawien durch militärische Intervention ein Ende bereitet werden sollte? Also der gute Konflikt zum Beenden des bösen Konflikts?

Dies ist eine Idee, auf die sich eingeschworene Pazifisten nie einlassen würden. Sie haben eine andere Wertzuweisung: Konflikt und Konfliktbeteiligung ist böse. Hinter dieser Widersprüchlichkeit verbirgt sich im christlichen Abendland eine Grundfrage: Warum läßt Gott, der Gute, das Böse zu – so daß Menschen angegriffen, gepeinigt, geplündert, getötet werden? Diese verwirrende Frage nach der Selbstrechtfertigung Gottes über die Welt, die er geschaffen hat, ist im Christentum nie beantwortet worden. Das Christentum hat im Glaubenssystem des christlichen Abendlandes einen guten Gott, der auf Position zwei neben sich den mächtigen bösen Satan hat. Der gute Gott steht selbst in einem andauernden Konflikt mit Satan, den er offenbar nicht abschaffen kann oder will. Wie wir aus der christlichen Tradition wissen, wird dieser Krieg des guten Gottes gegen den Satan auch in und unter den Menschen ausgetragen – Jahrhunderte der Inquisition belegen dieses Konzept.

Wir können hier diagnostizieren, daß das christliche Abendland kein konsistentes Wertsystem und keine dahinter stehende konsistente Weltordnung bereitstellt, die einem Menschen ein widerspruchsfreies Regelwerk für den Umgang mit Konflikten mitgibt. Aufklärung und wissenschaftliche Erziehung haben an dieser Situation nichts geändert.

34. Dualität und zwei Grundsysteme der Weltordnung

Ich habe lange die Rolle des für Konflikte so entscheidenden Dualitätskonzepts untersucht und dazu die Beiträge verschiedener Philosophen und Religionen verglichen. Ich habe letztlich nur zwei wirklich unterschiedliche Weltordnungen gefunden, die völlig verschiedene Verständnisse für Dualität und Konflikt anbieten. Je nachdem, welchem Modell ein Mensch bewußt oder unbewußt mehr anhängt, wird er sehr unterschiedliche Grundeinstellungen zeigen.

Beide Weltordnungen enthalten das Konzept der Dualität, aber in unterschiedlicher Einordnung. Daher zunächst noch eine Vertiefung zum Yin-Yang-Konzept.

34.1 Yin-Yang und der mittlere Weg

Dies ist die erste Sicht von Yin und Yang.

Diese insbesondere im Hinduismus und Buddhismus im Vordergrund stehende Sicht kennt Dualität so wie in den Kapiteln 31 und 32

PHÄNOMEN KONFLIKT

dargestellt. Das Yin-Yang-Zeichen (Abb. 34.1-1) beschreibt die Dualitäts-Teile als die stets ineinander übergehenden Aspekte des Ganzen. Wenn im Frühjahr 1993 in Teilen Rest-Jugoslawiens Töten eine positive Handlung ist, so wird daraus im Konzept der Yin-Yang-Philosophie im Lauf der Zeit eine negative Handlung werden. Nichts hat zwischen den allgegenwärtigen Polen dauerhaften Bestand.

Yin fließt in Yang; Yang fließt in Yin

Abb. 34.1-1: Die Einheit des Yin-Yang

Weisheit des Handelnden besteht darin, daß er sich dauernd dieses Prozesses bewußt ist und danach strebt, eine Balance zwischen den Polen zu finden, den mittleren Weg zu gehen. Aus dieser Geisteshaltung stammt der Spruch: „Sei nicht zu sehr gegen das Böse, daß du nicht selbst böse wirst."

Beispiele dazu erleben wir dauernd, z. B. wenn Polizisten übermäßige Gewalt gegen Tatverdächtige anwenden – ein bekannter Grund für den Ausbruch harter Gewalttätigkeit. In der Sprache des Yin-Yang-Denkens ist das im Beispiel so zu beschreiben: Die Polizisten verlassen den mittleren Weg durch übermäßige Gewaltanwendung – auch wenn sie subjektiv für das Gute sind. Dadurch stören sie das gesamte System, das dadurch noch weiter aus der Balance gerät. Konflikt mit Gewalttätigkeit wird zum Ausdruck der gestörten Balance – und der Konflikt läuft solange, bis eine neue (temporäre) Balance gefunden ist.

34.2 Yin-Yang und die Polarisierung von gut und böse

Die zweite Sicht der Dualität trifft eine strenge und dauerhafte Trennung von gut und böse. Typisch dafür ist der Gott Jehova, der seine Gesetze (die Regeln des „Richtigen") gibt, Befolgung belohnt und Verstoß bestraft.

Yin und Yang sind zwar vorhanden, alles hat seine zwei Seiten, aber es kommt darauf an, das EINE RICHTIGE zu tun.

Diese sogenannte semitische Sicht von Gott und unserer Welt, die gleichermaßen Grundlage von Islam und Judentum („Auge um Auge, Zahn um Zahn") ist, sucht und liefert daher strenge Regeln, die möglichst alle Handlungen in „richtig" und „falsch" klassifizieren. Wer „das Richtige = Gute" tut, darf Konflikte gegen den „Vertreter des Falschen" führen, ihn je nach aktuellen Regeln evtl. auch vernichten.

Dies ist das „alttestamentarische Denken" eines, in den Begriffen der Transaktionsanalyse gesprochen, strafenden elterlichen Gottes, nach dessen Ebenbild sich die Menschen (besonders die strafenden Elterntypen) gern verhalten. Es wird letztlich gleichartig z. B. von islamischen Fundamentalisten und orthodoxen Israelis vertreten.

34.3 Die Konfliktsicht des Jesus von Nazareth

Jesus hatte bezüglich Konflikten andere Antworten als das traditionelle System. Er sagte gemäß Überlieferung: *„... wenn Euch jemand auf die* *eine Backe schlägt, so haltet auch die andere Backe hin...* " Offenbar hatte Jesus kein Interesse daran, im Sinn eines damals im jüdischen Denken zentralen Gesetzbuches festzulegen, welche Aktionen in welchem Ausmaß richtig seien, z. B. „verklagen, beim Tempelvorsteher anzeigen, zurückschlagen..."

Jesus schlug statt dessen vor sich so zu verhalten, daß die Aggression nicht durch eine weitere Aggression („zurückschlagen, strafen") fortzuführen sei. Die einseitige Konflikthandlung würde zum Stehen kommen und vergehen (wenn auch mit einem gewissen Risiko für den Geschlagenen). Exakt dieses Verhalten zeigte der aus einem anderen Kulturkreis kommende Gandhi mit seinem passiven Widerstand, mit dem er schließlich die haushoch überlegenen Engländer überwand.

Hätte Jesus in den alttestamentarischen Konzepten gestanden, hätte er einen solchen Ratschlag nie geben können.

Jesus wird ein zweiter konfliktrelevanter Satz zugeschrieben: *„Liebe Deinen Nächsten wie Dich selbst."* Wer sich selbst liebt, fügt sich kein Leid zu. Genau dies sollte dem Nächsten gegenüber gelten. Konflikt um des eigenen Vorteils willen, der dazu führt, daß dem Nächsten etwas genommen wird, ist in der Lehre des Jesus ausgeschlossen.

Jesus sagt also nicht was gut oder böse sei, aber er weist dem Individuum einen Weg, Konflikte zu behandeln ohne sich mit festen Regeln auf ein dauerhaftes Yin oder Yang, gut oder böse etc. festzulegen.

Wir können also das Dilemma des christlichen Abendlandes bezüglich Konfliktverhalten durchaus darin sehen – was ja öfters beklagt wird –, daß das Verhalten der Kirche und die Lehre des Jesus nicht übereinstimmen. Wie soll dann der Gläubige in diesem Widerspruch eine klare Sicht bekommen und eine Leitlinie für sein alltägliches Konfliktverhalten finden?

DUALITÄT, WERTSYSTEME, GLAUBEN UND WELTORDNUNG

34.4 Die beiden Grundkonzepte

Die beiden Grundkonzepte sind in den vorigen Abschnitten schon veranschaulicht, aber noch nicht präzisiert worden. Hierzu stelle ich zwei religiöse Weltsichten vor, die diese Konzepte noch klarer darstellen sollen.

34.4.1 Das vedische Konzept

Das vedische Konzept sagt, daß alle Schöpfung in Raum/Zeit/Materie grundsätzlich in allen Aspekten dual ist, so wie in Kapitel 31 und im Abschnitt 34.1 dargestellt.

Jenseits der Schöpfung in Raum und Zeit gibt es die Welten der nicht dualen Göttlichkeit, die nur vom reinen Selbst (auch: Seele) betreten werden können. Dort gibt es keine Dualität, also auch keinen Konflikt (aber auch nicht den zum Konflikt dualen Frieden), sondern „bewußtes Sein". Ziel der menschlichen Entwicklung ist es, solange in den dualen Welten (von Reinkarnation zu Reinkarnation) zu lernen, bis das Selbst (Seele) als der göttliche Teil in die nicht dualen Welten geht. Wenn in Menschen der Traum vom konfliktfreien Leben ist, so wird dies als eine Ahnung der Seele von den nicht-dualen Welten verstanden, dem Ziel der Reise der Seele.

Dieses Konzept akzeptiert also die Dualität mit Konflikt und allem sogenannten Negativen als eine Schule der Seele, auf der der mittlere Weg zu erlernen ist. Die Idee, einseitig gut zu sein oder einseitig Weltfrieden zu schaffen und damit die Dualität zwischen Konflikt und Harmonie außer Kraft zu setzen, wird als Mißverständnis aufgefaßt.

Diese Weltsicht ist seit den Veden, aus denen sie deutlich hervorscheint, z. B. von dem türkisch-arabischen Dichter Rumi und dem Gründer des Sikhismus, Guru Nanak, gelehrt worden. Zum Ende des zwanzigsten Jahrhunderts ist es vor allem die Religionsgruppe Eckankar, die dieses Konzept vertritt (32).

34.4.2 Das Konzept des guten Gottes

Dieses Konzept gibt der Gottheit die Attribute von Frieden, Harmonie, Sanftmut. In der Welt der Dualität hat Gott einen Gegenspieler, z. B. Satan, dessen Allgegenwart für einen unablässigen Konflikt zwischen gut (friedvoll, wahr, harmonisch, liebevoll) und böse (aggressiv, lügend, selbstsüchtig) sorgt. Der Mensch hat die Wahl, für das Gute zu sein und die göttliche Lebensform (friedvoll, harmonisch) anzustreben oder sich mit Satan zu verbünden. Dieses Konzept beinhaltet selbstverständlich auch Satanskulte und die Apotheose der „Mutter der Kriege", da dem Menschen die Freiheit/Aufgabe zugesprochen wird, zwischen den beiden Alternativen zu wählen.

Fundamentalismus ist eine extreme Ausprägung dieses Konzepts nach dem Motto: „Wer nicht für mich ist, der ist gegen mich! Die Lauen aber will ich ausspucken aus meinem Munde."

34.5 Resultierende Einflüsse auf das Konfliktverhalten

Die meisten Menschen weisen bewußte oder unbewußte Prägungen mehr in Richtung des einen oder anderen Konzepts auf:
- Sie werden stärker für oder gegen etwas sein und gegebenenfalls zum Konflikt als Mittel der Zielerreichung greifen oder sich für den Weltfrieden einsetzen,
- bzw. sie werden sehr vorsichtig die Dualitäten abwägen und auf die Balance für alle Beteiligten bedacht sein.

Ich meine, wir sollten unsere Aufmerksamkeit dafür schärfen, welche dieser Grundmuster bevorzugt hinter dem Verhalten einer Person oder

Gruppe stehen. Die bevorzugten Konfliktbehandlungsstrategien werden entsprechend unterschiedlich sein. Darauf werde ich in Teil 8 nochmals eingehen.

35. Die Rolle der Untugenden

Tugenden bzw. Untugenden sind Teil eines vergleichsweise universellen Wertsystems, das auf fast allen religiösen Wegen in ähnlicher Form bekannt ist. Untugenden gelten als konfliktfördernde bzw. Konflikt auslösende persönliche Eigenschaften, die – deswegen und aus anderen Gründen – in religiösen und moralischen Systemen negativ bewertet werden.

Ich möchte diese Untugenden bezüglich ihrer Konfliktwirkungen kurz besprechen.

Neid:
Neid basiert auf folgenden Dualitäten:
   besitzen – nicht besitzen
   erfüllter Wunsch – nicht erfüllter Wunsch
und führt dazu, daß lange Zeit anhaltende Konflikt-Ideen aufkommen können mit folgenden Inhalten:
- Wegnahme
- Zerstören der Freude des anderen (die Freude nehmen), z. B. durch Schädigung

als Konfliktziel.

Ärger:
Ärger entsteht entweder:
- nicht personenbezogen, wenn ein Wunsch/Plan nicht in Erfüllung geht (z. B. Verpassen eines Zuges)

oder

- personenbezogen, wenn eine Person sich so verhält, daß ein Wunsch/Plan nicht in Erfüllung geht bzw. einem ein subjektiver Schaden entsteht.

Ärger führt leicht zu Aggression. Diese Aggressionen können entweder:
- im Konflikt ausgelebt werden,
- mit dem Abbau der begleitenden Streßhormone mit dem Ärger verschwinden, oder
- ins Rationale gehoben werden, indem Rache geschworen wird und so ein bewußt geplanter Konflikt angestoßen wird.

Es gibt Personen, die fast ununterbrochen ärgerlich sind und daher in einem dauerhaften aggressiven Zustand leben.

Eitelkeit:

Eitelkeit bedeutet, sich wegen vorhandener oder eingebildeter persönlicher Attribute über andere zu setzen (sich also auf einer selbstgemachten Rangskala über andere zu setzen). Wird dem Eitlen die ihm nach seiner Meinung zustehende Würdigung nicht gegeben (oder ihm gar das Gesicht genommen), so bedeutet ihm dies etwa dasselbe wie ein Angriff auf seinen Rang in einer Gruppe – und dies ist gemäß Kapitel 13 und 14 ein bekannter Konfliktauslöser.

Gier:

Gier ist ein starkes Besitzerstreben, das triebhaft aufkommt und wie ein Elementarbedürfnis (siehe auch Maslows Motivationspyramide in Kapitel 18) nach Befriedigung drängt. Dies kann zu andauernder Bereitschaft zu aggressiver Wegnahme bzw. zu wiederholten Akten der Wegnahme führen.

Bindung/Attachment:
Bindung bedeutet, sich von bestehenden Situationen (Personen, Dingen, Rollen, Status) nicht lösen zu können bzw. zu wollen – selbst wenn es weise wäre dies zu tun. Bindung kann daher dazu führen, daß – koste es was es wolle – Bestehendes „verteidigt" wird. Und diese Verteidigung ist nichts als eine aktive Konfliktform, in der der Träger der Veränderung als Aggressor wahrgenommen und gegebenenfalls attackiert wird. Viele Rechtsstreitigkeiten kommen auf dieser Basis zustande.

Untugenden sind also erkennbar konfliktfördernd. Die Vermeidung dieser Untugenden
- durch religiöse Erziehung,
- durch moralischen Entschluß,
- durch freiwillige Disziplin,

bedeutet also einen aktiven persönlichen Beitrag zur Reduzierung der Konflikte.

Teil 8
Formen der Konfliktführung

36. Die vielfältigen Arten der Konfliktführung

Konflikte können auf sehr unterschiedliche Art geführt werden, wie schon in früheren Kapiteln deutlich wurde. So können Konflikte durch die Konflikt-Intensitäts-Skala in kleinen und großen Schritten von unten nach oben oder von oben nach unten getrieben werden. Konflikte können aber auch lange Zeit auf einem bestimmten Niveau betrieben werden. Als Beispiel hierfür der kalte Ost-West-Krieg, der auf globaler Ebene auf ziemlich stabiler Intensität fast 40 Jahre anhielt.

Der Stil einer Konfliktführung läßt sich wiederum in eine beachtliche Anzahl von Kategorien einteilen. Hier eine unvollständige Aufstellung:
- offene Aggression durch wirtschaftliche, politische oder militärische Maßnahmen bzw. Tätlichkeiten,
- verdeckte Aggression (die in einem günstigen Augenblick bei möglichst unvorbereitetem Gegner in offene Aggression umschlagen kann),
- durch Einschüchterung und Drohgebärden,
- durch Falschinformation,
- durch gezielte Miskommunikation,
- durch Vorenthalten von Information,
- durch mentale Beeinflussung (z. B. hypnotische Techniken, Charisma, manipulative NLP-Techniken).

Jede dieser Arten und Formen der Konfliktführung kann als Element oder Bestandteil von Konfliktstrategie aufgefaßt werden. Ich möchte Sie durch einige dieser Konfliktformen führen.

36.1 Naive Konfliktführung

Dies ist in meinen Augen der Normalfall, indem eine Konfliktpartei:
- den bestehenden Konflikt trotz sichtbarer Symptome gar nicht erkennt,
- bei Wahrnehmung des Konflikts nicht Methoden, Ziele, Strategien der anderen Partei durchschaut,
- im wesentlichen aus dem Gefühl heraus reaktiv ist und kaum eigene Strategien entwickelt,
- aus dem Glauben an das Gute im Menschen und in der Welt die Augen schließt.

Für gezielte Konfliktführer sind Menschen von diesem Typ die idealen Opfer, die gezielt besiegt werden können.

Zum Glück für diese Gruppe der naiven Konfliktführer ist dieser naive Typus so zahlreich, daß in der überwiegenden Zahl der Fälle solche „Dilettanten" aufeinander treffen.

Konflikte der Naiven untereinander zeichnen sich dadurch aus, daß sie sehr lange laufen können, oft Jahre und Jahrzehnte. Niemand ist in der Lage eine Strategie zu entwickeln, um einen erkannten Konflikt dauerhaft zu beenden. Typische Beispiele sind verfeindete Erbengemeinschaften, die sich von einer Auseinandersetzung in die nächste stürzen, ohne die anstehenden Aufgaben zu bearbeiten.

36.2 Professionelle Konfliktführung mit strategischen Qualitäten

Professionelle Konfliktführer zeichnen sich dadurch aus,

- daß sie Konflikte als Spiele auffassen, in denen sie je nach Einstellung auf Gewinnen oder Siegen spielen,
- daß sie die Stärken und Schwächen des Gegners analysieren,
- daß sie um Klarheit über die Konfliktziele bemüht sind,
- daß sie Strategien entwerfen,
- daß sie aus einem Konflikt aussteigen können, wenn sie das Interesse an der Fortsetzung verlieren.

Es gibt nur wenige solche professionellen Konfliktspieler, die

- so wenig von ihrem reaktiven/emotionalen Verhalten abhängig sind,
- so wenig eitel sind und Bindung zeigen,

daß sie sich ohne Probleme des Gesichtsverlusts auch ohne Gewinn/Sieg zurücknehmen können.

Dies sind je nach ihrer persönlichen Ethik die Konfliktgestalter, die wir in Politik und Wirtschaft dringend brauchen (wie z. B. unseren früheren Außenminister Genscher), oder am anderen Ende der Polarität äußerst gefährliche Räuber und Herrscher. Denn die bewußte Fähigkeit der Konfliktgestaltung ist zunächst ebenso neutral wie ein Messer, mit dem man Brotscheiben und Hälse abschneiden kann.

36.3 Offene Konfliktführung und ihre Rituale

Offene Konfliktführung ist typisch für das archaisch-limbische Vorgehen. Betrachten wir also den Fall, daß beide Konfliktparteien ganz offen gegeneinander auftreten, wie dies z. B. bei Territoriumskämpfen üblich

ist. Hier werden typische Abläufe – Rituale genannt – durchlaufen, z. B.:
- sich groß darstellen,
- zusätzliche Stärke demonstrieren, z. B. durch lautes Brüllen (Einschüchterungsversuch),
- Scheinangriff, der
    1. eigene Aggressionsfähigkeit zeigt
    2. die Reaktion der anderen Seite testet,
- erneute Selbstdarstellung,
- erneuter Scheinangriff.

Erfahrene Konfliktbeobachter erkennen diese Rituale sofort, selbst wenn sie den meist naiven Konfliktpartnern noch gar nicht bewußt sind. Viele Besprechungen in Unternehmen sind voll solcher ritueller Handlungen – einer der Gründe, wieso viele Besprechungen/Sitzungen so lange dauern bzw. so wenig kooperativ sind.

Offene Konfliktführung wird auch von naiven Konfliktführern auf der unbewußten Ebene wahrgenommen und entsprechend reaktiv beantwortet – mit einer nächsten Runde des Rituals.

Rituale haben auch die Aufgabe, den eigentlichen Konflikt evtl. zu vermeiden, indem z. B. eine Partei im Zuge des Rituals verzichtet und dies durch ein Verzichtritual darstellt. Manche Auseinandersetzung ist schon so beendet worden. Wer das Ritual nicht erkannt hat mag dann denken, ein Konflikt sei vermieden worden – in Wirklichkeit gibt es längst einen Sieger und einen Besiegten, und die „Eingeweihten" wissen es.

36.4 Versteckte Konfliktführung

Versteckte Konfliktführung setzt eine gewisse Professionalität (Kap. 36.2) voraus. Die Geschichte ist voller Kriegslisten, Giftmorde und geheimer Bündnisse. Die Professionalität kann dabei von der Bauernschläue bis zum Genius eines Metternich oder Talleyrand reichen. Ich werde in Kapitel 37 näher auf dieses Thema eingehen.

36.5 Siegen um jeden Preis

Eine besonders kostspielige Ablaufvariante ist der Versuch des Sieges um jeden Preis. Die Welt bekam diese Verhaltensweise von Adolf Hitler vorgeführt. Dieser Ablauf wird bevorzugt gewählt, wenn

- die Eitelkeit groß ist,
- die Bindung an Macht und Ansehen hoch ist,
- die Bereitschaft zu Ärger hoch ist,
- die Bindung an eigene Vorstellungen übermäßig ist.

Rechtsstreitigkeiten und endloser Kleinkrieg unter Nachbarn sind typische Beispiele.

Erkennt man, daß man an einen solchen Konfliktgegner geraten ist, so sind nur zwei Verhaltensweisen zu empfehlen:

- schnelles Verlassen des Konflikts, gegebenenfalls durch einmalige Konzessionen, oder
- die Entschlossenheit zum Kampf bis zum Endsieg.

„Endsieg" war das erklärte Ziel Hitlers in dem von Goebbels ausgerufenen „totalen Krieg". Allerdings fiel der Endsieg den Alliierten zu; Hitlers Nachfolgern blieb nur die bedingungslose Kapitulation als Gegenstück. Wir alle kennen die ungeheuren Schäden und Verluste durch dieses Streben nach Sieg um jeden Preis.

36.6 Die drei strategischen Grundvarianten

Im folgenden stelle ich ein von Dahrendorf (62, 63) stammendes Modell vor, in dem drei strategische Grundvorgehensweisen diskutiert werden. Abb. 36.6-1 zeigt hierzu in den Spalten die drei Strategien. In den Punkten (1) bis (3) werden die Strategien mit ihren wichtigsten Aspekten beschrieben, und in (4) werden die Konsequenzen der drei Strategien genannt.

Merkmale von Konfliktstrategien		(Dahrendorf 1972)
a) Konfliktunterdrückung	b) Konfliktlösung	c) Konfliktregelung
1. Leugnung von Konflikten	Anerkennung von Konflikten	Anerkennung von Konflikten
2. Behauptung der harmonischen Gesellschaft	Ziel der harmonischen Gesellschaft	Legitimation der konfliktbehafteten Gesellschaft
3. Konflikte werden als Störfaktor behandelt und möglichst ausgeschaltet.	In jedem Konflikt gibt es Gut und Böse, Wahr und Falsch; der Konflikt wird bis zum Sieg des Guten verschärft.	Konfliktparteien werden als gleichberechtigt anerkannt; Konflikt gilt als ständig zu regelnde Dauererscheinung; Spielregeln der Austragung im Vordergrund.
4. Konsequenz: Gemeinschaftsideologie – Gefahr der revolutionären Entladung unterdrückter Konflikte.	Konsequenz: Diktatur des und der „Guten"; Konfliktunterdrückung nach Durchsetzung der „Lösung".	Konsequenz: demokratisch-pluralistisches System; Kompromiß; Veränderung in „kleinen Schritten" (Reform)

Abb. 36.6-1: Die drei Strategien der Konfliktbehandlung nach (62, 63)

FORMEN DER KONFLIKTFÜHRUNG

Strategie 1: Konfliktunterdrückung
Diese Strategie geht davon aus, daß alles so wie es ist zum besten bestellt ist. Änderungsbedarf liegt offiziell nicht vor. Anzeichen von Konflikten werden entweder unterdrückt oder übertüncht. Typische Beispiele hierfür: die ehemalige DDR oder 1991 und 1992 die BRD mit ihren Ausländerproblemen.

Diese Strategie kann – bei genügend Macht – lange durchhalten. Bis schließlich die Machtmittel nicht mehr greifen und eine revolutionäre Entwicklung stattfindet. Diese Entwicklung konnten wir in der Politik viele Male beobachten: in allen Ostblockländern außer Ungarn und Polen, in fast allen ehemaligen Kolonien.

In der westlichen Wirtschaft wird diese Strategie, wenn sie seitens der Leitung betrieben wird, im allgemeinen auf Grund der Mobilität durch Kündigung seitens der Andersdenkenden beantwortet; d. h., die Revolution findet nicht statt.

Strategie 2: Konfliktlösung
Bei dieser Strategie wird ein Konflikt als real anerkannt und angenommen. Es wird daran gearbeitet, die eigenen – natürlich guten – Ziele bis zum Endsieg zu verfechten.

Als Konsequenz ist zu erwarten, daß nach der Realisierung des „Guten" durch den Sieg über die anderen mit Zwangsmaßnahmen für die Erhaltung des „Guten" gesorgt wird. Dies ist der typische Verlauf fast aller Revolutionen: nachdem die Strategie 1 des Gegners durch Sieg überwunden wurde, verhält sich der Sieger genauso wie früher der Gegner, also gemäß Strategie 1. Genau das haben wir z. B. nach dem Sieg des Kommunismus anläßlich der Ablösung des zaristischen Regimes erlebt.

Strategie 1 und 2 können also einen hoffnungslosen Kreislauf von Konflikten bilden.

Strategie 3: Konfliktregelung
Diese Strategie erkennt den Konflikt an, betrachtet ihn als normales Verhalten, respektiert alle Konfliktparteien gleichermaßen und hat allgemein anerkannte Spielregeln, nach denen der Konflikt geregelt wird – ohne daß eine Alternative als gut und die andere als böse behandelt wird.

Dahrendorf nennt als Ergebnis von Strategie ein pluralistisches und demokratisches System, das voller Kompromisse die Veränderung in kleinen Schritten realisiert.

Nur Strategie 3 gewährleistet ein zwar konfliktgefülltes, aber kontinuierlich konfliktregelndes System.

Strategieanalyse und Konfliktprognose
Wenn man annimmt, daß diese drei Strategien ein vollständiges System bilden, also alle strategischen Alternativen enthalten sind, so lassen sich Konflikte daraufhin analysieren, wer welche dieser drei Strategien spielt, und daraus läßt sich eine allgemeine Prognose des Konfliktverlaufs ableiten.

36.7 Der Bezug zwischen den drei Strategien und den beiden Grundkonzepten der dualen Weltordnung

Wenn Sie das vedische Konzept und das des „guten Gottes" aus den Abschnitten 34.3.1 und 34.3.2 mit den drei vorgenannten Strategien vergleichen, werden Sie eine frappierende Ähnlichkeit feststellen.

Strategie 1 und 2 gehören zur Ausstattung des Kampfes um das Gute bzw. gegen das Böse. Strategie 3 dagegen entspricht viel mehr dem vedischen Konzept.

Wir sehen hier, welchen intensiven Einfluß weltanschauliche/religiöse Konzepte auf das Konfliktverhalten und vorgeschlagene strategische Konzepte haben.

37. Verdeckte Konfliktführung

Verdeckte Konfliktführung ist evolutionsgeschichtlich hunderte Millionen Jahre alt. Schon Fische und noch einfachere Lebewesen wie Insekten haben bereits vor Jahrmillionen perfekte Täuschungsmechanismen entwickelt. So sind Körperteile wie Blätter geformt etc. – Techniken, mit denen der Aggressor unbemerkt an das Opfer herankommt.

Auch Menschen benutzen in Konflikten Verkleidungskünste (z. B. untersagt die Haager Konvention, daß sich Soldaten als Zivilisten tarnen). Aber die menschlichen Techniken sind, entsprechend der menschlichen Fähigkeit zu differenzierten geistigen Leistungen, vielfältig. Ich gebe einen kurzen Überblick.

Der Wolf im Schafspelz

Die Technik besteht darin, sich als harmlos und friedlich darzustellen und so die Sicherheitsdistanz des potentiellen Opfers zu unterlaufen.

Der falsche Freund

Freunde und Verbündete bilden eine Gruppe – und gegenüber Gruppenmitgliedern ist die Sicherheitsdistanz stark herabgesetzt. Der falsche Freund bedient sich insbesondere der Techniken gekonnter Kommunikation, um Vertrautheit und Vertrauen herzustellen. NLP (Neurolinguistisches Programmieren) ist ein ausgezeichnetes Mittel, sowohl um diese Kommunikationstechniken zu beschreiben wie auch um sie anzuwenden.

Esoterische Techniken

Nach meiner Meinung sollten wir im aufgeklärten Westen nicht die dunklen esoterischen Techniken einfach leugnen, nur weil wir sie meistens nicht kennen und können. Ich weise hier auf Voodoo-Techniken hin (die inzwischen in Mitteleuropa per Annonce vertrieben werden!) sowie auf zahlreiche andere Techniken, zu denen es inzwischen reichlich Fachliteratur und sogar Seminare gibt.

Negative esoterische Techniken sind u. a. darauf ausgelegt:
- unbewußt falsche Informationen und Gefühle (z. B. Angst) in eine Person einzuschleusen,
- die Aufmerksamkeit zu mindern,
- persönliche Beziehungen zu stören,
- Gesundheit und wirtschaftliche Situation zu stören.

Hypnotische Techniken

Mittels diverser unbemerkter Hypnosetechniken sowie mit der Anwendung von NLP-Techniken lassen sich in Personen Manipulationen durchführen, die eine ähnliche Wirkung haben können wie die unter „Negative Esoterik" genannten.

Klassische Fälschung und Unterdrückung von Informationen

Dies ist eine der ältesten Methoden der Nachrichtendienste und der Mächtigen, um die Effektivität des Gegners zu stören. Aus privaten, wirtschaftlichen und politischen Gründen werden immer wieder solche Aktionen vorgenommen. Die klassische Form für den Hausgebrauch ist das ausgestreute Gerücht.

Fazit

Wer auch nur den Verdacht eines aktuellen Konflikts hat, sollte – wenn er dem Gegner nur die geringste Professionalität zutraut – äußerst wachsam auf die Anzeichen verdeckter Konfliktführung achten. Denn Professionalität in der Konfliktführung bedeutet oft auch Professionalität in der Täuschung.

Teil 9
Neue Ansätze zum Umgang mit Konflikten

38. Gewinnen statt Siegen

„Gewinnen statt Siegen" ist ein Thema, das seit fast 10 Jahren zunehmend intensiv diskutiert wird. Seine Anfänge datieren auf das Ende des Zweiten Weltkrieges und den beginnenden Kalten Krieg zurück.

Leben wir jetzt in den 90er Jahren, nach dem Ende des Kalten Krieges und der atomaren Bedrohung, in einer Zeit, in der wir lernen, auf eine neue Weise mit persönlichen, betrieblichen und politischen Konflikten umzugehen? Ist es möglich, vom „Auge um Auge, Zahn um Zahn" zu einer neuen Brüderlichkeit zu kommen? Oder ist es nichts als Illusion zu versuchen, nach dem Motto „Gewinnen statt Siegen" zu leben und zu arbeiten?

38.1 Der Wandel der Konfliktkonzepte

Seit etwa 10 Jahren ist das Thema Konflikt, Konfliktmanagement und der neue Begriff der Konfliktkultur immer häufiger diskutiert worden. Als 1989 die beiden Präsidenten Bush und Gorbatschow auf Island nach einer ergebnislosen Konferenz vor der Presse standen, waren sie sich über eines einig: „... auch wenn wir in der Sache uneins sind, so wissen wir doch beide – und darüber sind wir uns einig – wie wir (zivilisiert) mit unserer Uneinigkeit umgehen..." Ist das die Ankündigung einer neuen Konfliktkultur, die bald Allgemeingut wird? Einer **Konfliktkultur, die nicht den Konflikt abschaffen will, aber ihn entschärfen und wenn möglich in Neues transformieren will?**

Konflikte finden nicht nur, wie in den Tagen des Golfkriegs, auf einer militärisch-politischen Bühne statt. Sie sind mitten zwischen uns, im persönlich-privaten, im beruflichen Leben und sogar in uns selbst. Sie werden immer bewußter erlebt und ausgetragen, ob es nun Lilo Pulver ist, die in ihren Memoiren schreibt: „Die erste Erkenntnis meiner jungen Ehe: Klappe halten!", ob es „Ausländer raus!" heißt, ob der nächste Arbeitskampf bevorsteht oder ob es darum geht, die nächste Bürointrige zu starten.

Noch vor 30 Jahren wurde in Fortsetzung mittelalterlicher Allegorien Konflikt eher als eine gottgegebene Geißel betrachtet, oder eben als eine selbstverständliche Methode, um der Erfüllung der eigenen Wünsche näherzukommen. Erinnern Sie sich hier an die alte Regel vom „Krieg als die Fortsetzung der Politik mit anderen Mitteln".

Heute wird auf den Straßen zu Fragen der Art und des Stils der Konfliktbehandlung demonstriert. Dazu als erstes die Frage: Was hat in den letzten 30 Jahren die Einstellung zum Konflikt in der breiten Öffentlichkeit, im Zwischenmenschlichen und auch in der Politik so verändert?

38.2 Die Metapher des „roten Telefons"

Der historische Auslöser zur Veränderung der öffentlichen Einstellung heißt „atomarer Overkill" – mehr Megatonnen Sprengkraft plus radioaktivem Fallout als nötig ist, um die Welt unbewohnbar zu machen. Verfügbare Macht konnte nicht mehr „total" eingesetzt werden, so wie es noch im 2. Weltkrieg geschah. Feinde mußten – weltgeschichtlich neu – lernen, miteinander darüber zu reden, auf welcher „Eskalationsstufe" der Konflikt ausgetragen werden sollte. Das technische Ergebnis, gefeiert als Meilenstein der Konfliktkultur: das rote Telefon der späten 60er Jahre zwischen den obersten Heerführern, die erst über die Situation reden können sollten, statt bei irgendeinem Auslöser sofort in Konfliktbehandlung durch Aggression einzutreten.

Die Neuigkeit, die der Weltöffentlichkeit mit dem roten Telefon vorgeführt wurde, heißt: **Kommunikation der Konfliktparteien mit dem Ziel, Art und Ablauf der Konfliktgestaltung gemeinsam zu bestimmen.** Früher galt es als charaktervoll, ab einem gewissen Eskalationspunkt mit dem Konfliktgegner nicht mehr zu sprechen – heute ist in moderner Sicht der aufgeklärte Konfliktgegner gleichzeitig zum Konfliktpartner geworden. Inzwischen ist auf der politischen Ebene das rote Telefon längst durch fast pausenlose Besuche und Gespräche ersetzt worden. Betrachten Sie diesen Vorgang auf der weltpolitischen Bühne als Metapher für das Entstehen und Erleben einer neuen Form der Konfliktbehandlung.

Was im weltpolitischen Rahmen für alle sichtbar an neuen Konzepten des Umgangs mit Konflikten erfolgreich ausprobiert wurde, ist inzwischen auch dabei, in die Welt der Wirtschaft einzuziehen. Wir haben Literatur über „Softpower" und „Win Win" (51,52,53). Firmen senden zunehmend Führungskräfte in Konfliktseminare und beginnen auch, für aktuelle Konflikte im Hause Konfliktmoderatoren und Konfliktberater zu engagieren. In dieser Rolle inzwischen weltweit bekannt: Marshall Rosenberg, über dessen Vorgehen und Ergebnisse ich in Kapitel 40 berichte. Aber: Trotz der Euphorie über die Anzeichen der Entspannung und das Auftreten der weichen Methoden erleben wir 1990 den Golfkrieg; statt eines sich weiter verfeinernden Konfliktdialoges den „Rückfall" (?) in harte Methoden. Mitten in Europa jetzt den Jugoslawien-Konflikt. Ganz offensichtlich: die Lehre um Kommunikation und Kooperation statt Konfrontation als das neue Weltparadigma hat sich noch lange nicht flächendeckend durchgesetzt. Wieso nicht, welche allgemeinen Gesetze stehen dahinter?

38.3 Die Bedrohlichkeit der klassischen Nullsummenspiele

Watzlawick spricht, im Zusammenhang mit Konflikten, von „den tödlichsten Spielen, den Nullsummenspielen". Was heißt das? Dahinter steht ein über Millionen Jahre hinweg entwickeltes Verhaltensmuster von Mensch und Tier, das traditionell weitgehend das Konfliktverhalten regelt. Dazu Abb. 38.5-1, in der das klassische Nullsummenspiel zwischen zwei Parteien A und B dargestellt ist.

Nullsummenspiel heißt: der Gewinn des einen ist der Verlust des anderen. Typische Beispiele: Brunftverhalten, Hierarchiekämpfe, Wegnahmewettbewerb um Marktanteile.

Die Grundsituation des betrachteten „Nullsummenspiels" zwischen zwei Beteiligten geht davon aus, daß beide Beteiligte ein materielles (oder ideelles) Gut besitzen wollen, das „knapp" (selten) ist. Es gibt bei diesem „Spiel" die in Abb. 38.5-1 genannten drei Möglichkeiten: A verzichtet, B verzichtet und offener Konflikt mit dem Ziel des Sieges.

Die Ausgangssituation, das „seltene Gut", ist typisch für die Verhältnisse, unter denen Lebewesen, auch die Menschen, seit archaischen Zeiten lebten. Territoriumsverteidigung, also Verteidigung der knappen Lebensressourcen, ist eine der verbreitetsten sozialen Verhaltensweisen fast aller Spezies. Damit wird „der Kampf um seltene Güter" und „archaisches Verhalten" fast synonym. Beachten Sie, daß vor einigen Jahren beim Kampf um einen freien Parkplatz (haben/nicht haben) in München ein Mann von seinem „Mitbewerber" um den Parkplatz

NEUE ANSÄTZE ZUM UMGANG MIT KONFLIKTEN

erschossen worden ist. Daran läßt sich erkennen, welche Energien in diesen archaischen Konflikten freigesetzt werden. Sie können diese Energien in ihrer Gewalttätigkeit auch erkennen, wenn Sie sich an die Fußballspiele erinnern, bei denen es anschließend Tote gegeben hat. Auffällig an diesen Beispielen ist, daß das Ziel des Konflikts (z. B. der Parkplatz) in seinem Wert gegenüber dem im Konflikt zu zahlenden Preis oft zu vernachlässigen ist. Sind Konflikte einmal ausgebrochen, so gewinnen sie meist eine schwer zu stoppende Eigengesetzlichkeit. Konflikte auf der Basis der rational oft überhaupt nicht nachzuvollziehenden Nullsummenspiele haben die verdächtige Neigung, bis zum teuren oder gar tödlichen Ende ausgekämpft zu werden.

Beachten Sie, daß auch betriebliche Hierarchiekämpfe (Position haben/nicht haben) oft mit erbittertem Energieeinsatz ausgefochten werden. Von großen und etwas bürokratisch-hierarchischen Unternehmen und Behörden wird nicht zufällig behauptet, daß die Hälfte oder zwei Drittel der Arbeitszeit in Hierarchiekämpfe investiert wird. Mancher Manager, der an Streßsymptomen leidet, und eventuell an den daraus resultierenden typischen Managerkrankheiten auch stirbt, zeigt die de facto auftretenden Kosten dieser Spiele auf. An solchen Beispielen erkennen Sie, was Watzlawick mit seinem Kommentar über das „tödlichste", das Nullsummenspiel meint.

38.4 Die vergessenen Konfliktkosten

Ich hatte schon in den Beispielen darauf hingewiesen, daß der Wert des „seltenen Guts" in vielen Nullsummenkonflikten kleiner oder sogar viel kleiner ist als die möglicherweise auftretenden Kosten z. B. durch Verletzung oder Folgeschäden. Trotzdem finden diese Konflikte in großer Zahl statt – obwohl man nachrechnen kann, daß sich der

Konflikt unter Einbeziehung der vermutlichen Konfliktführungskosten nicht lohnt.

Weitere Beispiele hierzu: der schon genannte Hirsch, der in den Brunftkämpfen zwar siegt, dabei aber soviel Energie verliert, daß er nicht durch den Winter kommt. Oder das Unternehmen, das im selber verursachten Konkurrenzkampf seine eigenen Pro-Stück-Erlöse schließlich soweit abgesenkt hat, daß es nichts mehr verdient. Oder gar der schon genannte Münchner Autofahrer, der einen Parkplatz bekommt und dafür ins Gefängnis geht.

Ich wiederhole dies immer wieder: Wir müssen uns klar sein, daß in den Menschen „archaisches Konfliktverhalten" normal ist – also ein aus dem Unbewußten heraus gesteuertes Konfliktverhalten fern jeder bewußten oder gar rationalen Abwägung. Dies ist eine Bedrohung, in der wir alle leben, die immer um uns herum präsent ist, die in ihrer archaischen Mechanik auch kaum zu kontrollieren ist.

Ein aufgeklärter, sozusagen in seinem mentalen Verhalten „moderner" Mensch sollte also andere, „nicht-archaische" Spiele, d. h. Nicht-Nullsummenspiele spielen. Wie dies aussieht, zeigt Abbildung 38.6-1.

38.5 Konfliktkommunikation

Unter Konfliktkommunikation verstehen wir die Kommunikation der Konfliktbeteiligten während des Konflikts.

Die Abbildung des archaischen Konfliktverhaltens in Abb. 38.5-1 ist eine vereinfachte Darstellung des tatsächlichen Ablaufs, die den Aspekt der Konfliktkommunikation noch nicht explizit enthält. Wenn zwei Individuen gleichzeitig ihr „seltenes Gut" erblicken, dann wird (anders als bei einer aktuellen Bedrohung) nicht sofort Verzicht geleistet oder gekämpft. Was in Wirklichkeit geschieht: zwischen den Beteiligten beginnt das „Ritual der Konfliktkommunikation". D. h., daß im Rahmen des ablaufenden Rituals Drohgebärden gezeigt und Drohgeräusche ausgestoßen werden. Je nach Spezies werden die Drohgebärden noch durch Aufblasen, sich größer darstellen oder optische Tricks unterstützt. Diese Phase der Konfliktkommunikation kann etliche Minuten dauern, bis entweder ein Beteiligter durch Rückzug anzeigt, daß er seinen Anspruch aufgibt, oder bis der Kampf beginnt. Eine entsprechende korrektere Darstellung des Ablaufs ist in Abb. 38.6-1 enthalten.

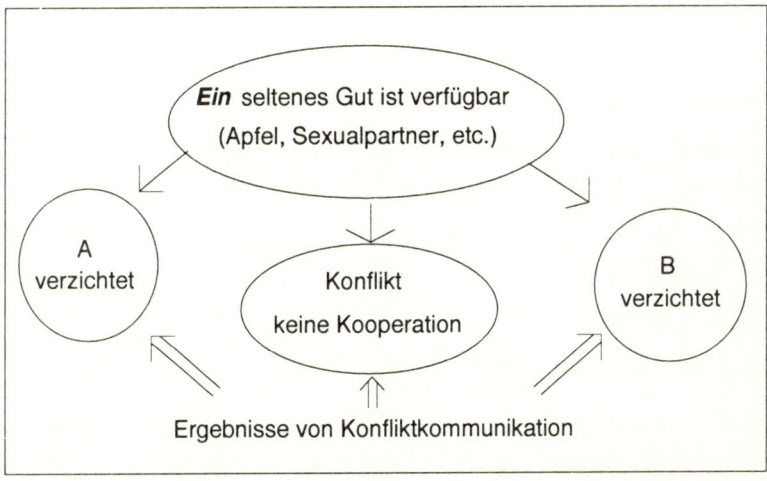

Abb. 38.5.-1: Archaisches Nullsummenspiel

Wichtig an der archaischen Konfliktkommunikation ist, daß dabei vor allem durch Drohgebärden Stärke demonstriert wird. Schon bei sehr einfachen Lebewesen wird dabei die Technik der Täuschung angewandt: sich größer oder z. B. giftiger zeigen als man ist. Ziel ist es, den Gegner von der eigenen Stärke so zu beeindrucken, daß er sich in der Rolle des sicheren Verlierers fühlt und daher den Rückzug antritt. Das Zentrum dieser Kommunikation ist also völlig auf die Dualität

Sieger-Verlierer abgestellt. Alle Verhaltensweisen sind rituell vorgezeichnet. Es gibt beim klassischen Nullsummenspiel keine Freiheit, aus diesem archaischen Ritual auszusteigen.

Der Ablauf „Gewinnen statt Siegen" beginnt wiederum mit dem konfliktträchtigen Wunsch der Beteiligten nach einem seltenen Gut. Anders als im archaischen Konflikt treten die Konfliktbeteiligten jedoch NICHT in das Ritual der Überlegenheit demonstrierenden Konfliktkommunikation ein. Statt dessen verlassen Sie nach einer gewissen Zeit bewußt das Ritual und arbeiten gemeinsam daran, die konfliktträchtige Situation so umzugestalten, daß es KEINEN VERLIERER gibt, sondern nur Gewinner. Statt der archaischen Konfliktkommunikation spricht man hier von einer WIN-WIN-Kommunikation.

Beachten Sie, daß in Abbildung 38.6-1 **Kreativität** eine zentrale Rolle spielt. Das ist keine einfache Aufgabe, denn die persönliche Kreativität verschwindet schnell bei starkem Streß, und der Druck klassischer (Nullsummenspiel-)Konflikte ist eine der stärksten Streßquellen. Hier entsteht eine besondere mentale Anforderung an den nicht-archaischen Konfliktbehandler:

- er muß relativ angstfrei sein, bzw. so gut im Umgang mit seiner Angst sein, daß er nicht soviel Streß(hormone) produziert, daß er aus physiologischen Gründen gar nicht mehr kreativ und kommunikativ sein kann,
- er muß in der Lage sein, nicht so sehr gegen seinen Gegner zu sein, daß er nicht 1:1 mit ihm über die Möglichkeiten der Situation sprechen kann,
- er muß so viel Vertrauen in seine Kreativität haben, daß er sich überhaupt vorstellen kann, daß die Situation kreativ umgestaltet werden kann.

Zusammengefaßt heißt das, daß im psychologischen und ebenso im spirituellen Sinn der nicht-archaische Konfliktbehandler „eine reifere Persönlichkeit" besitzen muß als der archaische Nullsummenspieler. Es scheint, als ob weltweit in den letzten 30 Jahren immer mehr Menschen Interesse an dieser neuen Art von Reife finden.

38.6 Das Ablaufmodell von „Gewinnen statt Siegen"

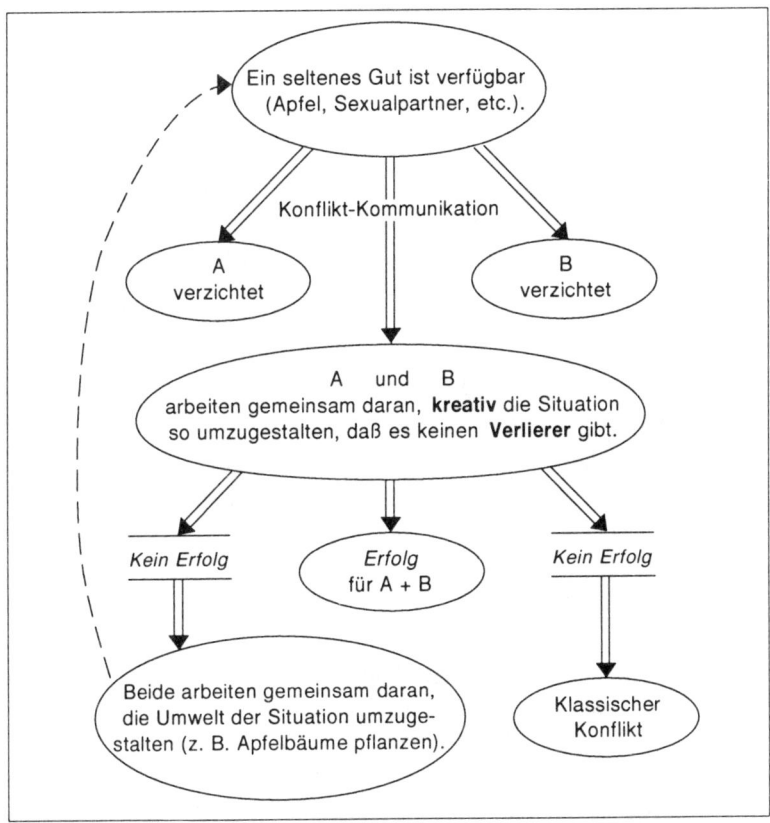

Abb. 38.6-1: Nicht-archaisches Spiel mit Konflikt-Kommunikation und kreativem Lösungsversuch

Sie werden vielleicht fragen: Aber was geschieht, wenn z. B. der Konfliktpartner A reif und B unreif ist? Oder: Wenn A nicht so gut seine kreativen Vorstellungen verkaufen kann, daß B einen überzeugenden Vorteil in dem kreativen Angebot sieht? Oder wenn sich B nur gesprächsbereit zeigt, um dann blitzschnell zuzustoßen und zu siegen? Dann bleibt für den kooperationswilligen A doch nur Verzicht oder der Eintritt in den ungewünschten Konflikt oder gar die Niederlage?

Diese Fragen sind sehr berechtigt und sehr wichtig.

38.7 „Gewinnen statt Siegen" hat nichts mit Pazifismus zu tun

Ist A nicht konfliktfähig oder -willig, so wird B entweder A erpressen oder zur Kapitulation zwingen. Dies ist ein wichtiger Punkt im Thema Konfliktbehandlung. Menschen, die über „Kooperieren statt Konfrontieren" bzw. „Gewinnen statt Siegen" (oder über Softpower, ein anderer Begriff mit ähnlicher Bedeutung) sprechen, haben des öfteren pazifistische Neigungen. Gerade solche Vortragende/Seminarleiter, aber auch andere, erhalten häufig aus dem Publikum die Killerfrage: „Und was sollen wir mit Softpower, wenn der andere nicht will?"

Hinter diesen sehr berechtigten Fragen steht allerdings oft unüberhörbar der Wunsch, die ungeliebten „Gewinnen statt Siegen"-Ideen „totzuschlagen" – eben weil man sich selbst nicht vorstellen kann und will, daß es möglich ist, kreative Nicht-Nullsummenspiele zu spielen. Hardliner werfen deswegen oft den Anhängern von Softpower vor, sie seien Pazifisten.

Um es noch einmal deutlich zu sagen: **Will man gemäß Abbildung 38.6-1 eine kreative und kommunikative „moderne" Konfliktbehandlung angehen, so MUSS man konfliktbereit UND konfliktfähig** sein. In Abb. 38.6-1 führt ein Ablaufzweig nach wie vor in den Konflikt. Das Spiel „... dann halte auch die rechte Backe hin" verführt einen archaischen oder bewußt auf Sieg spielenden Nullsummenspieler (B) geradezu dazu, (A) zum Verzicht zu zwingen oder zu besiegen. Was ich hier gesagt habe, enthält einen wichtigen Grundsatz:

> Es ist nicht Pazifismus, der den modernen Win-Win Spieler auszeichnet, sondern Kreativität, Anerkennung des Konfliktpartners, Kommunikationsfähigkeit UND gleichzeitige Konfliktfähigkeit.

38.8 Die Bedeutung der Kreativität

Es ist erfreulich, daß heute im Zuge moderner Personalentwicklung in den Unternehmen, wenn auch zögerlich, die Grundelemente Kreativität, Kommunikation und Menschenbezogenheit immer mehr Bedeutung erlangt haben. Dies ist eine gute Basis, um das Gedankengut von „Gewinnen statt Siegen" z. B. in Workshops und Trainings in die Unternehmen zu tragen, denn ohne eine neue Einstellung zu Kommunikation und Kreativität geht gar nichts.

Noch ein typischer Einwurf, der oft aus dem betrieblichen Bereich kommt: „Aber wenn Sie für kooperieren statt konfrontieren sind – wir dürfen doch wegen des Kartellamts nicht mit unseren Konkurrenten Absprachen treffen – was sollen wir denn nach Ihrer Meinung tun?" Die Antwort: Es geht dabei nicht um Kartelle, die letztlich über die Preisabsprache gegen den Kunden gerichtet sind und diesen zum Verzicht auf Geld zwingen sollen – das wäre exakt das alte Spiel. Es geht vielmehr darum, sich mit der eigenen Produktpalette **kreativ** so zu entwickeln und vom Konkurrenten abzusetzen, daß man Kundenwünsche befriedigt, die der Konkurrent nicht bedienen kann.

Statt mit dem Wettbewerber zu konkurrieren, z. B. über teure Werbekampagnen oder Preiskämpfe, wird mit dem Kunden und seinen Wünschen kooperiert, also ein WIN-WIN-Spiel zwischen Kunde und Lieferant gespielt. Natürlich fordert das wiederum Kreativität und Kommunikation, solche neuen bzw. verbesserten Produkte und Dienstleistungen zu erdenken, zu entwickeln und kundenbezogen auf den Markt zu bringen. Der Unkreative, der sich nicht innovativ von seinem Konkurrenten absetzen kann, ist darauf angewiesen, „mit allen Mitteln" um Marktanteile für das alte Produkt zu kämpfen. Beachten Sie, daß das Prinzip „Kooperieren statt Konfrontation" exakt die Tendenzen auf den Märkten der 90er Jahre beschreibt, auf denen der Kunde, nicht der Konkurrent, ins Zentrum rückt.

Von der Theorie her ist in dem letzten Abschnitt allerdings das Konflikt-Szenario von zwei Spielern (A+B) auf drei Spieler (A + B + Kunde) erweitert worden. Die Kreativität eines Spielers (z. B. von A) bestand dann darin, sich außer dem Zwei-Spieler-Spiel der Konkurrenten noch andere Spiele (z. B. das Drei-Spieler-Spiel A+B+Kunde) vorstellen zu können. Und aus der Fähigkeit, dann das Zwei-Spieler-Spiel zugunsten des Drei-Spieler-Spiels aufzugeben. Natürlich sind es heute nur wenige, die soviel Kreativität, Mut und Selbstvertrauen aufbringen, aus einer alten Konfliktsituation eine neue Chancen-Situation zu machen.

Es geht also darum, daß Sie lernen, in einem ersten Schritt Ihre Konflikte mit neuen Augen zu sehen bzw. die in sogenannten Problemen enthaltenen Konflikte zu erkennen und sich in einem zweiten Schritt zu einem neuem Konfliktverhalten zu entwickeln. „Gewinnen statt Siegen" ist – auch wenn es viel Nachdenken und Umdenken erfordert –

praktikabel und im Mittel zudem sehr vorteilhaft gegenüber Hardline-Methoden. Es lohnt sich und es ist außerdem für die meisten Menschen ethisch befriedigender, mindert also auch intrapersonelle Konflikte.

Die Anerkennung zwischen PLO und Israel ist ein Zeitzeuge dafür, daß „Gewinnen statt Siegen" auch unter härtesten Bedingungen ein realistischer Ansatz ist.

38.9 Die Beiträge der Spieltheorie zu dem Konzept „Gewinnen statt Siegen" – wichtige Regeln für die Praxis

Natürlich ist in der Vergangenheit von der spieltheoretischen Seite der Konflikttheorie das Konzept „Gewinnen statt Siegen" untersucht worden. Dabei hat sich gezeigt, daß trotz aller Einwände der Art: „Wenn der andere nicht mitspielt... Dann bin ich fertig... Was soll das also?" die Spieltheorie – die ja eine Theorie des rationalen Nutzens ist – das Prinzip „Gewinnen statt Siegen" stützt.

Allerdings weist die Spieltheorie auf einige wichtige Bedingungen und Regeln hin, die einzuhalten sind, wenn eine Spielpartei A gemäß „Gewinnen statt Siegen" das kooperative Spiel versucht. Hier stelle ich dies kurz als empfohlene Spielregeln für den „Gewinnen statt Siegen-Spieler" (A) dar. Dabei wird davon ausgegangen, daß ein Konflikt meist in einer Folge von Spielzügen abläuft, so wie ein Schach- oder Kartenspiel, ein Tennisturnier, Olympische (Kampf-)Spiele, etc. Hier jetzt die empfohlenen Spielregeln:

Regel 1:
A beginnt jedes Spiel „freundlich". D. h., der erste Spielzug ist NIE auf Sieg ausgerichtet, sondern auf das Eröffnen einer kooperativen Lösungsbemühung. (A soll dabei wachsam und vorbereitet darauf sein, daß B möglicherweise „unfreundlich" antwortet.)

Regel 2:
Falls B unfreundlich auf einen freundlichen Spielzug von A antwortet, so spielt A jetzt unfreundlich zurück. (Damit demonstriert A, daß er konfliktfähig und konfliktbereit ist – daß B also keinen fluchtbereiten oder vermeidungswilligen Gegner vor sich hat.)

Regel 3:
Auch wenn B einmal oder öfter unfreundlich agiert/reagiert hat, bleibt A „nicht nachtragend". (A baut also kein Bild vom „bösen B" auf. Er gibt B jederzeit die Chance kooperativ zu werden.)

Regel 4:
A zielt auf einen möglichst großen Nutzen für BEIDE Parteien und nicht auf einen Sieg über den anderen.

Regel 5:
A ist „transparent" bezüglich der benutzten Regeln. (A sorgt dafür, daß B versteht, daß A nach dem Muster „wie du mir, so ich dir" spielt. Und A sorgt auch dafür, daß B weiß, daß A ihm nicht böse ist.)

Diese fünf Regeln faßte Bambeck (3) als Gesamtanweisung zusammen.

Gesamtregel: **Sei nicht neidisch, handle nicht als erster unkooperativ, erwidere das Verhalten des anderen durch selbiges Verhalten, sei nicht zu raffiniert!**

Die spieltheoretischen Untersuchungen liefern weitergehende detaillierte Anweisungen für das Verhalten in den Spielzug-Folgen. Z. B. für das Verhalten von A, nachdem sich gezeigt hat, daß B kooperatives Verhalten nur vorgetäuscht hatte.

Im Zusammenhang, oder besser auf der Plattform des Grundmodells „Gewinnen statt Siegen", sind solche spieltheoretisch fundierten

Anleitungen höchst wertvoll. Es wurden zahlreiche hochwertige Techniken entwickelt, die auch lehrbar und trainierbar sind, z. B.:
- Gordons Softpower Technik,
- das Kritik-ABC,
- die Rapoport-Technik,
- die VW-Softpower Technik (hat nichts mit dem Wolfsburger KFZ zu tun),
- die Stoßdämpfer-Technik,
- die Verhandlungs(phasen)-Technik.

Auch Marshal Rosenbergs Ansatz ist zu diesen Techniken kompatibel.

Im Rahmen dieses Buches ist kein Raum, auf diese Techniken ausgiebiger einzugehen (außer in Kapitel 40). Wer hierzu mehr wissen will, lese als Ausgangspunkt das interessante Buch (3).

Allerdings: NUR solche Konfliktspieler können ein perfektes „Gewinnen statt Siegen" spielen, die halbwegs mit ihren reaktiven/engrammatischen Verhaltensweisen umgehen können. Reaktiv/engrammatisches Verhalten zerstört die Basis, auf der die vorgenannten fünf Regeln erst möglich werden. Wer also das werthaltige Spiel „Gewinnen statt Siegen" spielen will, muß gegebenenfalls an sich und seinen Reaktionen arbeiten, um die notwendigen persönlichen Qualitäten aufzubauen. Hierzu Hinweise in Teil 10.

39. Kommunikation und Konflikt-Behandlung nach schon erfolgten Verletzungen

Weiter vorn hatte ich in verschiedenen Kapiteln darauf hingewiesen, welche intensiven Spuren Konflikte vor allen Dingen im Gefühlsbereich hinterlassen. Dies konnte soweit führen, daß eine Person schon „rot sieht, wenn eine bestimmte andere Person nur auftaucht". Vor allen Dingen wenn ganze Konflikt-Ketten abgelaufen sind, ist im Regelfall eine beachtliche Menge von reaktivem negativen Potential angesammelt.

Soll nun nach der Methode „Gewinnen statt Siegen" eine Konflikt-Kommunikation begonnen werden, so stehen alle alten Verletzungen und die Erinnerungen daran dem entgegen. Wie soll man mit solchen Menschen bzw. einer solchen Gruppe reden, die all die erinnerten schlimmen Dinge getan haben? Oder: Hat man denn gar kein Rückgrat mehr, wenn man nach all dem, was passiert ist, jetzt mit denen redet?

Solche Argumente weisen oft auf die Folgen der erlittenen Verletzungen hin.

Die Schwierigkeit ist nun, daß eben eine kreative Auflösung der alten Konfrontationssituation nur erreicht werden kann, wenn beide Seiten in intensive Kommunikation eintreten und sich in einer Serie von Maßnahmen und Aktionen allmählich wechselseitig Vertrauen geben. Es ist kein Zufall, daß die westdeutsche Außenpolitik lange Jahre von „Vertrauensbildenden Maßnahmen" sprach. Nur solche Maßnahmen vermochten den Kalten Krieg allmählich einzudämmen und eine zunächst zaghafte De-Eskalation einzuleiten. Beachten Sie auch, daß in der Zeit des Kalten Krieges die Einführung des „roten Telefons" als riesiger Fortschritt gefeiert wurde. Man konnte nun – gegebenenfalls vor dem Einsatz interkontinentaler Nuklearraketen – miteinander sprechen. Also trotz bestehender Feindschaft, Bedrohung etc. gleichzeitig über die Behandlung des Konfliktes in Austausch treten.

Dies ist der große Schlüssel für alle Aktionen in Richtung auf das Herabstufen von Konflikten auf der Konflikt-Skala und das Schaffen von Win-Win-Lösungen.

Wenn Sie in einem durch Verletzungen geprägten Konflikt-Fall stehen, ist es unumgänglich, daß Sie darüber nachdenken, wie Sie sich aus den negativen Wirkungen der Verletzung herausbewegen können. Hierzu gibt es zahlreiche Techniken.

Erfahrene Konflikt-Kommunikatoren wissen, daß ohne zusätzlich von den Konfliktparteien verwendete Techniken hierzu meist viel Zeit und viel Gelegenheit benötigt wird. Und daß die Schritte jeweils nur sehr klein sein können.

40. Konfliktgespräche führen können – das Vorgehen von Marshal Rosenberg

Dies ist das **vierzigste Basis-Modell**.

Innerbetriebliche Konflikte, die nicht angesprochen, bearbeitet und zumindest teilweise ausgeräumt werden können, haben die fatale Eigenschaft, sich aufzubauen und aufzubauen. So entstehen immer aggressivere bzw. repressivere Einstellungen der Beteiligten, die sich dann gegebenenfalls in Form von offenem Streit, Leistungsverweigerung, Intrigen, Kündigung etc. entladen können.

Die Situation aus früheren Zeiten, als die Kraft der Hierarchien noch so stark war, daß wer oben saß auch Recht hatte, bröckelt immer weiter ab.

Charakteristisch für die letzten Jahrzehnte ist, daß immer mehr Menschen es lernen bzw. lernen wollen, sich auch in schwierigen und in Konfliktsituationen zu äußern und im Gespräch nach Lösungen zu suchen. Hierin sind übrigens Frauen wesentlich aktiver und talentierter als Männer, die häufiger einen Konflikt bis auf die Spitze bzw. bis zum show-down treiben.

Marshal Rosenberg ist in den USA ein bekannter Konflikt-Schlichter, der auch z. B. bei Konflikten zwischen Polizei und Rockerbanden im Regelfall binnen weniger Tage die beiden Parteien an einen gemeinsamen Tisch bringt, auch wenn es schon vorher Tote gegeben hat. Er lehrt auch die Kommunikations-Techniken, die er selbst einsetzt. Hier nun die Schritte und Grundregeln des Vorgehens nach Marshal Rosenberg (64):

1. **Der erste Schritt:** Gleichgültig, ob Sie das Verhalten einer Person mögen oder absolut nicht mögen, beginnen Sie nie mit einem Urteil. Starten Sie grundsätzlich mit einer möglichst faktenbezogenen und neutralen Beobachtung.

Beispiel: „Ich warte auf Ihren Zwischenbericht, denn ich möchte ihn jetzt lesen, ehe wir nächste Woche den Besuch von XY bekommen." Statt zu sagen: „Wann haben Sie denn diesmal Ihren Zwischenbericht fertig?"

Beispiel: „Sie scheinen nie zu verstehen, was ich sage." Statt dessen: „Es scheint mir, daß das, was ich Ihnen am vergangenen Mittwoch gesagt habe, bisher in Ihrer Arbeit nicht eingearbeitet ist."

Marshal Rosenberg weist darauf hin, daß die meisten Menschen an erster Stelle Bewertungen von Tatbeständen von sich geben, statt sich zunächst über die Tatbestände ohne Bewertung klar zu werden. (Siehe „Projektion" in Kapitel 16.)

2. **Der zweite Schritt:** nachdem man sich über die Beobachtung klargeworden ist (und über die Aussage, die diese Beobachtung enthält), ist die Beschreibung des eigenen Gefühls.

Rosenberg stellt fest, daß authentisches Sprechen über die eigene Gefühlslage in einer Situation meistens von den anderen Konfliktbeteiligten akzeptiert und gewürdigt wird. Rosenberg schlägt also vor, in einem zweiten Teil einer Aussage zu der Beobachtung nun hinzuzufügen, wie man sich aufgrund der Beobachtung oder im Zusammenhang mit der Beobachtung fühlt.

Beispiel: „Ich habe Ihren Zwischenbericht noch nicht, den ich eigentlich schon für gestern erwartet habe. Ich fühle mich gar nicht wohl bei dem Gedanken, daß wir nächste Woche unseren Besuch von XY bekommen, und dann vielleicht noch gar nicht vorbereitet sind." Statt: „Wenn Sie jetzt Ihre Arbeit schon abgeliefert hätten, dann könnten wir ruhig in die nächste Woche gehen!"

Rosenberg weist daraufhin, daß sehr klar ausgedrückt werden sollte, ob unsere Gefühlslage durch eine Beobachtung bzw. ein Erlebnis/Ereignis befriedigt worden ist oder befriedigt bzw. nicht befriedigt wird. Er legt großen Wert darauf, sehr bewußt die entsprechenden Adjektive zu wählen und auch im Gespräch zu verwenden und trainiert dies mit seinen Seminarteilnehmern über viele Stunden.

Dadurch, daß man authentisch seine eigene Gefühlslage im Zusammenhang mit einer Beobachtung/Situation klarmacht, erfährt der andere, daß er einem normalen, lebendigen Menschen gegenübersteht, der authentisch leben will – und daß er nicht einen Gegenüber hat, der ihm letztlich sagt, was er hätte tun müssen, damit der andere sich wohlgefühlt hätte.

3. Für den **dritten Schritt** weist Marshal Rosenberg darauf hin, daß unsere gefühlsmäßige Reaktion auf eine Situation immer auch mit unseren Werten zu tun hat. Diese Werte sind in uns, für andere nicht auf dem ersten Blick erkennbar, aber trotzdem stark wirksam.

Beispiel: Eine Person, für die Pünktlichkeit einen hohen Wert hat, wird voraussichtlich mit stärkeren Gefühlen reagieren, wenn jemand zu spät kommt oder eine Arbeit zu spät abliefert. Diese Kombination von Werten und Gefühlen kann sich z. B. darin ausdrücken, daß die Person verärgert ist über den Verstoß gegen gute Ordnung oder daß die Person sich persönlich nicht gewürdigt fühlt, da sie ja einen Anspruch auf Pünktlichkeit hat.

Der Zusammenhang zwischen gefühlsmäßigen Reaktionen und dahinterstehendem Wertsystem ist nach Rosenberg bewußt zu erfassen und in die Kommunikation einzubringen. „Ich habe Sie eben gebeten zu mir zu kommen, weil Ihr Zwischenbericht noch nicht fertig ist. Ich fühle mich unwohl, wenn ich daran denke, daß wir bis nächste Woche vor dem Besuch das ganze Thema durchgearbeitet haben müssen. Bitte verstehen Sie auch, daß für mich ein planbarer Ablauf sehr wichtig ist, und ich hatte in meiner Vorstellung angesetzt, daß wir heute an Ihrem Zwischenergebnis arbeiten."

Nun könnte z. B. die andere Person sagen: „Ich verstehe, daß Sie Sorgen haben wegen des Termins nächste Woche. Aber Sie brauchen, glaube ich, deswegen nicht unruhig zu werden. Ich habe Ihnen den Zwischenbericht deswegen noch nicht hereingegeben, weil ich gemerkt habe, daß mir eine viel bessere Lösung eingefallen ist. Wenn es Ihnen recht ist, trage ich heute vor dem Dienstschluß das Ganze bei Ihnen vor. Ich glaube, dann hätten wir die Geschichte wahrscheinlich erledigt." Beachten Sie, daß jetzt nicht nur die Sache selbst angesprochen wird, sondern auch die gefühlsmäßige Reaktion UND das für den Menschen charakteristische Wertsystem.

4. Der **vierte Schritt** heißt: Was geschehen sollte, bzw. was der andere tun sollte. Beispiel: „Ich möchte, daß Sie die Warenproben zurückschicken und das Kapitel mit diesem Lieferanten einfach abschließen."

Rosenberg legt Wert auf die positive Formulierung. Es geht immer darum zu sagen was man haben will, und nicht, was man nicht will. Also nicht: „Ich möchte nicht, daß Sie sich weiter mit dieser Sache beschäftigen." Sondern: „Schicken Sie der Firma ihre Proben zurück und legen Sie den ganzen Vorgang endgültig ab."

Zum Lernen gilt es, in Rollenspielen die Verfahren von Marshal Rosenberg bestmöglich zur Anwendung zu bringen, um aktive Lösungen von Konflikt-Situationen zu erreichen.

Marshal Rosenberg und andere Trainer bieten entsprechende Trainings an. So können Sie an der Hauptaufgabe (1) aus Abschnitt 8.7.6 erfolgreich arbeiten, also Ihre eigene Wahrnehmung, Bewußtheit und Ihr Verhaltensrepertoire entwickeln.

41. Konflikt-Moderation

Konflikt-Moderation wird immer häufiger genutzt. Im diplomatischen Bereich ist diese Fähigkeit schon lange geschult worden. Manchmal sind es heute Spezial-Abteilungen, die in wichtigen Fällen Konflikt-Gespräche vorher planen bzw. vorbereiten.

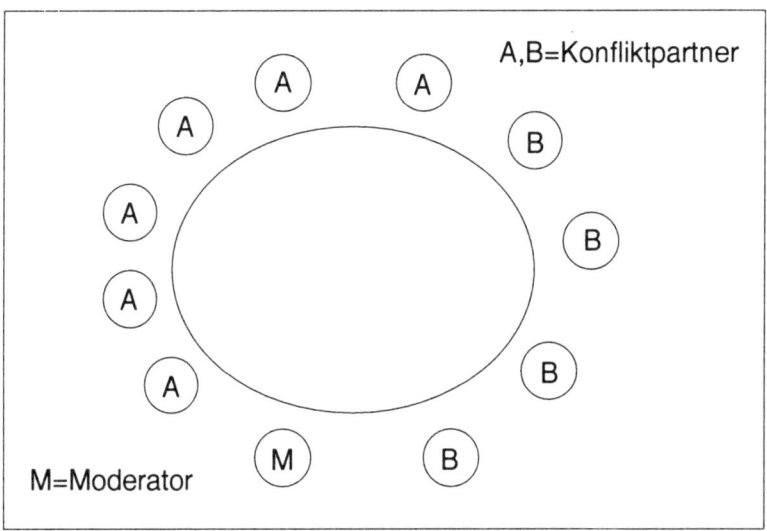

Abb. 41-1: Konflikt-Moderation

Ich möchte Ihnen nach dem Vorgehen von Marshal Rosenberg in Kapitel 40 einige weitere Techniken von professionellen Konflikt-Moderatoren nennen.

Tauschgeschäfte: Unter „Gewinnen statt Siegen" wurde der Wert der kreativen Konflikt-Lösungen dargestellt. Nehmen wir an, daß A den Wunsch hat X zu erhalten. B will X nicht geben, aber seinerseits Y haben. A wiederum will Y nicht an B gehen lassen. Kunstvolle Tauschgeschäfte versuchen nun, alle möglichen anderen Handelswaren für ein Tauschgeschäft zu entdecken, die für A bzw. B interessant sind. Der besondere Pfiff ist dabei, daß A möglicherweise Dinge besitzt, die für A nicht so wertvoll sind wie für B und umgekehrt. D. h., wenn A genügend solcher Dinge zusätzlich in die Waagschale legt und B genauso verfährt, kostet es A und B subjektiv nicht so viel mehr – und trotzdem kann man dabei unter Umständen das gewünschte X bzw. Y erhalten. Das Schnüren solcher Pakete ist eine Kunst für sich.

Z. B. wird seit längerem zwischen der UdSSR (jetzt Rußland) und Japan mit diesem Verfahren nach einer Lösung der schon angesprochenen Kurilen-Frage gesucht.

Grundregeln der Konflikt-Moderation

Authentizität: Das sagen, was wirklich für einen bedeutsam ist und einen bewegt.

Betroffenheit: Verdeutlichen, auf welche Weise man durch die aktuelle Situation betroffen und getroffen ist, und was das für einen bedeutet.

Gleichwertigkeit: Auf einer 1:1-Ebene miteinander reden. Den anderen in seinen Wünschen und in seiner Betroffenheit genauso ernstnehmen wie sich selbst.

Die Technik des Spiegelns

Diese Technik ist besonders anzuwenden, wenn zwei Personen in einem Konflikt stehen und ernsthaft gewillt sind, den Konflikt zu überwinden. Der Moderator läßt dann z. B. A wiederholen, was B gesagt hat. Hat A wiederholt, so fragt der Moderator nun B, ob A exakt das nun wiederholt hätte, was B gesagt habe? Im Regelfall dauert es etliche Male, ehe A wirklich befriedigend wiedergeben kann, was B gesagt hat. Ist mit einer Aussage von B dieser Stand erreicht, so hat nun umgekehrt A seine Aussage zu machen, die B zu wiederholen hat. Untersuchungen haben gezeigt, daß im Regelfall nach einigen Stunden dieses „Spiegelns" die wesentliche Spannung zwischen den beiden Parteien verschwunden ist. Allein dadurch, daß jede der Parteien die Vorstellungen des anderen völlig in sich aufgenommen und gespeichert hat, hat sich die Polarisierung der Parteien reduziert.

Wieviel ein Moderator in einer gegebenen Situation und einer vorgegebenen Zeit erreichen kann, ist nie vorhersagbar. Einem Konflikt-Moderator kann man also nicht abverlangen, daß er ein bestimmtes Ziel erreicht. Dies wäre auch völlig gegen den Sinn einer Konflikt-Moderation, denn die Parteien A und B sind sich ja gerade uneinig über das, was geschehen soll. Wie könnte also eine der Parteien dem Moderator eine Zielvorgabe machen?

Trotzdem geschieht dies immer wieder, wenn z. B. ein hoher Linienvorgesetzter für ein internes Problem einen Konflikt-Moderator hereinholt. Dann schwingen oft solche Vorstellungen mit, daß der Moderator nun in zwei Tagen (möglichst im Sinn des Einladenden) den Konflikt beilegen sollte. Dies wäre jedoch nicht die Rolle eines Konflikt-Moderators, sondern die eines Lösungseinpeitschers, der versucht, eine vorgegebene Lösung durchzusetzen.

42. Konfliktbearbeitung mit NLP (Neurolinguistisches Programmieren) – Beitrag von Hans-Peter Luz

42.1 Ziele des NLP-Einsatzes

Dieser Beitrag soll die Einsatzmöglichkeiten von NLP, einer immer häufiger erfolgreich genutzten Mentaltechnik, für die Konfliktbehandlung aufzeigen. NLP wurde nicht mit der Zielsetzung entwickelt Konflikte zu behandeln, sondern als eine Technologie, um Verhaltensmuster zu erkennen und gegebenenfalls zu verändern. Konflikte basieren aber auf einer Vielzahl von Verhaltensweisen und Verhaltensmustern, die Konflikte hervorrufen, aufrechterhalten, aber auch lösen helfen können. Aus diesem Blickwinkel ist NLP auch ein Mittel zur Konfliktbehandlung, da es Techniken und Wege für Einzelpersonen und Gruppen anbietet um Konfliktverhalten zu verändern. Vieles von dem, was Sie nun lesen, wurde nicht von NLP „erfunden", sondern wurde aus anderen Bereichen übernommen.

42.2 Was ist NLP?

NLP geht davon aus, daß wir als menschliche Wesen niemals wissen können, was Realität ist. Wir können immer nur unsere eigene Wahrnehmung von Realität kennen. Mit Wahrnehmung ist das gemeint, was wir sehen (V für visuell), hören (A für auditiv), tasten, riechen, schmecken (K für kinästhetisch). In NLP werden die fünf Sinne zu drei Sinnessystemen vereint: dem Visuellen, dem Auditiven, und dem Kinästhetischen. Diese Wahrnehmungen werden von mehreren Faktoren beeinflußt: durch unsere persönliche Lebensgeschichte und durch die Begrenzungen unserer Sinne. Licht und Farben z. B. können wir nur innerhalb eines bestimmten Frequenzspektrums wahrnehmen.

Was außerhalb dieser Frequenzen ist, sehen wir nicht. Ganz genauso ist es mit dem Hören. Wir nehmen mit unseren Sinnen nur einen Ausschnitt der Realität wahr, jedoch niemals die Realität selbst.

Unter Mithilfe unserer Sinnessysteme bauen wir in unserem Gehirn und Nervensystem (= neuronales Netzwerk) innere Landkarten, in denen wir das, was wir wahrnehmen, abspeichern. Wir repräsentieren die erlebte und vermutete äußere Realität auf unserer inneren Landkarte, erschaffen unsere Repräsentationen der Realität. Das ist das N von NLP.

Unsere innere Landkarte kann durch Worte und Sprache incl. Zeichensprache geformt und verändert werden. Worte sind keine Trivialitäten, die wir benutzen, um Dinge auszudrücken. Worte können großen Enfluß haben. Neuere Studien über das Gehirn zeigen, daß gleichzeitig unterschiedliche Teile des Gehirns von einem Wort aktiviert werden. Das kann über einen PET-Scanner (Positronen-Emissions-Tomographie) sichtbar gemacht werden. Wenn jemand ein Wort hört, sieht man eine Anzahl von unterschiedlichen Teilen des Gehirns „aufleuchten". Ein anderes Wort, und andere Teile des Gehirns leuchten auf. Das muß so sein, denn wenn wir ein Wort verstehen wollen, oder wissen, was es bedeutet, so holen wir uns diese Information aus unserer inneren Landkarte. Ein Wort kann so etwas wie ein Brennpunkt für unterschiedliche Teile/Bereiche des neuronalen Systems sein. Deshalb kann Sprache incl. Zeichensprache das neuronale System mobilisieren. Auch teilen wir per Sprache mit, auf welche Weise und wie wir unsere innere Landkarte errichtet haben – ob vorwiegend mit Bildern, ob vorwiegend mit Klängen und Sprache, oder vorwiegend mit kinästhetischen, d. h. gefühlsmäßigen Eindrücken. Das ist das L von NLP.

Die Landkarte ist nicht das Gebiet

Thematische Befassung mobilisiert Aktivität in verschiedenen Teilen des Nervensystems, einschließlich der Bereiche, die Erfolg, Gesundheit, Führungsqualität, Kreativität, oder auch Denken, Fühlen und Verhalten im Konfliktfall bestimmen. In diesem Sinne sind es unsere neurolinguistischen Landkarten der Realität, die bestimmen und steuern, wie wir uns verhalten, welche Denk- und Verhaltensmuster / -programme wir dabei benutzen – und welche Bedeutung wir unseren Wahrnehmungen einerseits und unserem Verhalten andererseits geben. Das ist das P von NLP.

Wahrnehmen, Bewerten: Wir geben Dingen eine Bedeutung

Dies ist der Schritt, der direkt auf die Wahrnehmung folgt: Die Bewertung, Interpretation, Vermutung. Zum Beispiel hat die Bedeutung dieser Buchstaben oder Worte, die Sie hier lesen, nichts mit dem zu tun, was das Papier zeigt. Diese Worte an sich haben absolut keinerlei Bedeutung. Sie als Leser müssen in Ihrem neuronalen System etwas tun, nämlich den visuellen Reiz aufnehmen und ihn in Ihrem neuronalen System organisieren, damit Sie ihm eine Bedeutung zuweisen können. So ordnen Sie dem visuellen Reiz eine Bedeutung zu, und sei es nur, um sich innerlich zu sagen: „Ich verstehe, was ich hier lese", oder: „Ich kann mir ein Bild davon machen." Die Bedeutung existiert in der Sicht von NLP nicht in den Dingen an sich. Das ist insofern interessant, weil das nicht nur aussagt, daß die Landkarte nicht das Gebiet ist, sondern auch, daß Landkarten und damit auch Verhaltensabläufe geändert werden können.

Was heißt denn hier Konflikt?

Wir sind jetzt sind an einem wichtigen Punkt des Themas Konflikt, nämlich bei den Fragen:

- Was ist die wahrgenommene Realität des Konflikts?
- Und was ist meine Landkarte des Konflikts?
- Was macht eine Situation zum Konflikt?

Also: Was sehe, höre, fühle ich? (Oft verwenden wir eine sinn-bildliche Sprache.) „Das sieht nicht gut aus." – „Ich sehe schwarz." – „Meine Alarmglocken läuten." Und: Welche Interpretationen und Vermutungen leite ich daraus ab, so daß meine Schlußfolgerung „Konflikt" heißt – wenn ich überhaupt noch bewußt an Konflikt denke und nicht einfach „automatisch" angreife oder flüchte?

Dann, nachdem der Konflikt erkannt ist:

- Was mache ich mit der Erkenntnis?
- Wie gehe ich damit um?
- Wie geht es mir in dieser Situation? Wie fühle ich mich? Finde ich auf meiner inneren Landkarte Möglichkeiten, um damit fertigzuwerden?
- Oder fühle ich mich hilflos, und verhalte mich deswegen evtl. aggressiv?

Konflikte in vier Gruppen

Die obigen Fragen können Sie sich im Konfliktfall generell stellen. Um mit NLP differenzierter vorzugehen, erscheint es mir an dieser Stelle sinnvoll, „den Konflikt" zur besseren Einordnung in die vier Gruppen aufzuteilen, wie es an anderer Stelle dieses Buches auch schon getan wurde:

I innerhalb einer Person (intra-personeller Konflikt)
II zwischen zwei Personen (inter-personeller Konflikt)
III innerhalb eines Teams, einer Abteilung, eines Unternehmens (intra-Gruppen-Konflikt)
IV zwischen Teams, Abteilungen, Unternehmen (inter-Gruppen-Konflikt).

Der Einfachheit halber möchte ich noch einige allgemeine Prinzipien von NLP und Konfliktbewältigung darlegen und dann mögliche Konfliktbearbeitungs-Strategien für jede Gruppe vorstellen.

42.3 Prinzipien von NLP und Konfliktbewältigung

Eines der Prinzipien kennen Sie schon: **Die Landkarte ist nicht das Gebiet.** Menschen verhalten sich nach ihrem Modell, das sie von der Welt haben, und nicht danach, wie die Welt „wirklich" ist.

Menschen nutzen die jeweils ihnen (auf ihrer inneren Landkarte) subjektiv beste zur Verfügung stehende Wahl.

Daraus folgt, daß die Einführung neuer „besserer" Möglichkeiten in die Landkarte zu „besserem" Konfliktverhalten führt.

Leben und Geist sind ein systemischer Prozeß

Alle Prozesse, die innerhalb von Menschen, zwischen Menschen und ihrer Umgebung stattfinden, sind systemisch. Es ist daher nicht möglich, einen Teil des Systems von einem anderen Teil zu isolieren. NLP ist entsprechend konzipiert, also für den Problemkontext eines Konflikts offen.

Unser geistiges Potential ist vielschichtig

Unser „Mind", unser bewußter und unser unbewußter Geist, sind nicht „Eins", sondern bestehen aus einer Vielzahl von Facetten und Perspektiven, sind ein „Multimind" (65).

In seiner Arbeit geht der NLP-Praktiker davon aus, daß die Persönlichkeit eines Menschen aus verschiedenen Bereichen, vielen Facetten, Seiten und Anteilen besteht, genauso wie der menschliche Körper ja auch aus verschiedenen Körperteilen, Muskelgruppen, Organen und Zellen besteht. Anders als in der Transaktionsanalyse werden diese

Anteile jedoch nicht benannt und etikettiert, sondern es wird einfach wertfrei anerkannt, daß sie existieren. Diese Teile unserer Person sind im Laufe unserer Lebensgeschichte entstanden, sie legen sich wie Schalen und Hüllen um unseren Wesenskern herum, und formen und bilden unseren Charakter und unsere Persönlichkeit.

Hinter jedem Verhalten wirkt eine subjektiv positive Absicht: Unsere Persönlichkeitsteile haben positive Absichten für uns und benutzen das nach außen wirkende Verhalten zur Umsetzung.

NLP geht davon aus, daß hinter jedem Verhalten eines Menschen eine Absicht steckt, und daß diese Absicht subjektiv positiv für die jeweilige Person ist. Dies ist ein wichtiger Punkt: Die Absicht kann etwas völlig anderes sein als das, was wir aus dem beobachteten Verhalten interpretieren.

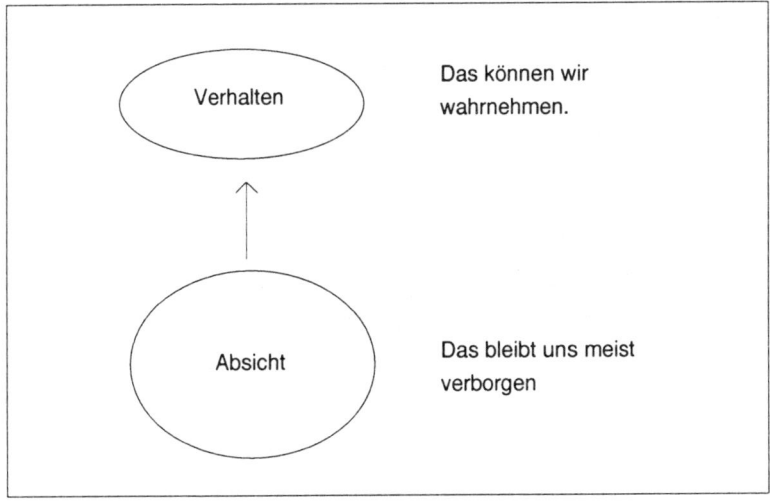

Abb. 42.3-1: Die Absicht hinter dem Verhalten

NLP arbeitet daran, hinter die Ebene des Verhaltens zu gehen, um an die subjektive Absicht heranzukommen. Dies ist eine der wesentlichen Arbeitshypothesen des NLP: So mies, so negativ, so schädlich das Verhalten im gesellschaftlichen Kontext auch bewertet wird, die dahinterstehende Absicht wird grundsätzlich als subjektiv positiv für die Person angesehen. Dies ist eine Arbeitshypothese, die sich als nützlich herausgestellt hat. Diese subjektiv positive Absicht wird von einem unserer inneren Persönlichkeitsanteile verfolgt, der dafür (im Rahmen der ihm auf der inneren Landkarte zur Verfügung stehenden Möglichkeiten) das nach außen wirksame Verhalten benutzt. Wird nun ein Verhalten als schädlich oder negativ eingestuft, dann macht es in diesem Modell von NLP wenig Sinn, nur das Verhalten allein ändern zu wollen. Sicher haben Sie auch schon erlebt, daß Sie mithilfe Ihres logischen Verstandes eine unerwünschte Gewohnheit verändern wollten, diese sich aber wie durch eine Hintertür immer wieder eingeschlichen hat (z. B. Rauchen...).

Wenn ich als NLP-Anwender also Verhalten ändern will, dann erweitere ich doch besser die Wahlmöglichkeiten zur Umsetzung der positiven Absicht und bekomme dadurch die Chance, daß das alte Verhalten nicht mehr benutzt wird.

Das „Gesetz" der erforderlichen Vielfalt

Dieses Prinzip stammt aus der System-Theorie, und es besagt, daß ein System (z. B. ein Team, eine Abteilung, ein Unternehmen) ein bestimmtes Mindestmaß an Flexibilität braucht, um überleben zu können. Das System mit dem größten Maß an Flexibilität hat die größten Chancen, erfolgreich zu überleben (was eine interessante Aussage für das Thema Kreativität und Innovation ist) und aus Zielen Ergebnisse zu machen. Bezogen auf Konfliktbewältigung bedeutet dies z. B., daß Starrheit und Sturheit eine Lösung verhindern. Dies kann auch bedeuten, daß Sie an dem Punkt, um den es gerade geht, festhalten und daß die Fähigkeit, ein und denselben Punkt aus verschiedenen Perspektiven zu betrachten (= Flexibilität in der Wahrnehmungsposition), schon zu Lösungsansätzen oder zumindest ein Stückchen weiterführen kann.

In jeder Kommunikation gibt es im NLP eine inhaltliche Sach- und eine emotionale Beziehungsebene

Die Inhaltsebene ist das „Was", worüber gesprochen wird. Die Beziehungsebene ist das „Wie", in das das „Was" eingepackt ist, auf welche Weise es zum Ausdruck gebracht wird. Die Beziehungsebene heißt auch, wie die Gesprächspartner zueinander stehen. Ob es hierarchische Unterschiede gibt, oder ein rein berufliches Verhältnis, oder auch eine private Freundschaftsbeziehung (siehe Kapitel 11).

Die Bedeutung einer Kommunikation liegt in dem Resultat, das sie hervorruft

Dies ist gerade für den Konfliktfall sehr wichtig: Es besagt nämlich, daß Sie möglichst bewußte Verantwortung übernehmen sollten für das, was Sie sagen und wie Sie es sagen. Und daß Sie anerkennen, was Sie damit bei Ihrem Gesprächspartner bewirken. Und ihn nicht für die Reaktion, die er/sie auf Ihre Kommunikation hat, verurteilen oder beschimpfen. Sondern akzeptieren, daß Ihre Kommunikation (verbal und non-verbal) Reaktionen hervorruft, sowohl aus Ihrer Sicht positive als auch negative. Hier leistet NLP gezielte und dauerhafte Verhaltensänderung für Sie.

Authentische Konfliktkommunikation

Das heißt ganz einfach: Sprechen Sie während des Konfliktfalls über sich, über Ihre Wahrnehmungen, über Ihre Gefühle, und zwar in der „Ich"-Form, nicht in der „Man"-Form. Und vermeiden Sie in jedem Fall Schuldzuweisungen oder Anklagen oder Angriffe auf andere Personen. Dies würde den zwischenmenschlichen Konflikt mit Sicherheit verschärfen. (Beachten Sie die Gleichheit der Konzepte bei Marshal Rosenberg, der nicht aus der NLP-Schule stammt.)

Und nun zu den schon erwähnten vier Konfliktgruppen.

42.4 Die NLP-Sicht des intra-personellen Konflikts

Kommen wir als erstes zur konkreten Bearbeitung des Konfliktes innerhalb einer Person. NLP definiert diese Art von Konflikt als „Streit zwischen zwei Teilen" („Zwei Herzen schlagen, ach, in meiner Brust."). „Streit zwischen zwei Teilen" kann in einem harmlosen Beispiel heißen, daß Sie über einer Abrechnung sitzen, die dringend gemacht werden muß, weil Sie das schon dreimal verschoben haben. Plötzlich kommt Ihnen in den Sinn, Ihren Freund Thomas anzurufen, den Sie schon lange nicht mehr gesprochen haben, und Sie unterbrechen die Arbeit an der Abrechnung. Nach dem Telefonat setzen Sie sich wieder hin, arbeiten fünf Minuten, haben mittendrin den Gedanken „ein Kaffee wäre jetzt gut", stehen auf, machen sich einen Kaffee, arbeiten dann wieder weiter, dann kommt der nächste Gedanke, der Sie herausreißt, und so fort. Dies ist symptomatisch dafür, daß zwei Teile in Ihnen zur selben Zeit ihre subjektiv positive Absicht umsetzen wollen, und sich dabei gegenseitig stören. Ergebnis: Sie tun nichts ganz, sondern beides halb oder schlechter.

Der Lösungsweg:

- beide Teile bringen (abwechselnd) ihre positive Absicht zum Ausdruck,
- jeder Teil akzeptiert die positive Absicht des anderen,
- mit den beiden Teilen wird eine kooperative Vereinbarung geschlossen, wann sie in zeitlicher Abwechslung ihre positive Absicht umsetzen.

Vielleicht erscheint es Ihnen absurd in Erwägung zu ziehen, mit inneren Persönlichkeitsteilen in Verhandlung zu treten, doch meine Erfahrungen bei Einzeltrainings und in Seminaren bestätigen immer wieder, wie machtvoll solche inneren Teile sein können, und wie tiefgreifend die Veränderung, in manchen Fällen Heilung, nach einer derartigen „Teile-Verhandlung" sein kann.

42.5 Konflikt zwischen zwei Personen (inter-personeller Konflikt)

Ich wende mich hier einem speziellen Bereich der interpersonellen Konflikte zu, dem Fall, daß schon eine reaktive Schädigung der Beziehungen zu dem Konfliktpartner entstanden ist (Kapitel 5.4 bis 5.6).

An dieser Art des Konflikts gibt es meist folgendes Muster: Es gibt irgend etwas, was man an der anderen Person nicht (mehr) mag. Das können Verhaltensweisen, Meinungen, Überzeugungen oder Einstellungen zu Dingen sein. Was auch immer es ist, und wie auch immer man es benennen könnte, das Resultat heißt: Konflikt. Um ihn aufzulösen, empfehle ich Ihnen folgende Vorgehensweise:

- Zuerst stellen Sie sicher, daß die beiden Personen es ehrlich damit meinen, den Konflikt auflösen zu wollen (siehe dazu Kap. 36 u. 37).
- Lassen Sie jede Person ungestört sagen, was sie an der anderen Person stört.
- Hinterfragen Sie dann, was jede Person mit ihrem Verhalten erreichen möchte, was die positive Absicht ihres Verhaltens ist.
- Können beide Personen gegenseitig ihre positive Absicht (unabhängig vom Verhalten) wertschätzen? Daß die Absicht eigentlich etwas ganz Wertvolles ist? (Von Ausnahmen abgesehen: Niemand möchte andere Menschen verletzen oder ihnen wehtun; welche

Absicht steht dahinter? Vielleicht nur, selbst nicht verletzt zu werden oder innere Werte verteidigen.)

- Wäre jede Person bereit, gegenüber der anderen ihre positive Absicht auf andere Weise auszudrücken? Also, ein neues Verhalten auszuprobieren? Oder ist jetzt, nachdem die positiven Absichten bekannt sind, das Verhalten nebensächlich? (Ich habe oft die Erfahrung gemacht, daß in dem Moment, wo die „Masken fallen", die Kommunikation ehrlich und authentisch wird, und auf einer anderen, respektvollen Ebene stattfindet.)
- Wie können beide sicherstellen, daß sie gegenseitig ihre Vereinbarungen einhalten?

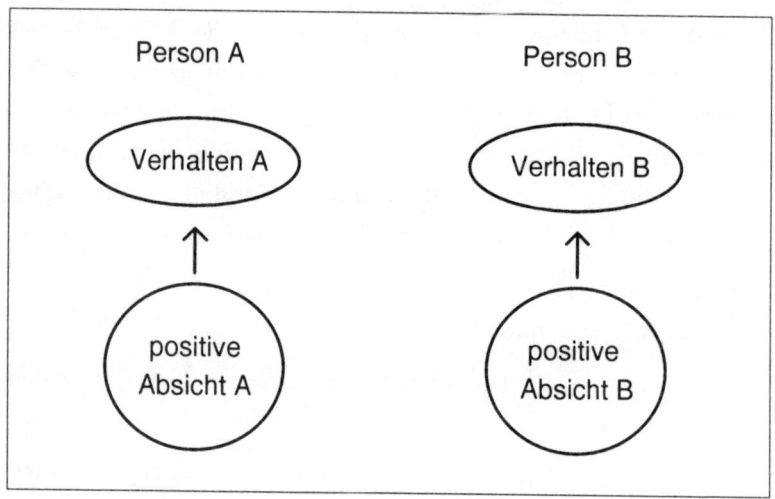

Abb. 42.5-1: Zwei positive Absichten, zwei Verhaltensweisen

Auf der Ebene der dargestellten Ablaufgestaltung stimmt mein Vorgehen wiederum mit dem von Marshal Rosenberg und dem Konzept „Gewinnen statt Siegen" überein.

NLP kennt viele Techniken, um

- Menschen auf diese anspruchsvolle Kommunikation in Trainings vorzubereiten und dabei entsprechendes höherwertiges Kommunikationsverhalten dauerhaft „zu fördern/zu unterstützen".

- den Moderator besser in die Lage zu versetzen, in solchen Konfliktsituationen die erforderliche Kommunikationsform herbeizuführen.

42.6 Konflikt innerhalb einer Gruppe (intra-Gruppen-Konflikt)

Oft passiert es, daß in einer Gruppe Konflikte deswegen aufkommen, weil die Beziehungsebene nicht balanciert ist. Da gibt es Machtkämpfe, Angriffe auf andersartige Denkweisen anderer Teammitglieder, vorgeschobene fachliche Argumente, um dem anderen Inkompetenz zu bescheinigen (weil man ihn eigentlich nicht mag), und dergleichen mehr. Das sind sich ausdrückende innere Faktoren der Beteiligten. Äußere Faktoren können sein: Das Team wird unzureichend mit Informationen versorgt; es herrscht z. B. Unsicherheit ob das Team zusammenbleibt; es ist unsicher ob das Projekt fortgeführt wird; es wird von der Geschäftsleitung Zeitdruck gemacht, und andere Faktoren mehr.

Hier ist es wichtig, herauszufinden, was genau die **Störfaktoren** sind, und dann jedes einzelne Teammitglied dazu anzuregen, darüber zu sprechen, wie er/sie die Situation empfindet (authentische Kommunikation). Hilfreich ist es hier, die Moderations-Methode zuhilfe zu nehmen, um in Kombination mit dem sog. NLP „Meta-Frage-Modell" und einer daran anschließenden ergebnisorientierten Verhandlung Vereinbarungen zu erzielen (siehe Abschnitt 42.8.1). Zur Gestaltung des

Ablaufs werden weitere NLP-Techniken verwendet, z. B. die Wohlgeformte Zielvereinbarung. (Alle W-Fragen mit Ausnahme des Fragewortes „warum"; z. B. „Mir gefällt's momentan im Team nicht". – Bitte nicht fragen: „Warum gefällt es Ihnen nicht?", sondern statt dessen „Was genau gefällt Ihnen nicht?" – Oder: „Ich empfinde Unzufriedenheit." – „Was macht Sie unzufrieden?")

42.7 Konflikt zwischen Teams (inter-Gruppen-Konflikt)

Vor ca. zwei Jahren hatte ich folgenden Fall: Ein mit mir kooperierender Unternehmensberater bat mich, ein Konfliktlösungskonzept zu entwickeln, weil zwei Abteilungen innerhalb eines Unternehmens Streit miteinander hatten. Sie warfen mit wilden Vorwürfen um sich, werteten einander ab, kommunizierten in einer sehr emotionalen Weise miteinander. Für diese Konfliktgruppe habe ich unter Einsatz von NLP-Methoden folgende Strategie angewandt:

1. Phase: Herausarbeiten des Konfliktes; die im Konflikt befindlichen Gruppen werden getrennt zu einem Workshop eingeladen, in dem die Konfliktfaktoren und -gründe aufgedeckt werden.

2. Phase: Verhandlung des Konfliktes; die im Konflikt befindlichen Grupppen werden zu einem gemeinsamen Workshop eingeladen, in dem sie in neutraler Weise ihre Konfliktgründe austauschen (hier muß der Workshop-Leiter aufpassen, daß nicht noch einmal Emotionen hochgekocht werden) und gegenseitig akzeptieren. Dann (siehe Abschnitt 42.8.2) ihre eigene Wahrnehmungsposition, ihren Standpunkt verlassen und in die Position des Konflikt-„Gegners" eintreten, um ihn besser verstehen zu können (dies ist der schwierigste Teil, aber auch gleichzeitig der Wendepunkt im Konflikt – denken Sie an die Regel der Flexibilität) und dann bereit zu sein, Bedingungen für eine Bei-

NEUE ANSÄTZE ZUM UMGANG MIT KONFLIKTEN

legung des Konfliktes zu erarbeiten, um daraus wieder die Vereinbarungen für die künftige Kooperation zu treffen.

3. **Phase: Gemeinsame Zielvereinbarungen**; die nun kooperationsbereiten Gruppen erarbeiten in einem gemeinsamen Workshop gemeinsame Projekte und Ziele, an denen sie zusammenarbeiten werden, und jede Gruppe achtet darauf, daß sie ihren Teil der Vereinbarungen einhält.

42.8 Vier NLP-„Techniken", die nicht nur zur Konfliktlösung taugen

Nach den vorstehenden, teilweise NLP-unspezifisch gehaltenen Lösungsansätzen möchte ich Ihnen nun vier NLP-„Techniken" vorstellen, die Sie (auch) zur Konfliktbearbeitung einsetzen können:

I. die „Wohlgeformte Zielvereinbarung",
II. die „Ich-Du-Meta-Position",
III. der „Zustimmungsrahmen",
IV. der „Umdeutungsprozeß in 6 Schritten" (Six-Step-Reframing).

Diese Techniken werden in der Konflikt-Arbeit in Trainings mit weiteren elementaren NLP-Techniken unterstützt.

42.8.1 Weg vom Konflikt – hin zur Lösung: die Wohlgeformte Zielvereinbarung

1. Was ist das **Ziel**? Formulieren Sie es **positiv**, d. h. keine Verneinung (wie z. B. „Wir wollen keinen Konflikt mehr"), sondern statt dessen: „Was genau wollen wir erreichen?"

2. Beschreiben Sie das **Ziel** so, daß es (zumindest in der Phantasie) „**sinnlich**" (visuell – auditiv – kinästhetisch) **konkret** erfaßbar und

vorstellbar ist. Hier machen die meisten Menschen den Fehler, daß sie zu allgemein und zu abstrakt sind. Seien Sie so präzise und sinnesspezifisch wie möglich! Z. B.: „Wie sieht die Lösung genau aus?"

3. Definieren Sie für das **Ziel** den **Kontext**. Wann und Wo und mit Wem findet die Zielerreichung statt?

4. Bedenken Sie die Ökologie und **Ziel-Balance**. Was verändert sich, wenn das Ziel erreicht wird: Im Umfeld? In den sozialen Beziehungen? Was wird dem „alten" Zustand weggenommen? Was wird hinzugefügt?

5. Überlegen Sie nun, ob das **Ziel** für Sie (Ihr Team) aus eigener Kraft **selbst erreichbar** ist. Verfügen Sie über die notwendigen Ressourcen (Know-How, Wissen, Fähigkeiten, Erfahrungen, Kreativität, soziale Kompetenz), um Ihr Ziel selbständig zu erreichen?

6. Legen Sie nun fest, an welchen **Kriterien** Sie messen wollen, daß Sie Ihr **Ziel erreicht** haben. Dies ist sehr wichtig, denn wenn Sie nicht wissen, woran Sie die Zielerreichung erkennen, werden Sie nicht wissen, was erfolgreich war und was nicht. Und wenn Sie dann noch fähig sind, „Mißerfolg" umzudeuten in ein Feedback darüber, was einfach nur noch nicht funktioniert hat, dann können Sie herausfinden, was Sie tun müssen, um Ihrem Erfolg und der Lösung eines Konfliktes immer wieder ein Stückchen näherzukommen.

42.8.2 Die „Ich-Du-Meta-Position"

Diese Wahrnehmungspositionen beziehen sich auf grundlegende Standpunkte und Blickwinkel, die Sie einnehmen können, um über die Beziehung zwischen sich selbst und anderen nachzudenken. Dazu

Leonardo da Vinci: „Wenn du etwas verstehen willst, brauchst du mindestens drei verschiedene Perspektiven."

„Ich-Position": Hier sind Sie assoziiert mit sich selbst und sehen die Welt aus Ihren eigenen Augen.

„Du-Position": Hier fühlen Sie sich ein in die Sichtweise des anderen, in seinen Standpunkt, seine Perspektive, seine innere Landkarte. Die Analogie, „einen Monat lang in den Schuhen von jemand anderem zu gehen, um ihn verstehen zu können", macht dieses Prinzip gut verständlich. Die Welt durch die Augen des anderen sehen, ist die Aufforderung des „Du-Standpunktes".

„Meta-Position": Hier befinden Sie sich in einer Position außerhalb von „Ich" und „Du". Sprechen Sie hier so über die beiden, als wären Sie ein unbeteiligter Beobachter. Verwenden Sie Sprache in der 3. Person, z. B.: „Er ist ...", „Er sagt ...", „Sie denkt, daß ...", „Die beiden sehen aus, als ob sie ...". Wichtig ist, daß Gefühle in der „Ich"- und „Du"-Position verbleiben.

Diese Meta-Position ermöglicht, Ressourcen und Lösungswege für die Bewältigung eines Konfliktes zu finden. Es empfiehlt sich, daß ein NLP-Fachmann (eine Fachfrau) diesen Prozeß als Coach begleitet.

42.8.3 Der Zustimmungsrahmen

1. Jede am Prozeß beteiligte Person findet heraus, was sie erreichen will.
2. Jede am Prozeß beteiligte Person findet heraus, was ihr Ziel für sie tut. D. h.: Wofür sorgt das Ziel? Was bringt es, wenn es erreicht wird? (Meta-Ziel)
3. Nun wird ein gemeinsames Ziel gefunden, das dem entspricht, was alle Personen wollen, d. h. ein Ziel, in dem die Gemeinsamkeit der

Meta-Ziele enthalten ist, so daß alle Personen zustimmen. So ein gemeinsames Ziel könnte lauten: „Wir sind zusammengekommen, weil wir eine Lösung für unseren Konflikt erreichen wollen." Machen Sie dann z. B. mit der „Wohlgeformten Zielvereinbarung" weiter.

42.8.4 Der Umdeutungsprozeß in 6 Schritten

(Dieser Prozeß läßt sich im Team auch sehr gut als Moderations-Zyklus durchführen.)

1. Begeben Sie sich in die Meta-Position und finden Sie heraus, was unerwünscht ist und was verändert werden soll: Was an diesem Konflikt soll umgedeutet werden?
2. Stellen Sie sicher, daß zwischen allen Beteiligten die Kommunikation weiterläuft, ggf. nehmen Sie Moderationskarten zuhilfe.
3. Trennen Sie das „Unerwünschte" von der dahinterliegenden Absicht. Was soll mit dem „Unerwünschten" erreicht werden?
4. Finden Sie mindestens drei neue Möglichkeiten, diese Absicht auf andere und positivere Weise zufriedenzustellen.
5. Erarbeiten Sie ein Einverständnis, diese neuen Möglichkeiten durchzuführen. Falls insgesamt oder teilweise kein Einverständnis zustande kommt, wiederholen Sie Schritt 4.
6. Überprüfen Sie die Ökologie: Gibt es andere Absichten / Meta-Ziele, die von den neuen Möglichkeiten in negativer Weise beeinflußt werden? Wenn JA, machen Sie mit Schritt 3 weiter. Wenn NEIN, setzen Sie die neuen Möglichkeiten um.

42.9 NLP als pragmatische Hilfe

Dies waren einige Möglichkeiten aus NLP-Sicht, wie Sie mit Konflikten umgehen können, wobei NLP bisher kein explizites Werkzeug für Konfliktbewältigung zur Verfügung stellt, obwohl es im NLP u. a. die genannten Werkzeuge gibt, die zur Konfliktbearbeitung geeignet sind. In jüngster Zeit wird das Modell „Mediation", das aus den USA kommt, für Schlichtung und Vermittlung immer bekannter. Ich habe, soweit es ging, NLP-Fachworte entweder vermieden oder erklärt, so daß der NLP-Laie so viel wie möglich verstehen, und der NLP-Fachmann / die NLP-Fachfrau einiges wiedererkennen wird. Natürlich konnte ich hier nicht alles abhandeln, was NLP ermöglicht, und es gibt noch einige vertiefende Möglichkeiten mehr. Doch ich glaube, Sie haben einen Eindruck gewinnen können, daß NLP als pragmatisches Modell einen Beitrag leisten kann, damit die Kommunikation und der Austausch zwischen Menschen respektvoll und effektiv geführt werden kann.

42.10 Anmerkung des Autors zum NLP-Einsatz

Dieser umfangreichere Beitrag zeigt:
- etwas ausführlicher die in der modernen Konfliktbehandlung üblichen Vorgehensweisen, die das Konzept „Gewinnen statt Siegen" unterstützen und entsprechende Konfliktkommunikation lehren, und zwar über viele unterschiedliche Schulen hinweg, wie Dahrendorf, Rosenberg, NLP, Softpower, Parkinson's „Communicate" (66), Win-Win-Negotiation (67), etc.
- daß NLP über spezielle sehr wirksame Werkzeuge verfügt, um den Prozeß der Konfliktbehandlung zu unterstützen. Dies ist der besondere Beitrag von NLP, für das es nach meiner Sicht zur Zeit kaum eine Konkurrenzmethode gibt.

NLP ist ein zweischneidiges Schwert. Es kann so wie bei Hans-Peter Luz in einem ethisch anspruchsvollen Kontext eingesetzt werden. Es ist aber genauso möglich, NLP höchst manipulativ als verdecktes Kampfmittel einzusetzen. Hier ist eine ethische Positionsbestimmung äußerst wichtig.

43. Ziel Weltfrieden – das Programm des Maharishi Mahesh Yogi

Wir wissen, daß seit uralten Zeiten Gebete benutzt werden, um für sich und für andere „gute Ereignisse" herbeizuführen. Hierbei wird eine transzendentale Instanz bemüht, die je nach Weltanschauung real oder illusionär ist. Ich sehe meine Aufgabe nicht darin, hier Partei zu beziehen, sondern stelle im folgenden eine transzendentale Technik vor, die für das Herbeibringen von lokalem und weltweitem Frieden/Harmonie entwickelt wurde.

43.1 Herkunft und Einsatzbereich der Methode

Der Maharishi gehört in den Hinduismus. Seine Quellen sind die auf die Veden bezogene Sanskrit-Tradition; die Technik seiner Schule ist vor allem Meditation. Sein Titel heißt übersetzt „Großer Rishi" oder „Großer Spiritueller Meister der Hindu-Tradition". Diesen Titel erhalten nur wenige, er zeichnet eine Person für erfolgreiche tiefe spirituelle Studien und transzendentales Erleben aus. Maharishi in seiner Version der vedischen Lehre kennt als oberstes Prinzip der Weltordnung „Unity", ein Bewußtsein kosmischer Einheit und Heilheit, das noch über der Schöpfergottheit Brahman steht. Maharishi lehrt mit seiner Transzendentalen Meditation (TM) eine Technik, die in der Meditation „Kontakt mit dem Unity-Bewußtsein schafft" und dadurch eine Vielzahl von segensreichen Folgen für den Meditierenden freisetzt. Eine Vergleichsstudie hat u. a. gezeigt, daß TM das stärkste heute bekannte Anti-Streß-Mittel ist. Wissenschaftliche Literatur über diese Meditationseffekte finden Sie u. a. in (68 bis 76) und in über hundert weiteren Publikationen (71).

43.2 Das theoretische Konzept des Weltfriedensplans

Maharishi lehrt, daß die Ausübung der von seiner Schule gelehrten Meditation (plus Zusatztechniken) systematisch eingesetzt werden kann, nicht nur um individuelle positive Effekte (schnellere Heilung, Streßabbau, bessere Lernleistungen, etc.) zu erreichen, sondern auch zur Verbesserung der weltweiten Verhältnisse auf der Ebene von Gesellschaft und Natur.

So soll z. B. eine statistisch meßbare Verringerung der Kriminalität in einer Stadt erreicht werden, wenn mindestens 1 % der Bevölkerung mit der Technik der TM meditiert. In einer Millionenstadt wären das 10.000 Meditierer, in einer Kleinstadt von 10.000 Einwohnern nur hundert. Kommen Meditierer mit den sogenannten Sidhi-Zusatztechniken zum Einsatz, soll nur die Quadratwurzel der berechneten 1 %-Quote nötig sein, also 100 für die Millionenstadt und 10 für die 10.000 Einwohnerstadt.

Dieser Effekt soll auch weltweit gelten. Wenn also 1 % der Weltbevölkerung (bzw. die Quadratwurzel) meditiert, sollte weltweit erkennbar:

- das Ausmaß und die Zahl der Konflikte sinken,
- die Kriminalität zurückgehen,
- auch Unfälle und Naturkatastrophen sollen demnach seltener werden.

Der aus dem hinduistischen Umfeld stammende Maharishi handelt also ganz ähnlich wie Christentum und Islam, bei denen das an eine transzendentale Adresse gerichtete Gebet als wirkungsvoll angesehen wird. Der Maharishi geht allerdings weiter, indem er in moderner Weise lehrbare und erlernbare Techniken bereitstellt und so ein wirklich „normiertes" Vorgehen einführt, das präziser beschreibbar und nachvollziehbar ist als die „offenere" Methode des Gebets.

43.3 Berichte über Erfolge

Maharishi hat, anders als andere religiöse Gruppen, die Durchführung von zahlreichen wissenschaftlich-methodischen Feldstudien zum Nachweis seiner Thesen angestoßen. Dabei kamen die in der Wissenschaft heute üblichen mathematisch-statistischen Methoden zum Einsatz.

Inzwischen liegen zahlreiche Publikationen, auch in angesehenen wissenschaftlichen Zeitschriften vor, u. a. (71, 72, 73). Ein deutschsprachiges Buch (75) liegt ebenfalls vor.

Soweit ich aus den zum Teil in angesehenen Zeitschriften veröffentlichten statistischen Ergebnissen zu weit über einhundert Einzelthemen/ Studien ersehen kann, sind die angegebenen Ergebnisse im wissenschaftlichen Sinn signifikant und weisen darauf hin, daß die Aussagen des Maharishi zutreffend sein können.

43.4 Die Bedeutung der Studienergebnisse für die Konflikttheorie

Abendländisches Denken ist nicht so leicht gewillt, „transzendentale Mechanik" (denn das sind ja solche Techniken) in das wissenschaftliche Weltbild aufzunehmen. Aber nachdem wir uns in der abendländischen Wissenschaft darauf geeinigt haben, daß statistische Schlußfolgerungen die korrekte Form der Auswertung von Experimenten bezüglich Hypothesen sind, sollten wir akzeptieren, daß genau auf dieser Ebene der Beweisführung jetzt umfangreiches Material zu Gunsten der Thesen der „Transzendentalen Mechanik" vorliegt.

Wir sollten heute also nicht mehr „transzendentale Ansätze" der Konfliktbehandlung einfach abtun, sondern im Gegenteil mit hohem Interesse in diese Richtung forschen.

Hat der Maharishi mit seinen Techniken recht (was mir im wissenschaftlichen Sinn weitgehend statistisch bewiesen scheint), so müssen wir in Zukunft alle „unwissenschaftlichen" Konflikt-Techniken wie Voodoo etc. auf völlig neue Weise ernstnehmen. Ein schwieriger Gedanke – aber vielleicht der nächste Schritt im Neuland der Konfliktforschung.

44. Eine „Traumtechnik" zur Konfliktbehandlung

Nach der mental-technischen NLP-Vorgehensweise und dem meditativen Ansatz des Maharishi eine letzte Technik, die ebenfalls weitgehend mit „Gewinnen statt Siegen" kompatibel ist, aber wiederum aus einem anderen Bereich stammt.

Im Kalifornien der 60er und 70er Jahre entstanden viele „weiche Techniken", zu denen oft verschiedenste Wurzeln beigetragen haben, wie: Jungsche Psychologie, Gestalttherapie, Themenzentrierte Interaktion nach Ruth Cohn, Körperarbeit, Kreative Visualisierung, Alphatraining, Yoga, Meditation, Autogenes Training. Manche dieser vor inzwischen 10 bis 30 Jahren entstandenen „wilden Techniken" ist sehr leistungsfähig. Daher stelle ich Ihnen eine aus dieser Gruppe vor.

Die folgende Technik habe ich mehrfach mit Erfolg an Personen weitergegeben, die in unlösbar erscheinende Konflikte verwickelt waren.

Hier einer der Fälle. Ein Geschäftsführer (G) einer High-Tech-Firma war in eine zunehmende Spannung mit dem Eigentümer und Hauptgeschäftsführer (HG) geraten. G, ein hochqualifizierter, selbständig arbeitender Mann, brachte soviel Geschäft herein, daß das Unternehmen stark wuchs und prosperierte. HG begann zunehmend G mit Anweisungen zu stören, von G angestoßene Maßnahmen in Zweifel zu ziehen und G zu kontrollieren. G litt zunehmend unter den für ihn immer unerträglicher werdenden Verhältnissen – eine Situation, die durch die schon bekannten Modelle von „Führungskonflikten" und „Aktionsraumkonflikten" gut beschrieben werden.

G befand sich in einem inneren Konflikt:

1. Er konnte seinen Arbeitsplatz und seinen HG immer weniger ertragen, war unglücklich, frustriert, wütend, etc.

2. Er fürchtete, daß – sofern er mit seinem HG über eine mögliche Kündigung sprechen würde – von diesem fristlos gekündigt und verfolgt würde, bzw. daß er im Fall einer Kündigung nicht nur sofort freigestellt, sondern z. B. durch Verweigerung einer Ausgleichszahlung und Rufmord in der Branche geschädigt würde.

3. Er hatte Zweifel bekommen, ob er seine Kunden, zu denen er ein Vertrauensverhältnis hatte, überhaupt noch zu Aufträgen veranlassen sollte – denn er hatte durch das Verhalten des HG Zweifel am zukünftigen Bestehen der Firma bekommen.

(Beachten Sie: der innere Konflikt besteht hier nicht aus zwei konkurrierenden Alternativen sondern aus drei.)

Um frühere Modelle zu benutzen: G hatte auf Grund seiner Erlebnisse reaktives Verhalten aufgebaut, das seinerseits zum „Break of Communication" geführt hatte. G nahm auch an, daß HG nicht bereit wäre eine Konfliktkommunikation zu führen.

Wenn nichts geschehen würde, wäre eine weitere Verschlechterung der Beziehung vorherzusagen, mit einer möglicherweise zeitlich „zufällig" auftretenden Entladung mit hohem Schadeffekt. Was also tun?

Ich gab G folgende Technik, die ich Ihnen hier in Form einer Anweisung weitergebe.

Die „Traumtechnik"

1. Setzen Sie sich am Abend ehe Sie zu Bett gehen, in einen bequemen Sessel, möglichst mit aufrechtem Rücken.

    Sorgen Sie dafür, daß Sie vorher eine ruhige halbe oder ganze Stunde hatten, fahren Sie eine halbe Stunde mit dem Fahrrad oder hören Sie sich eine ruhige friedvolle Musik an, evtl. etwas Altes von Bach oder Telemann, oder ein klassisches Gitarrenkonzert (G ist Musikfreund).

    Wenn Sie sich hinsetzen, sorgen Sie dafür, daß es keine Störungen gibt.

2. Schließen Sie die Augen. Fühlen Sie die Flächen des Sessels und der Lehne an. Achten Sie auf Ihren Atem – einfach darauf achten. Hören Sie auf Geräusche in der Umgebung.

3. Nach 3-5 Minuten sagen Sie still zu sich selbst: „Nun löse ich den Konflikt. Bald ist der Konflikt vorbei." Wiederholen Sie dies einige Male. Fühlen Sie Ihre Freude, daß nun das Ende des Konflikts in Arbeit ist. (Ob das nun 3 Tage oder 12 Monate dauert ist nicht wichtig. Auch nicht, ob Sie irgendeine Idee haben, wie es geschehen könnte.)

4. Nun wählen Sie sich in Gedanken einen echten oder imaginären Raum aus (eine Terrasse an einem See, oder was immer). Dort gibt es mindestens zwei Sessel oder Stühle. In dem einen sitzt Ihr Gegner, im anderen Sie.

Zunächst wird nicht gesprochen. Sie „sehen" aber den Gegner, schauen sich seine Kleidung an, seine Handhaltung, etc.

Auch wenn Sie ungute Gefühle gegenüber dem Gegner aufkommen fühlen, sagen Sie sich still im Innern: „Wir werden es schon schaffen."

5. Wenn die Gefühle gegen den Gegner sehr stark werden (ärgerlich, wütend, ängstlich, ...), dann sagen Sie in Gedanken: „Ich bin ärgerlich (wütend, habe Angst, ...)" oder: „Es fällt mir schwer, diesen Menschen vor mir zu sehen."

Wenn diese starken Gefühle nicht nachlassen, sagen Sie mehrfach zu sich: „Ich kann noch nicht mit ihm/ihr sprechen – aber das kommt." Brechen Sie dann die Sitzung ab und gehen Sie zu Bett. Am nächsten Tag (Abend) starten Sie wieder bei (1.).

Sie brechen aber maximal an drei Tagen mit Punkt (5.) ab, wenn Sie sehr emotional sind. Danach treten Sie in jedem Fall in Punkt (6.) ein – auch wenn Ihre Gefühle noch stark sind.

6. Beginnen Sie nun mit dem Gegenüber ein Gespräch.

Sagen Sie nach einer Begrüßung, was Ihnen wichtig ist. Bei den ersten Gesprächen sind Sie vielleicht noch zurückhaltend und gehen nicht auf das anstehende Problem ein. Dann kommt aber in einer der Begegnungen die Zeit, daß Sie beginnen, über das zu sprechen was Sie bedrückt, was der andere in Ihren Augen Schlimmes gegen Sie tut, was Sie fühlen, was Sie sich wünschen. Dabei können verschiedene Fälle eintreten:

    a)   in Ihnen gehen die Gefühle völlig durch, evtl. schreien Sie und schlagen Ihr Gegenüber oder ähnliches,

    b)   Sie finden einen Gesprächston, der einer gespannten oder entspannteren Unterhaltung entspricht,

c) Ihr Gegenüber beginnt auf Ihre Rede (oft Anwürfe/Vorwürfe) zu antworten – mit einem Spektrum zwischen Tätlichkeiten und Gespräch.

Wenn der Fall (c) eingetreten ist, gehen Sie zu Punkt (7.).

Wenn Sie in einer Sitzung einige Zeit in (a) oder (b) verbracht haben ohne daß (c) eingetreten ist, brechen Sie für diesen Tag (Abend) die Sitzung ab. Vorher sagen Sie: „Das war gut. Morgen geht es ein Stück weiter."

7. Sie haben den Dialog erreicht. Führen Sie nun den Dialog bis Sie fühlen, daß es für diese Sitzung genug ist. Dann verabschieden Sie sich und sagen zu Ihrem Gegenüber: „Bis demnächst, wir sind noch nicht durch. Aber danke, daß wir dieses Gespräch haben konnten."

8. Setzen Sie (1.) bis (7.) solange fort (alle ein bis drei Tage), bis die Situation in der äußeren Welt (in der Sie ja auch irgendwie mit Ihrem Gegenüber in Wechselbeziehung stehen) zu einem Ergebnis gekommen ist.

9. Eine Verstärkungstechnik: Ehe Sie schlafen gehen, sagen Sie sich im Inneren: „Ich lade ein, daß heute nacht im Traum an dem Thema weiter gearbeitet wird. Ich freue mich, daß es in der Traumarbeit weitergeht."

Soweit diese Traumtechnik, die – bis auf die Zusatztechnik mit (9.) – eigentlich eine Tagtraum-Technik ist.

Etwa 6 Wochen nach Beginn der Arbeit mit der angegebenen Technik hatte der Geschäftsführer G seinen Vertrag in einer kooperativen Atmosphäre aufgelöst.

Analysiert man diese Technik, so tauchen psychologisch gesehen schon bekannte Elemente auf, aber auch andere, weniger faßbare.

Allerdings tut sich der Hardliner-Bereich der Psychologie schwer, solche Techniken mit einem nicht rational durchschaubaren Gesamtmechanismus zu nutzen oder zu akzeptieren.

Aber es gibt viele Techniken dieser Art, die unerwartet gut wirken – vor allem wenn man sie „locker" einsetzt.

Teil 10
Zur Umsetzung von Konfliktwissen in persönliches Konfliktverhalten

Sie haben nun in 44 Kapiteln eine große Zahl von Konfliktaspekten, Modellen und Vorgehensweisen kennengelernt. Dieser letzte Teil befaßt sich insbesondere mit der Umsetzung in Ihr persönliches Verhalten. Wenn Sie beim Lesen dieses Buches eine Reihe von „Aha-Effekten" hatten und damit zufrieden sind, werden Sie vielleicht kein Interesse daran haben, systematisch am Thema Konflikt und an Ihrem persönlichen Konfliktverhalten weiterzuarbeiten. Dieser Teil 10 ist vor allem für die Leser geschrieben, die bereit sind, Zeit und Interesse in längerfristiges Lernen zu investieren – also eine Art Ausbildung zum qualifizierten Konfliktbehandler zu starten.

Sie hatten die Gelegenheit, über Ihr persönliches Konfliktverhalten nachzudenken, sich dazu auf etlichen Skalen einzuordnen. Persönliche Konfliktbehandlung muß von Ihren persönlichen Möglichkeiten und Verhaltensneigungen ausgehen. Sie ist dadurch hochgradig individuell. Und es macht keinen Sinn, nach einem Kochbuch zu verlangen.

In den folgenden vier Kapiteln gehe ich zusammenfassend darauf ein, was Sie tun können, um die Qualität Ihres Konfliktverhaltens zu steigern. Ich kann dabei den grundlegenden Hinweis geben, daß das Prinzip „Gewinnen statt Siegen" nicht nur nach meiner Meinung die größte Flexibilität und Leistungsfähigkeit hat. Aber ich kann niemand davon abhalten, nach anderen Techniken zu suchen, z. B. nach perfekter Manipulation und Machtausübung zu streben. Wenn Ihre Interessen in diese Richtung gehen und Sie keine Neugier daran gefunden haben, statt Hardpower die Chancen von Softpower („Gewinnen statt Siegen") zu untersuchen, wird Ihnen das nächste Kapitel (45) wie auch die Beispiele in Kapitel 47 noch Wissenswertes liefern. Kapitel 46 ist für die Leser geschrieben, die bereit sind, ihr eigenes Verhalten lernend in Richtung auf Softpower zu verändern.

45. Die Entwicklung persönlicher Konfliktstrategien

Ich gehe in diesem Kapitel davon aus, daß Sie ein wie auch immer subjektiv verbessertes Konfliktverhalten anstreben und dabei so gut es geht systematisch vorgehen wollen. Abb. 45-1 zeigt den systematischen Weg des Nachdenkens, den ich Ihnen empfehle. Gehen Sie Schritt für Schritt durch die Übungen 13A bis 13D und erarbeiten Sie dazu die im folgenden beigefügten Übungsblätter.

Für die Personen, die mit dem rationalen Ansatz dieses Kapitels Schwierigkeiten haben, habe ich in Kapitel 46 besondere Hinweise.

Übung 13 A auf Abb. 45-2 spricht für sich selbst.

Bei **Übung 13B** sollten Sie sich Zeit nehmen für die Zusammenfassung. Sie erzielen, wenn Sie sich hier Mühe geben, einen tieferen Lerneffekt über Ihr Handeln und seine Folgen. Je präziser Ihre Zusammenfassung in wenigen Worten wird, umso besser können Sie an den gewünschten Veränderungen arbeiten.

UMSETZUNG VON KONFLIKTWISSEN

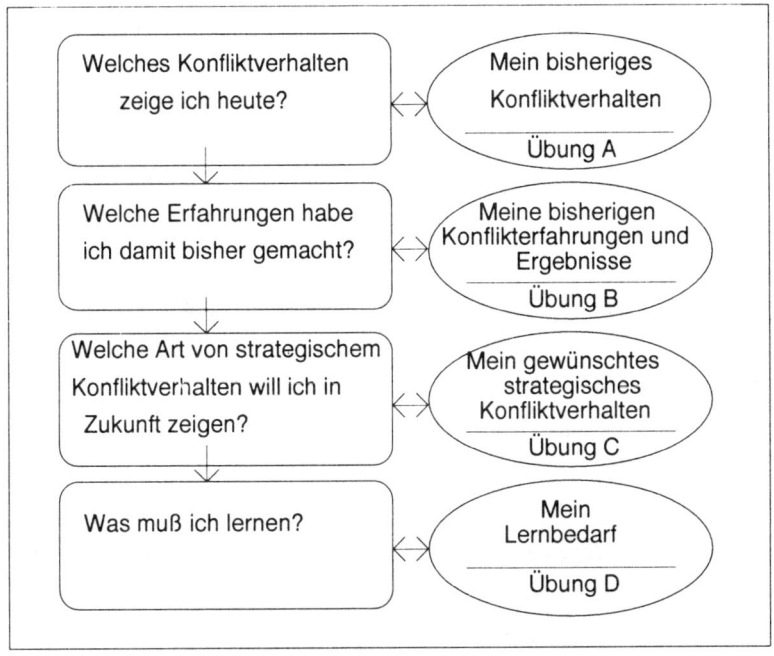

Abb. 45-1: Grundmuster zur Entwicklung neuer Konfliktstrategien und zur Nutzung der Übungen 13A bis 13D

Übung 13C verlangt Ihnen ab, sich darüber klar zu werden, nach welchen strategischen Prinzipien Sie in der Zukunft mit Konflikten umgehen wollen, also z. B.:

- Siegen!
- Gewinnen statt Siegen,
- Siegen und dazu besser manipulieren,
- kooperativer sein,
- weniger reaktiv sein,
- Vermeidung überwinden,
- ....

Wenn Sie sich nicht klar über die hier verlangten Grundkonzepte Ihres Handelns werden, so werden Sie mittelfristige und langfristige Schwierigkeiten mit der Behandlung Ihrer Konflikte bekommen bzw. Ihre Probleme beibehalten.

Wichtig ist bei Übung 13C, daß Sie dabei auf innere Konflikte mit Ihrem Wertsystem stoßen können. Geschieht dies, so stehen Sie vor der Aufgabe an Ihrem Wertsystem zu arbeiten – denn solange es divergent ist, sind Ihre Energien nicht fokussiert. Sie können sich hier z. B. durch einen guten NLP-Mentaltrainer helfen lassen, der in einem Konfliktcoaching in einigen Stunden oder zwei bis drei Tagen meist wirksam helfen kann. Hier investiertes Geld hat im Mittel eine hohe Rendite.

Erst wenn Sie Übung 13C ohne verbleibende endogene (intra-personale) Konflikte abgeschlossen haben, können Sie sich wirklich klar über Ihr anstehendes Lernpensum sein. Einen wichtigen Ausnahmefall hierzu nenne ich in Kapitel 46.

Übung 13A:

Analysieren Sie Ihr bisheriges Konfliktverhalten OHNE WERTUNG: Benutzen Sie dazu die Modelle aus früheren Kapiteln, am besten indem Sie in Anlage 1 am Ende dieses Buches die Liste der Basis-Modelle und gegebenenfalls die dazugehörigen Kapitel durchgehen. Tragen Sie zu den für Ihr Verhalten aufschlußreichen Konfliktmodellen auch die Basis-Modell-Nummern (BMod) aus der Anlage ein, um später genauer nacharbeiten zu können.

Nr.	Bisheriges Verhalten
(1) zu BMod......	_____
(2) zu BMod......	_____
(3) zu BMod......	_____
(4) zu BMod......	_____
(5) zu BMod......	_____
(6) zu BMod......	_____
(7) zu BMod......	_____
(8) zu BMod......	_____
(9) zu BMod......	_____
(10) zu BMod......	_____
(11) zu BMod......	_____
(12) zu BMod......	_____

Abb. 45-2: Übung 13A: Mein bisheriges Konfliktverhalten

Übung 13B:

Gehen Sie Punkt für Punkt durch Ihre Aufzeichnungen aus Übung A. Tragen Sie zu jedem Punkt dazugehörige Aspekte aus Ihrer Erfahrung ein.

zu (1)

zu (2)

zu (3)

zu (4)

zu (5)

zu (6)

Zusammenfassung meiner Erfahrungen:

Abb. 45-3: Übung 13B: Meine bisherigen Konflikterfahrungen

Übung 13C:

Legen Sie sich fest, welchem strategischen Grundkonzept Sie folgen wollen. Sie dürfen dabei mehrere – aber miteinander vereinbare – Strategie-Konzepte nennen. Sie sind frei, nun „ethische" oder egoistische oder sonstige Konzepte zu wählen. Benutzen Sie dazu wieder die in Übung 13A schon ausgewählten Basis-Modelle und die zugehörigen Kapitel des Buches und lassen Sie sich mit den dort genannten Konzepten helfen.

(1)

(2)

(3)

(4)

(5)

Abb. 45-4: Übung 13C: Mein gewünschtes strategisches Konfliktverhalten

Übung 13D schließlich gibt Ihnen die Gelegenheit – nachdem Sie sich Klarheit über Ihre Konfliktstrategien und Ihr Verhaltensprofil verschafft haben –, Ihr persönliches Lernpensum zu formulieren. Wenn Sie also z. B. wissen, daß Sie Sieger sein wollen (und auch gern die Macht haben wollen der Sieger zu sein), so sollten Sie die Suche nach einschlägig geeigneten Fortbildungen aufnehmen, z. B. nach Ausbildung in manipulativer Rhetorik, in Techniken gemäß (82,83,84) oder anderen Vorgehensweisen.

Falls Sie in Übung 13B z. B. festgestellt haben, daß Sie unter Konfliktstreß keinen klaren Gedanken fassen können (und daß die guten Einfälle später kommen), so sollten Sie hierzu einschlägige Trainings suchen, von denen es viele Möglichkeiten incl. NLP und Kinesiologie (Bezugsnachweis 5) gibt.

Wenn Sie Übung 13D abgeschlossen haben, können Sie also mit dem gezielten Lernen beginnen.

Review

Es empfiehlt sich, nach etwa einem halben Jahr ein Review zu machen und erneut die Übungen 13A bis 13D zu durchlaufen. Ein solches Review ist wünschenswert, weil man sich bei dieser Art von Lernen verändert und damit auch seine Programme anpassen sollte.

UMSETZUNG VON KONFLIKTWISSEN

Übung 13D

Mein persönliches Lernpensum

(1) _____

(2) _____

(3) _____

(4) _____

(5) _____

(6) _____

(7) _____

(Nach etwa 6 Monaten ist ein Review des Lernpensums durchzuführen!)

Abb. 45-5: Übung 13D – das persönliche Lernpensum

46. Die Entwicklung persönlicher Qualitäten zur besseren Konfliktbewältigung

Dieses Kapitel ist insbesondere für die Leser geschrieben, die sich in Kapitel 45/Übung 13C für „Gewinnen statt Siegen" entschieden haben.

Je nachdem, ob Sie eine rationale oder intuitive Person sind, haben Sie Übung 13D ausgeführt und haben Klarheit über Ihr Lernpensum. Oder: Sie sind etwas ratlos, weil Sie gefühlsmäßig wissen, wo die Reise hingehen soll – aber es fällt Ihnen schwer direkte Maßnahmen zu ergreifen.

Gehören Sie zu der zweiten Gruppe, so könnten „unspezifische Maßnahmen" für Sie ein interessanter Weg sein.

46.1 Unspezifische Entwicklungsmaßnahmen

Unspezifische Maßnahmen steuern nicht durch bewußte Wahl der Mittel spezifisch definierte Ziele an.

Wenn Sie z. B. erkannt haben, daß Sie etwas unternehmen möchten, um allgemein kommunikativer, kooperativer, liebevoller zu werden, so könnte eine sanfte Meditationsform (z. B. die in Kap. 43 genannte Transzendentale Meditation), erstklassige Reflexzonen-Massage, Kinesiologie, Silva Mind Control etc. für Sie geeignet sein.

Diese Techniken stoßen meist eine sanfte Persönlichkeitsentwicklung an, die automatisch Qualitäten fördert, die für „Gewinnen statt Siegen" hilfreich sind. Es erfordert jedoch meist eine Suche, die individuell geeignete Form der Entwicklung zu finden. Der Entwicklungszeitraum kann sich in sanfter Weise über ein Jahrzehnt oder länger erstrecken.

Maßnahmen dieser Art sind meist vergleichsweise preisgünstig und auf mehrere bis viele Jahre angelegt.

46.2 Spezifische Maßnahmen

Nehmen wir an, Sie seien in Übung 13D darauf gestoßen, daß Ihre Schüchternheit und Introvertiertheit Ihnen an erster Stelle im Wege stehen. In diesem Fall könnte z. B. ein erstklassiger NLP-Mentaltrainer oder ein ebenso erstklassiger Kinesiologe schnell Abhilfe schaffen, also z. B. innerhalb von Stunden oder Wochen tiefgehende Veränderungen herbeiführen. Wird dieser Weg der „Schnellveränderung" gewählt, so braucht die Person trotzdem danach mehrere Monate oder sogar Jahre, um sich an die veränderten Verhaltensmuster und ihre Auswirkungen auf die eigene Innenwelt sowie auf die Umwelt zu gewöhnen, ehe der Prozeß abgeschlossen ist.

Mit ähnlichen Mitteln kann man heute z. B. auch an überschießender Emotionalität, Ängsten und Reaktivität arbeiten, wenn diese als Zentrum einer Problematik erkannt sind.

Liegt als Diagnose gemäß Übung 13D Eitelkeit als Lernaufgabe vor, so kann der Fall schwieriger sein, denn „Untugenden" sind im Regelfall tief mit der gesamten Persönlichkeitsstruktur verbunden. Hier traue ich mir keinen allgemeinen Hinweis zu.

Spezifische Maßnahmen sind so vielfältig, daß ein Buch wie dieses nur die Struktur der Ansätze aufzeigen kann. Aber jeder, der in und mit sich spezifische Entwicklungen einleiten will, wird seine Wege finden. Da es hierbei nicht um Therapie (also Heilung von Krankheit) geht, sondern um die Steigerung der Leistungsfähigkeit, ist die Zunft der Psychotherapeuten und Mediziner im allgemeinen nicht auf diese Art von Klienten eingerichtet. Unterstützung findet man wohl besser im seriös-alternativen Bereich. Ein guter erster Ansatzpunkt auf der Suche kann hierzu in großen Städten auch das Angebot der Volkshochschulen sein.

46.3 Das Erlernen spezifischer Techniken

In Kapitel 38.9 hatte ich eine Reihe von erlernbaren Techniken (VW-Technik, Rapoport-Technik, etc.) genannt. Diese Techniken sind leistungsfähig und werden von „Professionals" unter den Konfliktmoderatoren zumindest teilweise beherrscht. Diese Techniken sind nur für trainierte Kommunikationsexperten aus einem Buch zu erlernen. Für „Normalverbraucher" sind mindestens Trainings von zwei bis fünf Tagen erforderlich, am besten mit einem eingeplanten Vertiefungstraining nach etwa sechs Monaten. Nur in solchen Trainings erfolgt dann der Transfer einigermaßen sicher. Immer mehr Unternehmen sind bereit, ihre Führungskräfte durch die Bezahlung solcher Trainings zu fördern.

Aber: Wenn Sie gemäß Übung 13D dort einen starken Lernbedarf haben, wo eine solche Technik Ihrerseits bestimmte kommunikative oder analytische Fähigkeiten als Voraussetzung fordert, so werden Sie nicht sofort in diese Technik einsteigen können. Sie müssen dann erst auf elementarerer Stufe lernen.

46.4 Nutzen von Konflikt-Moderation

Hat eine Führungskraft (vor allem eine hochrangige FK) in ihrem Bereich einen Konflikt, den sie trotz Analyse nicht durchschaut bzw. zu dem sie keinen sicheren Lösungsansatz sieht, sollte ein Konfliktmoderator eingeschaltet werden.

Konfliktmoderatoren leben durch den von ihnen gestalteten Prozeß vor, daß und wie eine Konfliktlösung möglich ist. Erlebt eine Gruppe dies mehrfach, so kann durch soziales Lernen das Niveau der Gruppe bezüglich Ihrer Konfliktgestaltung angehoben werden. So läßt sich neben den aktuellen Konfliktbehandlungen noch der zweite dauerhafte Vorteil erzielen.

Größeren Firmen ist zu empfehlen, bei erkennbaren Konflikten mit hohem Schadrisiko solche Moderatoren einzubeziehen.

47. Die 5-Schritt-Methode der aktiven Konfliktbehandlung

Wenn Sie aktive Konfliktbehandlung wollen, stehen Ihnen alle bisher vorgestellten Modelle zur Verfügung. Diese sind trotz der hohen Anzahl nicht vollständig (!), aber sie decken doch eine große Zahl der Fälle halbwegs ab. Im allgemeinen liefern zwei bis vier Modelle pro Konflikt einen guten systematischen Rahmen für Verständnis des Konflikts und Handlungsanleitung.

Es geht aber nicht nur um das hilfreiche Erkennen von typischen Konfliktmustern, sondern auch um die richtige Folge der eigenen Schritte in der Konfliktbehandlung. Ich habe hierzu ein 5-Schritt-Vorgehen entwickelt (Abb. 47-1), das auf den ersten Blick trivial wirkt, aber viel Leistungsfähigkeit bringt, wenn Sie sich tatsächlich darauf einlassen.

Die Kunst (Abb. 47-1) des bewußten Konfliktbehandlers besteht darin, einen Konflikt in einem **ersten Schritt** so zu analysieren, daß er darin die relevanten Basismodelle entdeckt. Der **zweite Schritt** besteht darin, mit einem kreativen Akt mögliche (alternative) Strategien zu entdecken. Der **dritte Schritt** ist die Auswahl einer Strategie (und einer Fall-Safe-Strategie für den Fall des Mißlingens der ersten Strategie). Als **vierter Schritt** folgt die Vorgehensplanung, der **fünfte Schritt** ist die Durchführung.

Diese Folge ist auf Grund der Ablauflogik in jedem Fall zu durchlaufen; es kommt auf die Qualität an, mit der Sie durch die 5 Schritte gehen. Ich empfehle Ihnen nach der Lektüre des Kapitels, etwa fünf Konflikte aus Ihrem Erleben rückblickend nach dem 5-Schritt-Verfahren zu bearbeiten. Erst nach dieser Fingerübung sollten Sie mit dieser Methode an Ihre aktuellen Konflikte herangehen.

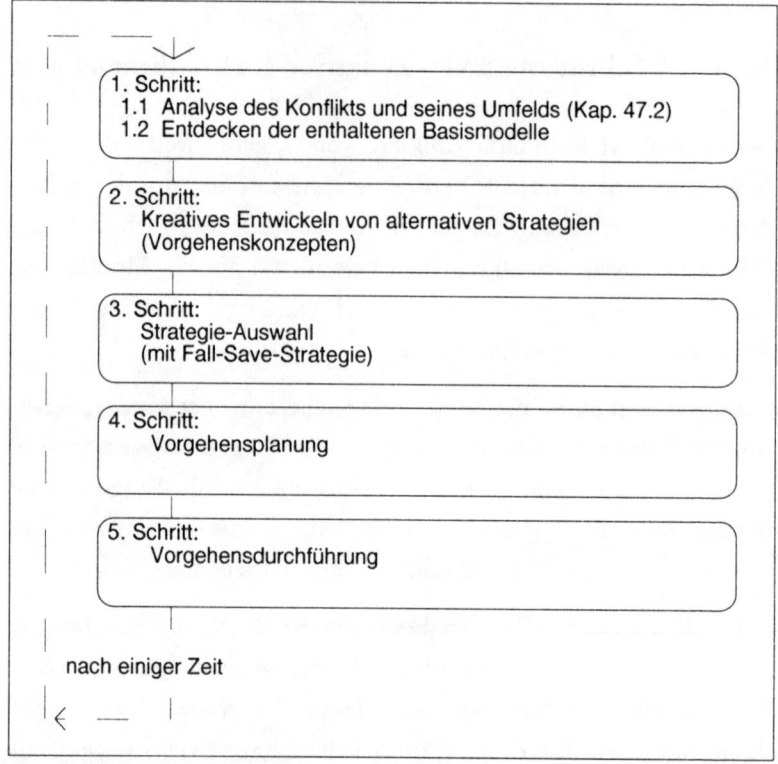

Abb. 47-1: Das 5-Schritt-Vorgehen der systematischen Konfliktbehandlung

47.1 Konflikterleben und Konfliktkontext-Warnung vor der zu schnellen Analyse

Konfliktanalyse hat ein grundsätzliches Problem:
- die Konfliktbeteiligten sind im Regelfall mit ihren Gefühlen stark beteiligt und sehen daher bevorzugt die Aspekte ihrer emotionalen Betroffenheit,
- daher nehmen die Konfliktbeteiligten den sie emotional betreffenden Bereich bevorzugt wahr und beachten wesentliche andere Aspekte gar nicht.

Die Psychologie nennt dies „selektive Wahrnehmung". Selektive Wahrnehmung ist wohl das größte Problem der Konfliktanalyse. Hierzu Abb. 47.1-1.

Wer gleich zu Beginn schwere Analysefehler vermeiden will, sollte viel Aufwand in die Analyse stecken, sonst erlebt er den GIGO-Effekt (Garbage in, Garbage out).

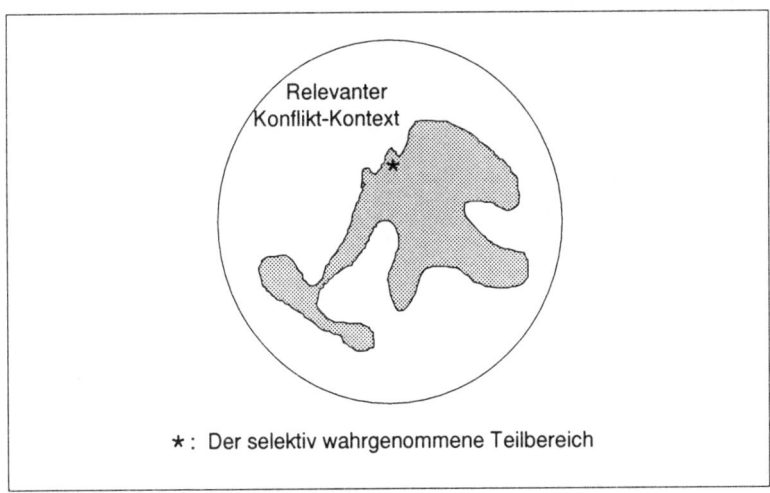

Abb. 47.1-1: Der Einfluß der selektiven Wahrnehmung

Das Verzwickte liegt darin, daß man als selektiv Wahrnehmender keine Ahnung davon hat, wie groß das nicht Betrachtete ist. Die Überzeugung, daß das selektiv Wahrgenommene „das einzig Relevante" sei, ist ein Aspekt der selektiven Wahrnehmung. Daher werden oft die Versuche von wohlmeinenden Helfern, die auf noch unberücksichtigte Aspekte aufmerksam machen wollen, nicht angenommen oder brüsk zurückgewiesen.

Bezüglich qualifizierter Konfliktanalyse ist der Konfliktbeteiligte leicht sein eigener Feind. Ich habe festgestellt, daß man als offiziell eingesetzter Konfliktmoderator oder Konfliktberater oft die einzige Person ist, die die Probleme der selektiven Wahrnehmung überwinden kann.

47.2 Schritt 1: Korrekte Konfliktanalyse

Korrekte Konfliktanalyse sollte also mit der Frage starten: Was sehe ich noch nicht? Ich gebe im folgenden eine Reihe von Verhaltensregeln, von denen Sie mindestens die ersten zwei, wenn möglich mehr, befolgen sollten.

Natürlich gibt es Konflikte, die „spontan" da sind, z. B. wenn Sie völlig unerwartet eine Kündigung des Mietverhältnisses erhalten. Bei diesen Fällen gibt es keine lange Geschichte mit Gefühlen etc. – aber: in dem Augenblick, in dem Sie die Botschaft erfahren, wird es doch bei Ihnen eine wahrscheinlich starke Reaktion geben, z. B. Ärger. Auch diese „Kleine Geschichte" sollte systematisch bearbeitet werden, auch wenn das schnell geht. Je länger ein Konflikt schon dauert, umso mehr Arbeit müssen Sie investieren.

Konfliktanalyse-Regel 1:
Schreiben Sie Ihre gesamte Konflikterinnerung auf. Beginnen Sie bei den allerersten Anzeichen. Verfolgen Sie die Abläufe im Detail. Schreiben

Sie, auch wenn es zehn oder mehr Seiten werden. Nichts, was Ihnen in dieser Phase einfällt, ist es nicht wert aufgezeichnet zu werden. Gehen Sie dazu nach den Regeln von Übung 4 in Kapitel 5 vor.

Konfliktanalyse-Regel 2:
Werden Sie sich klar darüber, wie Ihre emotionale Betroffenheit ist. Benutzen Sie dazu Übung 5 aus Kapitel 5.

Wenn Sie Übung 5 komplett abgeschlossen haben, führen Sie Übung 6 aus, bis die gesamte Chronologie des Konfliktgeschehens klar ist. Durch Übung 6 vertiefen Sie ihre Kenntnis des „Films".

Konfliktanalyse-Regel 3:
Denken Sie darüber nach, was SIE im Laufe des Konflikts hätten anders machen können?

Schreiben Sie dann das Ergebnis in Form folgender Sätze auf: „Wenn ich ……….(das) …….. anders, nämlich ……. (so) …….. gemacht hätte, dann hätte ein anderes Ergebnis, dann nämlich hätte …….(dies) ……… oder……….(jenes) …….. eintreten können."

Machen Sie sich Mühe; und wenn Sie nichts finden, finden Sie nichts.

Konfliktanalyse-Regel 4:
Suchen Sie sich einen Freund, der nicht immer Ihrer Meinung ist und der über genügend Lebenserfahrung verfügt. Bitten Sie ihn um eine 2-Stunden-Sitzung.

Diese Sitzung läuft wie folgt ab:
1. Sie tragen mit den Unterlagen aus Übung 4, 5 und 6 den Fall erst in Übersicht und dann im Detail vor.
2. Sie bitten den Freund, KEINE Meinung beizutragen, sondern nun Ihre Geschichte zu hinterfragen – und mit Fragen nach für ihn offenen/unklaren Aspekten penetrant zu sein und Sie nicht zu schonen.

3. Erst wenn (2.) wirklich komplett ist, fragen Sie den Freund, was ihm aufgefallen ist – NICHT, wer jetzt recht hat oder ähnliches. Notieren Sie, was Ihrem Freund aufgefallen ist.
4. Nun fragen Sie als letztes: „Was könnte/sollte ich tun?" – Sie laden also zu kreativen Alternativen ein – KEINE moralische Bewertung etc. Statt eines Freundes können Sie auch einen „Konflikt-Coach", z. B. einen erfahrenen Moderator, einladen.

Konfliktanalyse-Regel 5:
Meist sieht eine Gruppe mehr als eine Person. Sie können also auch eine Gruppe statt Ihres Freundes um Hilfe bitten.

Allerdings sollte jemand als „Gruppenmoderator" darauf achten, daß die Spielregeln gemäß Regel 4 strikt eingehalten werden. Ohne einen guten Moderator, der das Frage-Antwort-Spiel und das Aufschreiben steuert, verkommt der Gruppenbeitrag schnell zu einem Austausch von Meinungen und Gefühlen, statt ein schnelles Spiel von Fragen und Antworten zu sein.

Konfliktanalyse-Regel 6:
JETZT ist es an der Zeit, nach den Strukturen des Konflikts zu suchen – also danach, welche bekannten Modelle Sie in der Konflikt-Story entdecken. Dazu blättern Sie vielleicht durch dieses Buch, lesen nach, etc.
Schreiben Sie auf:
1. Wen Sie wie in welchem Modell entdeckt haben.
2. Welcher Teil Ihres Konflikts Ihnen trotz der Modelle unklar ist.

47.3 Schritt 2: Entwickeln von Vorgehenskonzepten

Ein Hauptproblem beim Entwickeln von Vorgehenskonzepten ist wiederum der Umgang mit reaktivem Verhalten. So wird oft jeder Vorschlag, irgend etwas Kreatives zu tun, abgebrochen mit der Bemerkung

„Das geht doch nicht!" oder „Dabei macht der doch nicht mit". D. h., meist stehen starke Einwände gegen jede Lösungsidee – in der Kreativitätsforschung nennt man das „Ideen-Killen".

Der Lösungssuchende sollte sich also zwei kritische Fragen stellen:

1. Bin ich zu voreingenommen/aufgeladen/unter Druck, um ein guter Lösungsfinder zu sein?
2. Bin ich überhaupt ein kreativer Typ, dem immer etwas Pfiffiges einfällt?

Wird eine der beiden Fragen mit nein beantwortet, so brauchen Sie einen lebenserfahrenen Geburtshelfer für Ideen. Sie sollten diese Person gezielt suchen.

Firmen, die auf Moderatoren zurückgreifen, sollten daran denken, daß nicht jeder Moderator hinreichend kreativ ist. Man sollte nach einem „Prozeß-Moderator" Ausschau halten, der erfahren ist, Personen zu Strategien zu führen.

Die Analyse – insbesondere die Präzisierung gemäß Regel 6 von Schritt 1 – hilft Ihnen, die „Spielregeln" bzw. die „Ablaufgesetze" des aktuellen Konflikts zu verstehen.

Wenn Sie also z. B. entdecken, daß Ihr neuer Vorgesetzter, mit dem Sie einen Aktionsraumkonflikt (Kapitel 28) haben, ein ausgeprägter TA-Eltern-Typ (Kapitel 20) ist, dann können Sie mehrere Dinge als Vorstufe der Strategie-Entwicklung tun:

1. die genannten Kapitel genau nachlesen,
2. eventuell jetzt ein Buch über TA kaufen,
3. eventuell beschließen, möglichst schnell einen Kurs zum Einsatz von TA zu absolvieren.
4. Sie können aber auch abschätzen, ob Sie Ihren Chef jemals von seinem Elternverhalten abbringen werden,

5. abschätzen, ob Sie – vorausgesetzt, Sie erlernen die TA – in der Konfliktbehandlung dauerhaft mit diesem Chef mit TA-Mitteln (und evtl. anderen) um den Aktionsraum kämpfen wollen,
6. ob Sie nicht meinen, Ihr Geld sei auch anderswo zu verdienen,
7. etc., etc.

Gemäß der Punkte 4 bis 7 haben Sie sich jetzt „strategische Alternativen" gezeichnet. Aber auf dieser Ebene sind die Strategien noch nicht hinreichend präzise.

Sie müssen diese Strategien jetzt noch schriftlich genau formulieren.

47.4 Schritt 3: Strategie-Auswahl und Fall Safe-Planung

Will man gezielt zwischen alternativen Strategien auswählen, so gibt es wiederum eine intra-personelle Fußangel.

Nehmen wir an, die aus vielen Aspekten klügste Strategie beinhaltet, daß Sie zu Ihrem Konfliktgegner gehen und sich für Ihr Verhalten entschuldigen und dann fragen: „Was hätten wir damals besser machen können, wenn ich ...(das) ...nicht so gesagt/getan hätte?" Wenn Sie in diesem Beispiel eine tiefe Abneigung gegen diese Entschuldigung haben, so wird Ihr reaktiver Verstand voraussichtlich alles aufwenden, daß diese Strategie/Vorgehensweise trotz ihrer Optimalität NICHT gewählt wird. Wenn Sie sich vor allem gemäß Ihrem Unterbewußten verhalten, wird Schritt 3 zur Farce.

Nur geübte „professionelle" Konfliktbehandler sind in der Lage, halbwegs mit dieser Fußangel umzugehen – und nach meiner Erfahrung sind dies weniger als 5 % der Bevölkerung.

Sie sollten sich also – solange Sie nicht überzeugt sind ein Konflikt-Professional zu sein – wie in Schritt 1 und Schritt 2 eine Hilfe besorgen.

UMSETZUNG VON KONFLIKTWISSEN

Diese Person sollte „rational" sein, also in Kosten und Risiken denken können und nicht sofort mit guten Ratschlägen loslegen.

Nehmen wir also an, Sie haben in Schritt 2 Ihre alternativen Strategien erfunden. Nehmen wir an, es seien insgesamt drei Vorgehensideen. Ich empfehle dann folgendes Vorgehen:

Teilschritt A: Stellen Sie „nach Gefühl" die Alternativen bezüglich der allgemeinen Erfolgsaussicht in eine Reihenfolge. Sie haben insgesamt 100 Punkte zu vergeben. Verteilen Sie diese Punkte auf Ihre Alternativen.

Teilschritt B: Schreiben Sie pro Alternative eine Begründung, wieso diese Alternative die Position auf der Rangliste hat und wieso Sie die Punktezahl gegeben haben.

Teilschritt C: Suchen Sie eine lebenserfahrene neutrale Person (die Ihnen vielleicht schon bei früheren Schritten geholfen hat) und:

1. Erläutern Sie alle Alternativen,
2. Lassen Sie sich dazu detailliert befragen.
3. Dann: Bitten Sie die helfende Person, alle nur erdenklichen Probleme in Ihrer Lösung zu finden.

Teilschritt D: Falls Ihre Alternativen nicht unbeschadet Stand gehalten haben, gehen Sie zu Schritt A zurück und arbeiten Sie das Gelernte ein. Gehen Sie dann erneut durch die Teilschritte B und C.

Teilschritt E: Schreiben Sie jetzt für jede Alternative x auf:

1. Was kostet es, wenn die Alternative x erfolgreich ist?
2. Was gewinne ich, wenn die Alternative x erfolgreich ist?
3. Wie wahrscheinlich ist das Gelingen/Mißlingen?

Teilschritt F: Nun wählen Sie Ihre Strategie y – wie auch immer.

Teilschritt G: Jetzt betrachten Sie, wie Ihre gewählte Strategie y fehlschlagen könnte – denn die 100 %-ig sichere Strategie gibt es nicht – und was die Kosten wären.

Zu den gefundenen Fehlschlagmöglichkeiten entwickeln Sie „Fall Safe-Vorgehensweisen".

Zusammenfassung: Die Entscheidung für eine Strategie kommt mit voller Absicht sehr spät. Ihr schlimmster Feind in fast allen Konflikten ist die eilfertige Verhaltensauswahl.

47.5 Schritt 4: Vorgehensplanung

Vorgehensplanung heißt:
- bestmögliche Art und Folge der eigenen Aktivitäten planen,
- Zeit und Ort der Aktivitäten planen.

Alle vier Aspekte (Art und Folge, Ort und Zeit) sind von gleichwertiger Bedeutung. Je technokratisch-sachlicher eine Person veranlagt ist, umso mehr wird sie vorausplanend auf „die Gunst der Stunde, das Setting" achten. Je „imaginativer" die Person ist, umso mehr wird sie situativ Abläufe nutzen.

Im Sinn des HDI-Denkens empfehle ich, bewußt ALLE genannten Komponenten in die Planung einzubeziehen.

47.6 Schritt 5: Die Vorgehensdurchführung

Wenn die Vorgehensdurchführung einmal läuft, werden neue unvorhergesehene Konstellationen und Situationen eintreten. Das heißt: Ihre alte Strategie stimmt bald nicht mehr 100%-ig mit den alten Annahmen überein.

Gehen Sie zurück zu Abb. 47-1. Dort finden Sie einen Rücksprung von Schritt 5 zu Schritt 1. Dieser Rücksprung markiert ihre Chance, zu lernen und das Gelernte einzuarbeiten. Am besten ist es, daß Sie
- nach jedem größeren irgendwie „neuen" Ereignis bei der Durchführung
- sonst regelmäßig alle 1 bis 2 Wochen oder Monate, je nach Art des Konflikts

durch den Rücksprung gehen und ein „Review" machen – also den Konflikt behandeln wie ein Projekt.

47.7 All der Aufwand – lohnt sich das?

Die Antwort heißt: Bei der Konfliktbehandlung ist es wie beim Unternehmer: ohne Investition keine Rendite.

Natürlich ist es richtig, daß wir alle keine Zeit haben, daß immer Unvorhergesehenes hereinkommt, daß wir nicht vorhersagen können, was unsere Konfliktmühe uns bringen wird. Aber: Wir haben alle einen Terminkalender, in den wir die Ereignisse hineinschreiben, die uns wichtig sind.

Ist Ihnen also Ihre Konfliktbehandlung wichtig? Dann nehmen Sie Ihren Terminplaner und reservieren Sie Zeit! Wenn Sie nichts besser machen wollen in Ihrer Konfliktbehandlung und dafür den Aufwand bringen, dann wird auch nichts anders werden als es ist. Das alte Gesetz von Ursache und Wirkung. Werden Sie also bewußter Konfliktbehandler.

48. Schlußbemerkung

Ich hoffe, Ihnen mit diesem Buch zahlreiche Anregungen gegeben zu haben: über sich selber nachzudenken, (allzu-)menschliche Mechanismen besser zu erkennen, Visionen zu entwickeln, wie Konflikte höherwertig zu lösen sind und persönlich neue Wege zu entdecken.

Wir leben in einer Zeit, in der es wichtig ist, vom Paradigma des gerechten Sieges zum Paradigma der freundlich kooperativen Konfliktbehandlung zu gelangen. Wege sind vorhanden.

Tragen wir alle dazu bei, indem wir bei uns und unserem täglichen Handeln beginnen. Dies liegt uns näher und ist leichter als unseren Nächsten zu reformieren – es sei denn durch unser aktives Beispiel.

Anhang 1 – die Basismodelle

Nummer:		Kapitel
# 1:	Engramme und Restimulation	K. 5.6
# 2:	Die Emotions-Intensitäts-Skala	K. 7.
# 3:	Reaktives und bewußtes Verhalten (Teil 1 & 2)	K. 8.1 und 8.2
# 4:	Der Beobachter	K. 8.4
# 5:	Konflikte zwischen reaktiven und bewußten Konflikt-Partnern	K. 8.5
# 6:	Das dreigeteilte Gehirn	K. 9.
# 7:	Sach- und Beziehungs-Kommunikation	K. 11.
# 8:	Das Nachrichtenquadrat	K. 12.1
# 9:	Das Teufelskreis-Modell/Zirkulare Konflikte	K. 12.2
# 10:	Das Werte- und Entwicklungsquadrat	K. 12.3
# 11:	Rangkampf	K. 13.
# 12:	Territorial-Verhalten	K. 14.
# 13:	Eigennutz versus Gruppennutzen	K. 14.3.3
# 14:	Der Alpha-Omega-Konflikt	K. 14.5
# 15:	Der Beta-Omega-Konflikt	K. 14.6
# 16:	Frauen in Hierarchie-Konflikten	K. 14.7
# 17:	Andersartigkeits-Konflikte	K. 15.
# 18:	Projektion als Konfliktursache	K. 16.
# 19:	Endogene Konflikte	K. 17.
# 20:	Motivations-Konflikte	K. 18.
# 21:	Aggressoren und Konfliktvermeider	K. 19.
# 22:	Transaktionsanalyse	K. 20.
# 23:	Denkstil-Konflikte	K. 21.
# 24:	Die Konflikt-Intensitätsskala	K. 23.
# 25:	Das Modell des Eskalationsmanagements	K. 25.
# 26:	Zyklische Konflikte	K. 27.
# 27:	Aktionsraum-Konflikte	K. 28.
# 28:	Konflikte im Kontinuum der Führungsstile	K. 29.
# 29:	Konflikte im Modell der Situativen Führung	K. 30.
# 30:	Immun-Abstoßung	K. 14.3.3
# 31:	Das Dualitätsmodell	K. 31.
# 32:	Das Yin-Yang-Modell	K. 34.
# 33:	Naive und professionelle Konfliktführung	K. 36.1–36.2
# 34:	Rituale offener Konfliktführung	K. 36.3
# 35:	Siegen um jeden Preis	K. 36.5
# 36:	Die drei Grundstrategien nach Dahrendorf	K. 36.6
# 37:	Techniken versteckter Konfliktführung	K. 37.
# 38:	Das Nullsummenspiel	K. 38.3–38.5
# 39:	Win-Win /Gewinnen statt Siegen	K. 38.6–K. 39.
# 40:	Konfliktkommunikation nach Marshal Rosenberg	K. 40.

Anhang 2

Bezugsnachweis

1. **Transaktionsanalyse:**
   Fragebogen und Auswertungsformular bei:
   FFS GmbH
   Rathausplatz 2
   D-83246 Unterwössen
   Tel.: 08641-61161 Fax: 08641-61094

2. **Struktogramm-Analyse:**
   Autor: Jan Bambeck
   Titel: PSA Persönlichkeitsstruktur Analyse
   Verlag: Gabal • erschienen: Frühjahr 1993
   ISBN: 3/923984/20/0 • Preis: DM 58,-

3. **HDI-Denkstilanalyse:**
   Auskunft/Bestellung bei:
   FFS GmbH
   Rathausplatz 2
   D-83246 Unterwössen
   Tel.: 08641-61161 Fax: 08641-61094

4. **New Society Publishers:**
   4722 Baltimore Ave.
   Philadelphia, PA 19143, USA.

5. **Kinesiologie:**
   Auskunft bei:
   Münchner Institut für Angewandte Kinesiologie
   Daiserstr. 3
   D-81371 München
   Tel.: 089-7211917 Fax: 089-7212795

6. **SOC**
   Jagdschloßgasse 57
   A-1130 Wien
   Tel.: (0043)-222-8024750-0
   Fax: (0043)-222-8024750-50

Anschrift des Autors: Prof. Dr. Frank D. Peschanel
Hüttfeldstr. 50
A-6345 Kössen

Literatur

(1) A. Hugo-Becker, H. Becker: Psychologisches Konfliktmanagement. Beck-Wirtschaftsberater im dtv, dtv 5829. München, 1992.
(2) C. Argyris: Personality and Organization. J. Wiley. N.Y., 1957.
(3) J.J. Bambeck: Soft Power. Gewinnen statt Siegen. Langen Müller/Herbig. München, 1989.
(4) R.R. Blake, J.S. Mounton: The Managerial Grid III. Gulf Publishing. Houston, 1984.
(5) K.H. Blanchard, P. Hersey: Management of Organisational Behavior. Prentice Hall. Englewood Cliffs, 1969.
(6) E. de Bono: Neue Lösungsmodelle und Strategien. Econ. Düsseldorf, 1987.
(7) H. Bretz: Unternehmen und Fortschrittsfähige Organisation. Münchner Schriften zur Angewandten Führungslehre Nr. 53. München, 1988. (Anm.: Ein Kontext zu betrieblichen Konflikt-Konzepten)
(8) R. Brunner u. a.: Wörterbuch der Individualpsychologie. Reinhardt Verlag. München, 1985.
(9) W.M. Esser: Individuelles Konfliktverhalten in Organisationen. Urban Tb. Stuttgart, 1975.
(10) P. Fröhlich: Mehr Lust als Frust – So lösen Manager Konflikte. mi. Landsberg, 1993.
(11) F. Glasl: Konfliktmanagement. P. Haupt. Bern, 1980.
(12) H. Hofstetter: Die Leiden der Leitenden – Zur Pathologie intrapersonaler und interpersoneller Störungen von Führungskräften in Organisationen. tuduv Studie Band 18 (Reihe Sozialwissenschaften). München, 1980.
(13) G.K.M. Huber: Stress und Konflikte bewältigen. mi. Landsberg, 1977.
(14) A. Kohn: Mit vereinten Kräften – warum Kooperation der Konkurrenz überlegen ist. Psychologie Heute Sachbuch bei Beltz. Weinheim, 1989.
(15) K. Linneweh: Bevor es mich zerreißt. Econ. Düsseldorf, 1991.
(16) J. Rattner: Aggression und menschliche Natur. Walter. Olten, 1971.
(17) J. Rattner: Klassiker der Tiefenpsychologie. Psychologie Verlagsunion. München, 1990.
(18) E. Riemann: Grundformen der Angst. Reinhardt. München, 1977.
(19) F. Seibt: Psychoanalytische Charakterlehre. UTB. München, 1977.
(20) D. Ulrich: Konflikt und Persönlichkeit. Oldenburg. München, 1971.
(21) F. Vester: Phänomen Streß. dtv. München, 1989.
(22) R.M. Restak: The Brain – The Last Frontier. Warner Books. N.Y., 1979.
(23) M.S. Gazzaniga: The Social Brain – Discovering the Networks of the Mind. Basic Books. N.Y., 1985; dt.: Das erkennende Gehirn – Entdeckungen in den Netzwerken des Geistes. Junfermann. Paderborn, 1989

(24) P. MacLean: The Limbic System in Relation to Central Grey and the Reticulum of the Brain Stem. In: Psychosomatic Medicine, 17 (1955), pp 355-366.
(25) P. MacLean: A Mind of Three Minds. In: Zygon, Vol 8, 1973.
(26) E.K. Silbermann: Hemispheric Lateralization of Functions Related to Emotion. Brain and Cognition 5, 1988.
(27) H. Wagner: Struktogramm-Analyse. Gabal. Speyer, 1986.
(28) R.W. Schirm, J. Schoemann, H. Wagner: Führungserfolg durch Selbsterkenntnis.
(29) F.D. Peschanel: Linkshänder sind besser??? Universitas. München, 1990.
(30) A. Huxley: Brave New World. (Schöne neue Welt). Klett. 3. Aufl. Stuttgart, 1991.
(31) R. Schindler: Grundprinzipien der Psychodynamik in der Gruppe. In: Psyche, 1957, S. 308-314.
(32) Franz Binder: Einführung in Eckankar. Eckankar. München, 1988.
(33) S. Jegodzinski: Das wir-Gefühl bleibt im Unternehmen auf der Strecke. Blick durch die Wirtschaft vom 31.07.1990.
(34) C. Geissmar: Maggie Thatcher: Mein Leben ist zerschmettert. Bild-Zeitung vom 10.05.1991, Seite 6.
(35) A.A. Maslow: Motivation and Personality. Harper & Row. N.Y., 1979.
(36) The Random House College Dictionary. Random House. N.Y., 1988.
(37) E. Berne: Transactional Analysis in Psychotherapy. Grove Press. N.Y., 1961.
(38) E. Berne: Games People Play. Grove Press. N.Y., 1964.
(39) T.A. Harris: I'm o.k. – You're o.k. Avon Book. Harper & Row. N.Y., 1967.
(40) D. Bennet: Im Kontakt gewinnen: Transaktionsanalyse als Führungshilfe. Sauer Verlag. Heidelberg, 1977 (Übersetzung aus dem Englischen).
(41) J. Meininger: Transaktionsanalyse. Verlag Moderne Industrie. Landsberg, 1987 (Übersetzung aus dem Englischen).
(42) Ned Herrmann: The Creative Brain. Brain Books. Lake Lure, N.C., 1989; dt.: Kreativität und Kompetenz. Paidia Verlag. Fulda, 1991.
(43) L.R. Hubbard: Dianetik – Der Leitfaden für den menschlichen Verstand. New Era Publications. Dreieich, 1990 (Übersetzung aus dem Englischen).
(44) W. Penfield: Memory Mechanism. A.M.A. Archives of Neurology and Psychiatry, 1952 (p.67).
(45) L. Mayer: Die Technik der Hypnose. Lehmanns Verlag. München, 1934 (6. Auflage, 1969).
(46) A. Janov: Der Urschrei – Ein Neuer Weg der Psychotherapie. Psychologie Fischer, Fischer TB. Frankfurt, 1975. (Engl. Originaltitel: The Primal Scream)
(47) J. Grinder, M. Bandler: Trance-Formations. Real People Press. Moab 1981; dt.: Therapie in Trance. Klett-Cotta. Stuttgart.
(48) A. Miller: Am Anfang war Erziehung. Suhrkamp. Frankfurt/M., 1980.

(49) J. v. Neumann, O. Morgenstern: The Theory of Games and Economic Behavior. Academic Press. Princeton, N.Y., 1947.

(50) C.R. Bell: Uncertain Outcomes. MTP Press Ltd. Lancaster. U.K., 1979.

(51) A. Rapoport: Mathematische Methoden in den Sozialwissenschaften. Physica-Verlag. Würzburg, Wien, 1980.

(52) Tannenbaum/Schmidt: Führungsstil, demokratisch oder autoritär? In: Harvard Manager „Führung und Organisation", Bd 1, p 77.

(53) H. Worpitz: Wissenschaftliche Unternehmensführung? Blick durch die Wirtschaft/FAZ. Frankfurt/Main, 1991.

(54) T.E. Deal, A.A. Kennedy: Corporate Cultures. Addison-Wesley Publications. Reading, Mass., 1982.

(55) G. Ammelburg: Die Unternehmenszukunft. Haufe Verlag, Freiburg, 1985.

(56) P. Müri: Chaos Management. Kreativ Verlag. Egg-Zürich, 1988.

(57) R. Mann: Das ganzheitliche Unternehmen. Scherz. Bern, München, Wien, 1988.

(58) D.T. Friedrich: Corporate Management – Auf dem Weg zu einem Denkmodell. Dissertation. Universitas Verlag, Duisburg, 1990.

(59) K.H. Blanchard, S. Johnson: The One Minute Manager. Morrow, N.Y., 1982.

(60) K.H. Blanchard, R. Lorber: Putting the One Minute Manager at Work. Morrow. N.Y., 1984.

(61) R. Khadem, R. Lorber: One Page Management. Morrow. N.Y., 1986.

(62) R. Dahrendorf: Gesellschaft und Freiheit. München, 1961.

(63) Bosetzky/Heinrich: Mensch und Organisation. Deutscher Gemeindeverlag. Herford, 1989.

(64) M. Rosenberg: A Model for Nouviolent Communication. New Society Publishers. Siehe Bezugsnachweis (4).

(65) R. Ornstein: Multimind. Junfermann. Paderborn, 1989. (Originaltitel: Multimind. Houghton Mifflin. Boston, 1986.)

(66) C.N. Parkinson: Communicate – Parkinson's Formula for Business Survival. Prentice-Hall. London, 1977.

(67) F.E. Jandt: Win-Win Negotiating – Turning Conflict into Agreement. A Paul Gilette Book, John Wiley & Sons. N.Y., 1985.

(68) M.C. Dillbeck, D. W. Orne-Johnson: Physiological Differences Between Transcendental Meditation and Rest. Am Psychologist 42 (1987), p 879-881.

(69) R.K. Wallace: Physiological Effects of Transcendental Meditation. Science 167 (1970), p 1751-1754.

(70) R.K. Wallace: The Physiological Effect of Transcendental Meditation. Doctoral Thesis, Dept. of Psychology, University of California at Los Angeles, Calif. 1970.

(71) ohne Autor: Maharishi Technology of the United Field (mit wiss. Literaturübersicht). MIU Press Fairfield, Iowa. 1984.
(72) M.C. Dillbeck, C.B. Banus, C. Polanski, G.S. Landrith: Test of a Field Modal of Consciousness and social change: The TM and Sidhi Program and decreased urban crime. Journal of Mind and Behavior, 9 (1980), p 457-485.
(73) M.C. Dillbeck, G. Landrith, D.W. Orne-Johnson: The Transcendental Meditation program and crime rate change in a sample of 48 cities. Journal of Crime and Justice, 4 (1981), p 25-45.
(74) D.W. Orne-Johnson, C.N. Alexander, J.L. Davies, H. M. Chandler, W.E. Larimore: International Peace Project in the Middle East: The Effect of the Maharishi Technology. Journal of Conflict-Resolution, 32 (1988), p 776-812.
(75) E. Aran, A. Aron: Der Maharishi Effekt. Auf der Suche nach dem gesellschaftlichen Einfluß von Gruppenmeditation. Heyne TB. München, 1991. (Originaltitel: The Maharishi Effect, 1986).
(76) Maharishi Mahesh Yogi: On The Bhagavad-Gita. A new Translation And Commentary, Chapters 1-6. Penguin books, # 2913. Baltimore, ML, 1969.
(77) R.M. Bucke: Cosmic Conscionsness. A Study in the Evolution of the Human Mind. The Citadel Press. Secancus, N.J., 1977.
(78) F. Schulz von Thun: Miteinander reden 1. Allgemeine Psychologie der Kommunikation. ro ro ro Sachbuch 7489. Reinbek, 1981.
(79) F. Schulz von Thun: Miteinander reden 2. Differentielle Psychologie der Kommunikation. ro ro ro Sachbuch 8496. Reinbek, 1989.
(80) C. Thomann, F. Schulz von Thun: Klärungshilfe – Handbuch für Therapeuten, Gesprächshelfer und Moderatoren in schwierigen Gesprächen. ro ro ro Sachbuch 8406. Reinbek, 1989.
(81) P. Helwig: Charakterologie. Haufe. Freiburg, 1967.
(82) M. Korda: Power! Ballantine Books. N.Y., 1975; dt.: Macht – und wie man mit ihr umgeht. Goldmann Sachbuch 11249. München, 1979.
(83) M. Korda: Success! Ballantine Books. N.Y., 1977.
(84) J. Kirschner: Manipulieren – aber richtig. Die acht Gesetze der Menschenbeeinflussung. Knaur TB. München, 1976.
(85) R. Axelrod: The Evolution of Cooperation. N.Y., 1984.
(86) J. Houston: Der mögliche Mensch. Handbuch zur Entwicklung des menschlichen Potentials. Sphinx Verlag. Basel, 1984. (Am. Originaltitel: The Possible Human. Tarcher. Los Angeles, 1982.)